Moderne Wirtschaftsgestaltungen

herausgegeben von

Kurt Wiedenfeld

Heft 14:

Die deutsch-französischen Wirtschaftsverhandlungen der Nachkriegszeit

von

Diplom-Volkswirt Dr. rer. pol. Erich Dittrich

Berlin und Leipzig 1931

Walter de Gruyter & Co.

vormals G. J. Göschen'sche Verlagshandlung — J. Guttentag, Verlagsbuchhandlung
Georg Reimer — Karl J. Trübner — Veit & Comp.

Die deutsch-französischen Wirtschaftsverhandlungen der Nachkriegszeit

Von

Erich Dittrich
Diplom-Volkswirt, Dr. rer. pol.

Veröffentlicht in Verbindung mit dem
Institut für Mittel- und Südost-Europäische
Wirtschaftsforschung

Berlin und Leipzig 1931

Walter de Gruyter & Co.
vormals G. J. Göschen'sche Verlagshandlung — J. Guttentag Verlagsbuchhandlung
Georg Reimer — Karl J. Trübner — Veit & Comp.

Erscheint gleichzeitig unter gleichem Titel als Dissertation der Philosophischen Fakultät der Universität Leipzig.

Vorwort.

In der vorliegenden Arbeit ist für die Darstellung der deutsch-französischen Wirtschaftsverhandlungen das Aktenmaterial des Reichswirtschaftsministeriums zu Grunde gelegt worden. Für die freundliche Erlaubnis zur Einsichtnahme in die Akten und für wertvolle Hinweise bin ich Herrn Ministerialdirektor Dr. Posse zu ergebenstem Danke verpflichtet. Für entgegenkommende Auskunft über die Saarverhandlungen habe ich Herrn Ministerialrat Reinshagen (Reichswirtschaftsministerium), für freundliche, stets bereitwillige Auskunftserteilung in zahlreichen Einzelfragen Herrn Ministerialamtmann Dr. Eichhorn (Reichswirtschaftsministerium) verbindlichst zu danken.

Art und Umfang der behandelten Sachgebiete sind in der Einleitung bestimmt und abgegrenzt. Der beigefügte bibliographische Anhang will in erster Linie die der Arbeit zu Grunde gelegenen literarischen Hilfsmittel aufführen. Er greift jedoch über diesen Rahmen hinaus, indem versucht wurde, die deutsch-französischen Wirtschaftsverhandlungen als Grundlage benutzend, ihn zu einem bibliographischen Ausschnitt der deutsch-französischen Wirtschaftsbeziehungen und der französischen Volkswirtschaft auszugestalten, wobei die Bedeutung, welche dem Völkerbund und den Bestrebungen einer europäischen Zollunion für die deutsch-französischen Beziehungen zukommt, eine Aufnahme der wichtigsten hierher gehörenden Veröffentlichungen zweckmäßig erscheinen ließ. Vollständigkeit konnte für diesen bibliographischen Ausschnitt nicht verlangt werden. Sie ist angesichts der zahllosen, in Broschüren, Sammelwerken und Zeitschriften verstreuten Abhandlungen, vielfach kleinen Umfangs, schwer zu erreichen. Trotzdem dürfte der hier unternommene Versuch für weitere Untersuchungen der deutsch-französischen Probleme, gerade im Hinblick auf die gegenwärtig noch nicht erledigte Frage des Saargebietes, wodurch die deutsch-französischen Beziehungen, der Ausgangspunkt aller Versuche einer umfassenderen europäischen Wirtschaftsgestaltung und Wirtschaftspolitik, erneutes Interesse erlangt haben, von Wert sein, zumal eine größere einschlägige Bibliographie bisher fehlt.

Herrn Geheimrat Prof. Dr. Kurt Wiedenfeld habe ich für das der Arbeit entgegengebrachte Interesse und für freundliche Förderung, sowie für die Veröffentlichung im Rahmen des von ihm geleiteten Instituts für Mittel- und Südost-Europäische Wirtschaftsforschung an der Universität Leipzig ergebenst zu danken.

Leipzig, Dezember 1930.

Erich Dittrich.

Inhaltsverzeichnis.

Seite

II. Teil. Die Verhandlungen.

A.

Die allgemeinen deutsch-französischen Wirtschaftsverhandlungen.

B.

Die Saarverhandlungen.

Einleitung.

Begriffliche Bestimmung der deutsch-französischen Wirtschaftsverhandlungen.

Der Weltkrieg hatte das Handelsvertragssystem Deutschlands zerstört. Der Versailler Vertrag machte einen Wiederaufbau zunächst unmöglich. Erst für den 10. I. 1925 erlangte Deutschland seine volle handelspolitische Freiheit wieder, da der Völkerbundsrat am 10. I. 1924 den Termin einer Verlängerung der einseitigen Meistbegünstigung des Versailler Vertrages ungenutzt verstreichen ließ. Infolgedessen setzte im Jahre 1924, besonders in seiner zweiten Hälfte, eine rege handelspolitische Tätigkeit in Deutschland ein, um das alte Handelsvertragssystem in umfassender Weise von neuem aufzubauen, d. h. vor allem mit den ehemals feindlichen Staaten möglichst vom 10. I. 1925 an in vertraglich geregelte Handelsbeziehungen zu treten.

Von großer Bedeutung wurden hierbei die Verhandlungen mit Frankreich, dem erbitterten Gegner des Weltkrieges und der Nachkriegszeit. War es doch überhaupt das erste Mal, daß sich beide Länder in größeren Verhandlungen über handelspolitische Fragen gegenüberstanden. Einen Handelsvertrag hatten sie noch nicht abgeschlossen, da seit der Gründung des Deutschen Reiches bis zum Ausbruch des Weltkrieges jene bekannte Regelung des § 11 des Frankfurter Friedensvertrages mit der sogenannten „ewigen Meistbegünstigung“ galt. Die Hartnäckigkeit in den deutsch-französischen Verhandlungen ist so zu einem Teil darauf zurückzuführen, daß es sich um beiderseits noch wenig bekanntes Gebiet handelte und die Stärke und Widerstandskraft der verschiedenen Interessengruppen nicht sicher abgeschätzt werden konnten.

Vergrößert wurden die Schwierigkeiten der Verhandlungen durch die Verschiebung in der wirtschaftlichen Struktur beider Länder gegenüber der Vorkriegszeit und durch die allgemein chaotische Lage der Weltwirtschaft in der Nachkriegszeit.

Schließlich kam hinzu, daß bei diesen Verhandlungen neben den rein wirtschaftlichen Fragen politische Momente versuchen würden, die ausschlaggebende Rolle zu spielen. Es handelte sich bei den deutsch-französischen Wirtschaftsverhandlungen um mehr als einen Ausgleich gegenseitiger Zolltarifwünsche. Es ging im Kern, wie man auch allgemein herausfühlte, um die Anbahnung einer Befriedung Europas von der wirtschaftlichen Seite aus. Hier war der Punkt, wo die Ideen eines Paneuropa, ins Handelspolitische als europäische Zollunion übertragen, von außen her auf die Verhandlungen einzuwirken suchten. Die Verhandlungen erlangten somit ein weit über das Wirtschaftliche ins allgemein Politische hineingreifendes Interesse.

Aus dem Gesamtkomplex jener teils amtlichen, teils privaten deutsch-französischen Verhandlungen ist für die vorliegende Arbeit ein Teilgebiet herausgenommen worden, nämlich diejenigen Verhandlungen der Jahre 1924/1928, die sich auf die Regelung des Güteraustausches zwischen dem deutschen und dem französischen Zollgebiet, zu dem seit dem 10. I. 1925 auch das Saargebiet de jure wie de facto gehört, beziehen. Diese Verhandlungen, die im folgenden kurz als deutsch-französische Wirtschaftsverhandlungen bezeichnet werden sollen, waren teils offizielle Verhandlungen der deutschen und der französischen Regierung. Als solche bilden sie einen, und zwar den größten, Teil der deutsch-französischen Handelsvertragsverhandlungen und der sogenannten Saarverhandlungen. Die Bezeichnung deutsch-französische Handelsvertragsverhandlungen wird deshalb nur für dieses Sondergebiet der offiziellen Verhandlungen innerhalb der deutsch-französischen Wirtschaftsverhandlungen gebraucht. Zum anderen waren die deutsch-französischen Wirtschaftsverhandlungen auch Teile umfassender privater Verhandlungen deutscher und französischer Interessenvertreter, die aber ebenfalls nur insoweit berücksichtigt sind, als sie, wie oben erwähnt, sich auf den deutsch-französischen Güteraustausch beziehen.

Weggelassen worden sind demnach von den offiziellen deutsch-französischen Verhandlungen z. B. diejenigen über das Konsulatswesen, über seerechtliche Fragen, aus den privaten Verhandlungen die über das Kaliabkommen, über die Wiederaufrichtung des Schienenkartells u. ä.

Nicht berücksichtigt sind ferner die rein zolltechnischen Fragen, sofern nicht Gebiete aus ihnen für das gestellte Problem von ausschlaggebender Bedeutung waren.

Die Arbeit stellt sich zur Aufgabe, die deutsch-französischen Wirtschaftsverhandlungen, die in der Zeit vom 1. X. 1924 bis zum 20. VI. 1928 stattfanden, in ihren Grundzügen darzustellen, auf ihre verschiedenartigen Gründe zurückzuführen und die Ergebnisse und bereits erkennbaren Wirkungen zu untersuchen. Gleichzeitig will sie die neue und eigenartige Verknüpfung von offiziellen und privaten Verhandlungen, die für die deutsch-französischen Wirtschaftsverhandlungen charakteristisch war, hervorheben. Eine Auswertung der Verhandlungen nach ihrem politischen Gehalt findet nicht statt.

I. Teil.

Die Grundlagen.

A.

Die rechtlichen Grundlagen.

1. Allgemeiner Überblick.

Die rechtlichen Grundlagen, genau öffentlich-rechtlichen Grundlagen, die für die deutsch-französischen Wirtschaftsverhandlungen unmittelbar von Bedeutung waren, waren die beiderseitigen Zolltarife und die mit ihnen verbundenen gesetzlichen Bestimmungen, die sich auf Art und Umfang der abzuschließenden Handelsverträge bezogen. Sie werden in den folgenden Einzelabschnitten behandelt werden, wobei sich ein besonderes Eingehen auf die an der Reziprozität orientierte französische Handelspolitik der Nachkriegszeit und die großen Zollerhöhungen, die beide Staaten in dieser Periode vorgenommen hatten, nötig machen wird. In den Zusammenhang mit den zollrechtlichen Fragen gehören auch die gleichfalls später erörterten Ein- und Ausfuhrverbote.

Als Sonderfall traten zu diesen allgemein bei Handelsvertragsverhandlungen anzutreffenden rechtlichen Grundlagen bei den deutsch-französischen Verhandlungen noch gesetzliche Bestimmungen, die entweder direkt aus dem Versailler Vertrag stammten oder von ihm abgeleitet waren, hinzu.

Die Grundlage der handelspolitischen Beziehungen Frankreichs zu Deutschland bildete in der Zeit vom 10. I. 1920 bis 10. I. 1925 die einseitige Meistbegünstigung seitens Deutschlands aus dem Versailler Vertrag (vgl. Art. 264 ff., 271, 276, 327, 381). Sie erstreckte sich nicht nur auf das Zolltarifgebiet, sondern auch auf die Niederlassung und überhaupt jede Behandlung der Staatsangehörigen der alliierten und assoziierten Staaten in Deutschland. Auf allen diesen Gebieten wurde von Frankreich gegenüber Deutschland die autonome Regelung angewandt. In den Verhandlungen spielte die einseitige Meistbegünstigung des Versailler Vertrages nur kurz eine Rolle.

Eine größere Bedeutung kam in den Verhandlungen den zollfreien, fünfjährigen elsaß-lothringischen Kontingenten zu (vgl. Versailler Vertrag, Art. 268 a). Die elsaß-lothringischen Kontingente waren zur Erleichterung des Überganges des ehemaligen Reichslandes in das französische Zollgebiet geschaffen. Auch nach dem deutsch-französischen Kriege von 1870/71 hatte man für Elsaß-Lothringen eine zollrechtliche Sonderregelung, allerdings für eine kürzere Zeit, für notwendig befunden. Die elsaß-lothringischen Kontingente sollten sich im Rahmen der zu ermittelnden Durchschnittsausfuhr Elsaß-Lothringens nach dem übrigen Deutschland in den Jahren 1911/13 halten. Frankreich setzte aber, mit Ausnahme der Freiliste für das dritte Jahr (Kontingentsperiode v. 10. I. 1922 bis 10. I. 1923, Baden-Badener Verhandlungen darüber v. 13. bis 16. XII. 1921, abgeschlossen durch Protokoll v. 16. XII. 1921), durch Dekrete die Kontingente, die allgemein viel zu hoch bemessen waren, ohne vorherige Fühlungnahme mit Deutschland fest (lediglich Formalien gemeinsam geregelt in den Baden-Badener Protokollen v. 19. V. und 17. XI. 1920 und zum Teil in dem bereits erwähnten Protokoll v. 16. XII. 1921). Die Ausnutzung der Kontingente blieb, soweit das infolge der zerstörten deutschen Zollhoheit im Westen mit Fehlern behaftete statistische Material dies erkennen läßt, beträchtlich unter der Kontingentssumme, wofür eine wesentliche Ursache neben der zu reichlichen Bemessung die deutsche Inflation mit ihrer einfuhrdrosselnden Wirkung war.

Schließlich ist noch ein kurzes Eingehen auf verschiedene, zum Reparationsproblem gehörige Fragen, die für das gestellte Thema interessieren, notwendig, nämlich auf die für den deutsch-französischen Warenverkehr wichtige 26prozentige Reparationsabgabe und die Reparationslieferungen, deren Hauptgruppen einmal die zehnjährigen Naturalleistungen in

Kohle, Koks und Kohlenderivaten aus dem Versailler Vertrag und weiter die Reparationssachlieferungen nach dem Sachverständigen-Gutachten und dem Londoner Schlußprotokoll v. 16. VIII. 1924 bildeten.

Die französische 26prozentige Reparationsabgabe beruhte auf dem Gesetz v. 21. IV. 1921 [1]), welches mit Wirkung vom 1. X. 1924 durch Dekret v. 18. IX. 1924 [2]) in Kraft gesetzt wurde. Der deutsche Protest gegen die Zulässigkeit der Reparationsabgabe [3]) wurde von Frankreich abgelehnt [4]). Die 26prozentige Reparationsabgabe wurde bei jeder einzelnen deutschen Warensendung nach Frankreich (gewisse Ausnahmen bestanden; z. B. für Reparationslieferungen) in der Weise erhoben, daß der deutsche Exporteur nur 74% der Faktura von dem französischen Käufer erstattet bekam. Die fehlenden 26% bezahlte der französische Käufer an die französische Staatskasse, wofür er einen besonderen Schein (récépissé spécial) erhielt, den er dem deutschen Exporteur zuzustellen hatte, dem dafür das Reichskommissariat für Reparationslieferungen die übrigen 26% der Faktura auszahlte [5]). Bei den in Betracht kommenden Reparationslieferungen erhielt der deutsche Exporteur die volle Faktura entweder von seiner Regierung oder aus dem Guthaben des Reparationsagenten erstattet. Gegenüber den Zwangslieferungen aus dem Versailler Vertrag waren die neuen Reparationssachlieferungen aus den Sachverständigen-Gutachten und dem Londoner Protokoll dem freien Handelsverkehr formal möglichst angenähert [6]).

[1]) Journal officiel du 22 avril 1921.

[2]) Journal officiel du 20 septembre 1924.

[3]) Deutsche Protestnote v. 26. IX. 1924.

[4]) Französische Antwortnote v. 30. IX. 1924.

[5]) Über Einzelheiten des Verfahrens vgl. Merkblatt zur franz. 26proz. Reparationsabgabe. Her. v. Reichskommissariat für Reparationslieferungen. Deutsche Wirtschafts-Zeitung, Nr. 47 v. 25. XI. 1926 u. Nr. 48 v. 2. XII. 1926. S. 1104/1106; 1128/1130. Wichtig: Verordnungen über die Erstattung der franz. 26proz. Reparationsabgabe v. 8. X. 1924 (Deutscher Reichsanzeiger, Nr. 239 v. 9. X. 1924) und v. 10. V. 1926 (Deutscher Reichsanzeiger, Nr. 107 v. 10. V. 1926).

[6]) Ruppel: Die Sachlieferungen nach dem Plan der Sachverständigen und dem Londoner Abkommen. Jurist. Wochenschrift, 1924, S. 1491/92.

Die 26prozentige Reparationsabgabe stellte eine Diskriminierung der deutschen Warenausfuhr nach Frankreich dar. Sie brachte für den deutschen Exporteur die Möglichkeit zu Kurs- und Zinsverlusten. Der volkswirtschaftliche Nachteil lag jedoch hauptsächlich darin, daß die 26% der Abgabe wie die volle Faktura bei den Lieferungen, die der deutsche Exporteur von der Reichsregierung oder aus dem Guthaben des Reparationsagenten bekam, in erster Linie aus Steuerleistungen der deutschen Wirtschaft stammten und nicht zur Dekkung der deutschen Wareneinfuhr verwendet werden konnten. In den deutsch-französischen Wirtschaftsverhandlungen hat die Frage der Aufhebung oder Umwandlung der Reparationsabgabe eine gewisse Rolle gespielt.

Eine große Unsicherheit für die Niederlassung deutscher Staatsangehöriger in Frankreich bildete das Recht der französischen Regierung, falls Deutschlands böser Wille bei der Erfüllung seiner Reparationsverpflichtungen festgestellt wäre, deutsches, in Frankreich befindliches Eigentum zu beschlagnahmen (§ 18 der Anlage II, Teil VIII des Versailler Vertrages). Die durch die Sachverständigen-Gutachten und das Londoner Protokoll festgesetzte Verpfändung der deutschen Zolleinnahmen trat bei den Verhandlungen als hemmendes Moment für deutsche Zollherabsetzungen nicht bemerkenswert in Erscheinung.

2. Die Rechtsgrundsätze hinsichtlich der Handelsverträge.

In der Handelsvertragspolitik unterscheidet man die beiden gegensätzlichen Rechtsgrundsätze der Meistbegünstigung und der Reziprozität. Obwohl sich beide zu den handelspolitischen Einstellungen in Zollfragen an sich gleichgültig verhalten, findet sich die Meistbegünstigung in der Regel bei Ländern mit mäßiger Zollschutzpolitik, die Reziprozität bei solchen mit Hochschutzzollpolitik. Der Grund hierfür liegt auf taktischem Gebiet. Die deutsch-französischen Wirtschaftsverhandlungen wurden dadurch besonders interessant, daß sich in ihnen beide Rechtsgrundsätze gegenüberstanden.

a) Deutschland.

Deutschland, das seiner Handelspolitik der Vorkriegszeit schon das Prinzip der gegenseitigen Meistbegünstigung zugrunde gelegt hatte, behielt es bei dem Wiederaufbau seines Handelsvertragssystems nach dem Kriege auch bei. Es wurde hierzu durch Gründe bestimmt, die der Rechtsgrundsatz der Meistbegünstigung in seiner praktischen Anwendung im allgemeinen hervorzurufen besser geeignet war als die Reziprozität.

Deutschland, dessen Wirtschaftsinteressen mit dem Weltmarkt eng verbunden waren, befand sich 1924 noch in einer handelspolitischen Isolierung. Um aus diesem Zustand herauszukommen, war die Meistbegünstigung besonders geeignet. Die deutsche Wirtschaft brauchte eine möglichst weite Öffnung der ausländischen Märkte, die durch die Meistbegünstigungsklausel am einfachsten erreicht werden konnte. Das Meistbegünstigungsprinzip war ferner brauchbar, um die Diskriminierungen zu beseitigen, denen deutsche Waren seit dem Kriege im Ausland weitgehend ausgesetzt waren. Auch die der Meistbegünstigung im allgemeinen innewohnende Tendenz zur Zollsenkung mußte sie der auf Steigerung der Exportmöglichkeiten gerichteten deutschen Handelspolitik empfehlen. Schließlich trat noch ein psychologisches Moment hinzu: die durch die Meistbegünstigung hervorgerufene internationale Verbindung und Annäherung der einzelnen beteiligten Staaten. Gerade das letzte Moment war in der Nachkriegszeit sehr bedeutsam. Die politische Ohnmacht Deutschlands nach dem Kriege war die Ursache, daß es sich von dem Grundsatz der gegenseitigen Meistbegünstigung mancherlei Abstriche gefallen lassen mußte.

b) Frankreich.

Die französische Handelspolitik verfolgte vor dem Kriege eine ausgesprochen hochschutzzöllnerische Richtung. Frankreich konnte sich eine derartige Handelspolitik mit ihren gefährlichen, isolierenden Einflüssen erlauben, da seine wirtschaftliche Verflechtung mit dem Weltmarkt, von der Kapitalseite abgesehen, relativ schwach war. Der französische

Export lag auf der Seite hochwertiger Luxusartikel, die gegenüber Zöllen dritter Länder weniger empfindlich waren. Das französische Einfuhrbedürfnis war, zumal bei der stagnierenden Bevölkerungsbewegung, nicht sehr groß. In der Nachkriegszeit trieb Frankreich die hochschutzzöllnerische Tendenz auf die Spitze und unterwarf seine Handelspolitik weitgehend diplomatischen und militärischen Gesichtspunkten, wie dies der Präsident der Republik Millerand in einer Rede, die er am 26. VII. 1921 in Rouen hielt, offen zugab [1]).

Während Frankreich vor dem Kriege immerhin noch, wenn auch in verschiedenen Abstufungen, das System der Meistbegünstigung anwandte, wozu es vor allem durch den Frankfurter Frieden gezwungen war, orientierte es sich nach dem Kriege nach dem System der Reziprozität. Das Gesetz v. 29. VII. 1919, dessen Urheber Clémentel war, bestimmte in seinem einzigen Artikel, daß die französische Regierung ermächtigt sei, mit ausländischen Staaten Handelsabkommen für eine bestimmte Zeit abzuschließen, in denen sie Zollabschläge vom Generaltarif, die in Prozenten vom Unterschied zwischen dem Generaltarif und dem Minimaltarif auszudrücken seien, gewährt. Diese Zollabschläge könnten im Austausch gegen entsprechende Zugeständnisse der anderen Seite vom Ministerrat durch Dekret provisorisch in Anwendung gesetzt werden. Zur Ratifikation müssen die Handelsabkommen den Kammern unterbreitet werden.

Über die Interpretation des Gesetzes v. 29. VII. 1919 bestanden in Frankreich große Meinungsverschiedenheiten. Die eine Hauptrichtung vertrat die Ansicht, daß das Gesetz die Anwendung der Meistbegünstigungsklausel nicht verbiete und stützte sich darauf, daß der Art. 1 des Gesetzes v. 11. I. 1892, welcher den Gebrauch der Meistbegünstigung erlaubte, weder durch das Gesetz v. 29. VII. 1919 noch durch die Kodifikation der das französische Zollwesen betreffenden Gesetze im Dezember 1926 aufgehoben sei [2]). Die Gegenseite verfocht die These, daß das Gesetz v. 29. VII. 1919 die Anwendung

---

[1]) Journée Industrielle v. 27. VII. 1921.

[2]) v. Brackel: Die Neuordnung der französischen Handelspolitik. Die Wirtschaft und das Recht. Nr. 10 vom Oktober 1928, S. 851 (Franz. Dekret v. 28. XII. 1926).

der Meistbegünstigung unmöglich mache und die Reziprozität fordere. Diese radikale Richtung, deren Hauptvertreter der Vorsitzende der Zollkommission des Senates Touron war, siegte zunächst [1]).

Am 23. IV. 1918 kündigte die französische Regierung die Handelsverträge, die sie seit dem Zolltarif von 1892 eingegangen war und die im allgemeinen noch auf dem Meistbegünstigungsprinzip beruhten. Die neuen Handelsverträge, die nun auf Grund des Gesetzes v. 29. VII. 1919 abgeschlossen wurden, zeigten deutlich das Überwiegen politischer Momente. Man hat auch aus ihnen die Tendenz einer wirtschaftlichen Einkreisungspolitik gegenüber Deutschland abgelesen [2]).

Der Übergang zum Reziprozitätssystem brachte in das Handelsvertragssystem Frankreichs eine bunte Mannigfaltigkeit. Es bestanden noch alte Meistbegünstigungsverträge aus der Vorkriegszeit, die, obzwar gekündigt, provisorisch verlängert waren. Es handelte sich bei dieser Regelung in erster Linie um wirtschaftlich und politisch kräftige Staaten, auf welche Frankreich die Reziprozität nicht anwenden wollte und sich deshalb mit provisorischen Meistbegünstigungsabkommen behalf. Daneben traten die neuen Handelsverträge, in denen zum Teil auch noch eine beschränkte Meistbegünstigung von Frankreich gewährt wurde, die aber überwiegend die Reziprozität zur Geltung brachten. Frankreich beanspruchte jedoch grundsätzlich für sich die Meistbegünstigung. Die Erhöhung der Generaltarifsätze auf das Vierfache der Minimaltarifsätze gab der französischen Regierung die Möglichkeit, die Zwischentarife, die in Abschlägen vom Generaltarif, berechnet in Prozenten vom Unterschied zwischen dem Minimal- und dem Generaltarif, bestanden, aufs feinste abzustufen. Gerade auf die Anwendung dieser Zwischentarifsätze hatte das Gesetz v. 29. VII. 1919 den Hauptwert gelegt. Die Kombinationen von General-, Minimal- und Zwischentarifsätzen in den Handelsverträgen machten das französische Handelsvertragssystem zum unübersichtlichsten der Welt.

---

[1]) v. Brackel: a. a. O., S. 851.

[2]) Röpke: Die internationale Handelspolitik nach dem Kriege. Jena, 1923. S. 50.

3. Die zollrechtlichen Grundlagen.

a) Zolltarife.

aa) Deutschland.

Die Grundlage des 1924 in Deutschland geltenden Zolltarifrechts bildete noch das Zolltarifgesetz v. 25. XII. 1902 mit Zolltarif (sogenannter Bülow-Tarif) [1]), das allerdings durch die Kriegs- und Nachkriegszeit mannigfache Veränderungen erfahren hatte. Es beruhte grundsätzlich auf einem Einheitstarif, der im Verhandlungswege ermäßigt wurde. Die erwähnten Veränderungen des Tarifs sind nicht, wie es in Frankreich zu einem großen Teile der Fall war, zum Zwecke der Angleichung an die fortschreitende Geldentwertung vorgenommen worden; denn bereits durch Gesetz v. 21. VII. 1919 [2]) war die Zahlung sämtlicher Zölle in Gold eingeführt und mit einer Unterbrechung infolge Differenzen mit dem Versailler Vertrag auch konsequent durchgeführt worden. Die Veränderungen verdanken ihre Entstehung vielmehr allgemeinen wirtschaftspolitischen Erwägungen, die sich einerseits auf die Versorgung des deutschen Volkes mit Lebensmitteln, andererseits auf die Unterbindung der Einfuhr von Luxuswaren und auf finanzpolitische Gründe bezogen, wobei die beiden zuletzt erwähnten Gründe vielfach als Deckmantel hochschutzzöllnerischer Tendenzen benutzt wurden, da die Zollerhöhungen weit über der tatsächlich seit der Vorkriegszeit eingetretenen Preissteigerung lagen. Eine Zusammenstellung der einschlägigen gesetzgeberischen Maßnahmen gibt Harms [3]). Eine Zolltarifreform des inzwischen technisch wie wirtschaftlich überholten Bülow-Tarifes war bei Beginn der deutsch-französischen Wirtschaftsverhandlungen nicht erreicht, sodaß die deutschen Unterhändler unter Zugrundelegung des geltenden Tarifs für verschiedene Positionen mit dem Entwurf einer Zolltarifnovelle, deren Schicksal noch völlig ungewiß war, zunächst operieren mußten. Es ergaben sich damit taktische Schwierigkeiten für die deutschen Unterhändler, die verschie-

---

[1]) RGBl. 1902, S. 303.

[2]) RGBl. 1919, S. 1361.

[3]) Harms: Die Zukunft der deutschen Handelspolitik. Band I. Anlage I. Jena, 1925.

dentlich gezwungen waren, die Verhandlungen bis zur Klarheit über das Geschick des Entwurfs hinauszuzögern.

Im folgenden sollen die Tarifveränderungen kurz behandelt werden, die sich auf Positionen bezogen, die für die französische Ausfuhr nach Deutschland von Wichtigkeit sein mußten [1]). Dabei beziehen sich die prozentualen Angaben auf die Unterschiede vom autonomen, nicht vom Vertragstarif der Vorkriegszeit.

Landwirtschaft.

Von den Produkten der Landwirtschaft und der landwirtschaftlichen Gewerbe kamen für den französischen Export nach Deutschland hauptsächlich in Betracht: Wein, Obst und Südfrüchte, Gemüse. Von diesen Produkten waren 1924 zollfrei: Küchengewächse, frisches Obst. Herabgesetzt war der Zoll für zubereitetes und getrocknetes Obst, Südfrüchte. Erhöht waren die Zollsätze für Trauben, Most, Wein, Obstwein (um 50—150%); Likör (um 400%).

Eisenschaffende Industrie.

Auf dem Gebiete der eisenschaffenden Industrie bestand für Schrott Zollfreiheit. Als Basis der Verhandlungen über die Eisenzölle benutzte man deutscherseits anfangs erhöhte Sätze des damaligen Regierungsentwurfs der Zolltarifnovelle.

Eisenverarbeitende Industrie.

Die Zollsätze für Motorwagen und Motorfahrräder waren um 300% erhöht.

Industrie der Kleinchemikalien.

Die Zölle auf Artikel der Parfümerien- und kosmetischen Industrie lagen um 230% höher als in der Vorkriegszeit.

Textilindustrie.

Die Textilindustrie hatte unter der Devise der Unterbindung der Luxuseinfuhr Zollerhöhungen von ausgesproche-

---

[1]) Zugrunde gelegt wurden die Anlagen II—VI, die Harms seiner „Zukunft der deutschen Handelspolitik" beigegeben hat und in denen das nötige Material übersichtlich zusammengestellt ist.

nem Hochschutzzollcharakter bekommen. Die Zollerhöhungen bewegten sich zwischen 50—966%, wobei die Spanne in der Seidenindustrie am größten war. Die Erhöhungen betrafen von den 153 Textilpositionen des deutschen Tarifs 67. Im einzelnen sei hierzu folgendes bemerkt. Die Erhöhungen erstreckten sich in der Hauptsache auf Halb- und Fertigfabrikate, von Rohstoffen waren nur Rohseide und Kunstseide einer Erhöhung von 50% unterworfen. Dichte und undichte Gewebe aus Seide, Möbelseiden, Seidentrikot, Seidenspitzen, Seidenstickerei, Seidenposamenten, Seidensamt, Seidenplüsch wurden um rund 300% erhöht, Seidentüll um 500%, reinseidene, undichte, ungemusterte Gewebe um 966%. Die Erhöhungen der Woll- und der Baumwollpositionen wiesen keine so großen Spannungen auf, sodaß man hier von Durchschnittszahlen ausgehen kann, die in der Wollindustrie etwa 300%, in der Baumwollindustrie etwa 200% betrugen. Von der Baumwollindustrie waren reine Baumwollwaren zollerhöht.

Keramische Industrie.

Die Zölle für die keramische Industrie, die für das Saargebiet Bedeutung bekamen, waren für Steinzeug, Steingut, feuerfeste Materialien aus Ton teils um 100%, teils um 200% erhöht.

Glasindustrie.

Auch die Zölle der Glasindustrie sind wegen des Saargebietes zu erwähnen. Die Zölle für Tafelglas, Spiegelglas, Hohlglas waren teils um 100%, teils um 200% erhöht.

bb) Frankreich.

Der 1924 in Frankreich geltende Zolltarif beruhte auf dem Zolltarifgesetz nebst Zolltarif v. 11. I. 1892 (sog. Méline-Tarif), revidiert durch das Gesetz v. 29. III. 1910. Der französische Zolltarif war ein Doppeltarif. Er bestand aus einem Maximaltarif (tarif général) und einem Minimaltarif (tarif minimum). Die handelspolitische Praxis der Nachkriegszeit bevorzugte, wie oben dargelegt, die im Vertragswege festgesetzten Zwischentarifsätze auf Grund des Gesetzes v. 29. VII. 1919.

In der Nachkriegszeit war man von drei Seiten aus an eine Änderung des Tarifes gegangen, einmal zum Zwecke der Angleichung des Tarifes an den Währungsniedergang, das andere Mal von der Seite einer Einführung von Wertzöllen an Stelle der spezifischen Zölle und schließlich aus schutzzöllnerischen Tendenzen für die in und nach dem Kriege hochgekommenen jungen Industrien und die Industrien der Wiederaufbaugebiete heraus. Zu den letzteren Tendenzen ist noch zu bemerken, daß der Tarif von 1892 mitsamt der Revision von 1910 in einer Ära des französischen Protektionismus entstanden ist.

Da Frankreich nicht wie Deutschland die Entwertung der Zölle infolge des Währungsniederganges durch ihre Umstellung auf Goldbasis auszugleichen suchte, war es zu verschiedenen Experimenten genötigt, um die Verschlechterung der Valuta in ihren Auswirkungen auf die Zölle abzuschwächen (Wertzuschläge, bewegliche Koeffizienten), die aber keine brauchbaren Ergebnisse lieferten [1]). Sie brachten vielmehr eine große Unübersichtlichkeit in den französischen Zolltarif; waren doch durch die Anwendung des beweglichen Koeffizientensystems durch 65 Dekrete in den Jahren 1919 bis 1922 allein 3294 Tarifpositionen geändert worden [2]).

Durch Dekret v. 28. III. 1921 wurden die Generaltarifsätze vom Einundeinhalbfachen auf das Vierfache der Minimaltarifsätze erhöht. Ferner wurde durch Dekret v. 28. VII. 1922 das Koeffizientensystem geändert, indem die Koeffizienten fixiert wurden und ihre Änderung, da das Ermächtigungsgesetz v. 6. V. 1916 ablief [3]), nunmehr nur noch im Wege der ordentlichen Gesetzgebung möglich war. Die neuen Koeffizienten verstärkten besonders die eisenverarbeitende und die chemische Industrie in ihrem Zollschutz. Der Schutz der chemischen Industrie wurde durch Revision ihrer Sätze (sog. chem. Tarif oder sog. Nullpositionen) und weiteren Ausbau vergrößert (s. u.).

Frankreich besaß in seinem alten Tarif nur eine geringe

---

[1]) Gignoux: L'après-guerre et la politique commerciale. Paris, 1924. pag. 31—37.

[2]) Gignoux: L'après-guerre etc. pag. 34.

[3]) Gignoux: L'après-guerre etc. pag. 35. 18.

Zahl von Wertzöllen. In der Nachkriegszeit, hauptsächlich 1921, wandelte es eine Reihe von spezifischen Zöllen in Wertzölle um. Es wurden von dieser Umwandlung ebenfalls in erster Linie die eisenverarbeitende und die chemische Industrie betroffen. Die französischen Wertzölle wirkten infolge ihres Berechnungsmodus vielfach schikanös, da die Zollpraxis bei ihrer Berechnung nicht vom Fakturenwert ausging, sondern vom Werte der gleichgearteten französischen Erzeugnisse im Orte und zur Zeit der Einfuhr, abzüglich des nach dem Minimaltarif berechneten Einfuhrzolles [1]). Man wandte die Wertzölle in Frankreich auch als Antidumpingmaßnahme an.

Die Versuche, den französischen Zolltarif neu aufzubauen, hatten bis zu Beginn der deutsch-französischen Wirtschaftsverhandlungen trotz aller Anstrengungen, die besonders Handelsminister Lucien Dior im Frühjahr 1923 unternahm, zu keinem Ergebnis geführt [2]).

Insgesamt ergab sich für den französischen Zolltarif wohl eine außerordentliche nominale Steigerung seiner Sätze (Erhöhung des Generaltarifs auf das Vierfache des Minimaltarifs, Koeffizientensystem, Wertzölle), die aber durch die fortschreitende Inflation zunehmend abgeschwächt wurde.

Die französischen Kolonien, Niederlassungen, Protektorate und Mandatsgebiete zerfallen zollrechtlich in die zwei Gruppen der assimilierten Kolonien, die das Zollsystem des Mutterlandes haben, und in die nichtassimilierten Kolonien, Niederlassungen, Protektorate und Mandatsgebiete, die ein eigenes Zollsystem besitzen. Zu der ersten Gruppe gehörten 1924: Gabon, Madagaskar, Réunion, Martinique, Guadeloupe, Guyana, Neukaledonien, Indochina und Algerien, welches mit dem Mutterlande zollrechtlich besonders eng verknüpft war. Zu der zweiten Gruppe gehörten 1924: Französisch-Westafrika, Französisch-Äquatorialafrika (außer Gabon), Somaliküste, St. Pierre und Miquelon, die französischen Niederlassungen in Indien und Ozeanien, die Protektorate Tunis und Marokko und die französischen Mandatsgebiete (darunter Togo und Kamerun).

---

[1]) Vgl. Eichhorn: Der Begriff des zollpflichtigen Wertes im französ. Zollrecht. Deutsche Wirtschafts-Ztg. 1925, S. 1075 ff.

[2]) Gignoux: L'après-guerre etc. pag. 43/44.

Das französische koloniale Zollsystem war womöglich noch unübersichtlicher als das des Mutterlandes und bereitete der französischen Zollpraxis selbst große Schwierigkeiten. So hatten beispielsweise die assimilierten Kolonien nicht alle zollrechtlichen Änderungen des Mutterlandes übernommen, wodurch sich große Verschiedenheiten ergaben. In den nichtassimilierten Kolonien, Niederlassungen, Protektoraten und Mandatsgebieten genossen das Mutterland und die anderen Kolonien, Niederlassungen, Protektorate und Mandatsgebiete eine zollrechtliche Vorzugsbehandlung.

b) Ein- und Ausfuhrverbote.

Ein- und Ausfuhrverbote mit wirtschaftspolitischer Zweckbestimmung für bestimmte Waren, eine alte merkantilistische Praktik, sind durch den Krieg wieder zur Aufnahme gekommen, während man in der Vorkriegszeit nur wenige Ein- und Ausfuhrverbote aus rein polizeilichen, sanitären, steuerlichen und militärischen Gründen besaß. Man bezweckte in der Kriegszeit mit ihrer Wiedereinführung einerseits die Sicherstellung des Kriegsbedarfes und der Ernährung (Ausfuhrverbote der hierher gehörigen Waren), andererseits suchte man durch Einfuhrverbote die Luxuseinfuhr zu verhindern. Auch währungspolitische Ziele wurden mit ihnen verfolgt. In der Nachkriegszeit wurde das System der Ein- und Ausfuhrverbote vielfach beibehalten, teilweise sogar noch ausgebaut, wobei protektionistische Interessen eine Hauptrolle spielten. Man bediente sich auch vielfach zur Erreichung der gleichen Ziele des verwandten Systems der Kontingentierungen.

aa) Deutschland.

Deutschland hatte in der Nachkriegszeit das System der Ein- und Ausfuhrverbote (in der Regel in der Form des Lizenzzwanges) sehr begünstigt, da es das einzige Mittel der Außenhandelspolitik war, welches während der Knebelung der deutschen Handelspolitik durch den Versailler Vertrag einige Wirkung versprach. Dabei war die einseitige Anwendung von Ein- und Ausfuhrverboten gegen die Signatarmächte des Versailler Vertrages durch diesen selbst verboten. Die Wirkung der Verbote war durch das bekannte „Loch im Westen" zu einem beträchtlichen Teile geschwächt.

Ende 1924 standen von den 946 Positionen des deutschen Zolltarifs 457 unter gänzlichem oder teilweisem Einfuhrverbot, 33 unter gänzlichem oder teilweisem Ausfuhrverbot.[1]) Besonders zahlreich waren die Einfuhrverbote in der Textilindustrie. Von den 153 Positionen der Textilindustrie waren 120 mit gänzlichem oder teilweisem Einfuhrverbot belegt worden. Von anderen, für den französischen Export in Betracht kommenden Warengruppen waren in der Industrie der Kleinchemikalien für Feinseifen, Riechstoffessenzen, Parfümerien und kosmetische Mittel Einfuhrverbote erlassen worden. Desgleichen bestand ein Einfuhrverbot für Teerfarben.

Deutschland behielt die Ein- und Ausfuhrverbote 1924 auch deshalb bei, um für die künftigen Handelsvertragsverhandlungen Kompensationsobjekte in der Hand zu haben.

bb) Frankreich.

Auch Frankreich hatte während des Krieges eine Reihe von Ein- und Ausfuhrverboten erlassen. Durch Dekret v. 13. VI. 1919 [2]) hob es einen sehr großen Teil dieser Ein- und Ausfuhrverbote auf. Durch Art. 2 des Gesetzes v. 7. XI. 1919 [3]) erließ es eine, in der Wirkung einseitig gegen Deutschland berechnete Einfuhrbeschränkung (Einfuhrverbot in Form des Lizenzzwanges) für Steinkohlenteerfarben, Benzol, Pharmazeutika und verschiedene andere chemische Erzeugnisse. Weiter war für den deutsch-französischen Warenverkehr noch von Interesse das Ausfuhrverbot (in Form des Lizenzzwanges) für Häute und Felle.

---

[1]) Vgl. Harms: Die Zukunft der deutschen Handelspolitik. Anlage 2. Jena, 1925.

[2]) Journal officiel du 18 juin 1919.

[3]) Journal officiel du 17 novembre 1919.

B.

Die wirtschaftlichen Grundlagen.

1. Vorbemerkung.

Die Darstellung der wirtschaftlichen Grundlagen der deutsch - französischen Wirtschaftsverhandlungen erfordert eine Vorbemerkung zur Erklärung ihres skizzenhaften Charakters. Die folgenden Abschnitte sollen die Wirtschaftsstrukturen beider Länder und die Lage der einzelnen Interessengruppen, soweit beide für die Verhandlungen von Wichtigkeit waren, darstellen, wobei als zeitlicher Ausgangspunkt 1924, das Jahr des Verhandlungsbeginns, gewählt worden ist.

Die Gründe für die skizzenhafte Behandlung lassen sich einmal in die beiden Schlagworte zusammenfassen: französische Inflationsscheinblüte, deutsche Stabilierungskrise. Beide Volkswirtschaften befanden sich in einer anormalen Lage. Die Entwicklungstendenzen waren nicht klar erkennbar.

Ferner war statistisches Material nur in einem sehr beschränkten Maße auswertbar. Die Angaben der deutschen Handelsstatistik waren für die Nachkriegszeit durch die Zerstörung der deutschen Zollhoheit im Westen („Loch im Westen") gerade für die deutsch-französischen Wirtschaftsbeziehungen sehr wenig aufschlußreich. Sie sind nur selten herangezogen worden. Die angeführten handelsstatistischen Zahlen sind deshalb stets unter Berücksichtigung dieser großen Fehlerquelle zu betrachten. Eine Darstellung der deutsch-französischen Wirtschaftsbeziehungen im Rahmen der gesamten Außenhandelsbeziehungen beider Länder konnte infolgedessen auf Grund dieses Materials nicht gegeben werden. Sie wäre auch durch die anormalen Verhältnisse der Weltwirtschaft nach dem Kriege von sehr fragwürdigem Werte für die Darstellung der Grundlagen der Wirtschaftsbeziehungen beider Länder gewesen. Die statistischen Angaben der Vorkriegsverhältnisse konnten wegen der Veränderungen Deutschlands und Frankreichs in wirtschaftlicher Hinsicht nur sehr wenig benutzt werden. Produktionsstatistische Angaben lagen für 1924 für beide Länder nicht in nennenswertem Umfang vor.

Da die folgende Darstellung in erster Linie Frankreich und seine Wirtschaftsverhältnisse betrachten will, während sie die deutschen infolge ihrer größeren Vertrautheit kürzer behandelt, ist ein weiterer Mangel an größeren wissenschaftlichen Untersuchungen über die französische Volkswirtschaft, die deren Lage um 1924 aufhellen könnten, zu verzeichnen [1]).

2. Allgemeiner Überblick.

Die deutsche wie die französische Volkswirtschaft waren in und nach dem Kriege größeren Verschiebungen in ihrem Aufbau und ihren Beziehungen zur Weltwirtschaft ausgesetzt.

Die deutsche Wirtschaft wurde durch die Gebietsabtretungen aus dem Versailler Vertrag bedeutenden Veränderungen unterworfen. Deutschland verlor im Osten ein großes Agrargebiet, die Folge war eine Steigerung des Einfuhrbedürfnisses an landwirtschaftlichen Produkten, die früher jenes Gebiet geliefert hatte. Gleichzeitig schmälerte die Abtretung der östlichen Gebiete den inneren Markt für Industrieartikel.

Andererseits wurden Deutschland in Ost-Oberschlesien und in Elsaß-Lothringen hochentwickelte industrielle Gebiete genommen. Für die deutsch-französischen Wirtschaftsverhandlungen interessierte vor allem Elsaß-Lothringen. Es war für Deutschland ein wichtiges industrielles Rohstoffgebiet gewesen, welches Eisenerz (schätzungsweise über 75% der alten deutschen Erzlager, allerdings die Minette mit relativ geringem Eisengehalt), Kali, Petroleum und Kohle (letztere jedoch nur in kleinem Umfang) enthielt. Ferner besaß Elsaß-Lothringen auf dem Gebiete der weiterverarbeitenden Industrien eine sehr leistungsfähige Textilindustrie, besonders Baumwollindustrie, und Maschinenbauindustrie.

Der Verlust dieser Gebiete brachte mit dem Ausscheiden Luxemburgs, eines weiteren wichtigen industriellen Rohstofflandes, aus dem deutschen Zollgebiet tiefgreifende Umwandlungen des deutschen Wirtschaftskörpers mit sich. Es wurde dadurch der industrielle Charakter Deutschlands noch

[1]) Vgl. das Urteil von Meerwarth über die französische wirtschaftswissenschaftliche Literatur. Meerwarth, Die französische Volkswirtschaft. Handbuch der Frankreichkunde. II. Teil, S. 15; 71.

schärfer als vor dem Kriege betont und innerhalb der Industrie die Bedeutung nach der Seite der Fertigindustrien, in welchen der Friedensvertrag geringere Verluste gebracht hatte, verschoben. Dagegen war die Rohstoffbasis der Industrie, soweit sie auf Eisenerz beruhte, außerordentlich verkleinert worden. Sie genügte nicht für den Bedarf der heimischen Eisenindustrien.

Als handelspolitische Probleme [1]) ergaben sich einmal ein großes Einfuhrbedürfnis für landwirtschaftliche und industrielle Rohstoffe, andererseits die Notwendigkeit einer möglichsten Steigerung der deutschen Ausfuhr von industriellen Fertigwaren, um die Rohstoffe zu bezahlen, die bestehenden industriellen Produktionsanlagen bei verengertem Binnenmarkte voll in Betrieb zu halten und überhaupt die Einfuhrbedürfnisse zu decken, zumal das im Ausland vor dem Kriege angelegte Kapital, welches früher mit seinen Zinsen einen wesentlichen Teil der deutschen Einfuhr beglichen hatte, nicht mehr in deutschem Besitz war.

Der Druck zu gesteigertem Export wurde ferner durch die Reparationsverpflichtungen und die internationale Verschuldung Deutschlands verstärkt.

Deutschland begann 1924 normale Beziehungen mit den internationalen Märkten anzubahnen. Die hochschutzzöllnerischen Tendenzen und die vielen neuen Zollgrenzen (11000 km Zollgrenzen in Europa mehr als 1914) [2]), die der handelspolitischen Situation der Nachkriegszeit das Gepräge gaben, bildeten für den deutschen Export große Hemmnisse.

Bedeutsamen Veränderungen war auch Frankreich seit Kriegsausbruch in seiner Wirtschaftsstruktur unterworfen worden. Die französische Volkswirtschaft war vor dem Kriege ganz überwiegend agrarisch. Es hatte für sie noch der Ausspruch Sullys, wenn auch modifiziert, Geltung: Labourage et pâturage sont les deux mamelles de la France. Die französische Industrie beschränkte sich auf Spezialitäten (z. B. hochqualifizierte Textilindustrie, Parfümerien-, kosmetische und Seifenindustrie), zu deren Herstellung sich Geschmack, große

---

[1]) Vgl. Wiedenfeld: Deutschlands handelspolitische Aufgaben.
[2]) Sering: Deutschland unter dem Dawesplan. S. 136.

Geschicklichkeit des einzelnen Arbeiters und eine berühmte Tradition verbanden. Die industrielle Entwicklung ging sehr langsam vonstatten, gehemmt durch den Arbeitermangel infolge einer Stagnation der Bevölkerungsbewegung, die zur Verwendung ausländischer Arbeiter zwang. Frankreich war sehr kapitalreich, welche Eigenschaft es zu großen Kapitalanlagen im Auslande verwandte: es wurde zum banquier du monde. Das Rentnertum war zu der typischen Erscheinung des französischen Wirtschaftslebens geworden.

Seit dem Kriege wurde das Tempo der industriellen Entwicklung lebhafter, zum Teil sogar überstürzt. Zunächst brachte der Krieg insofern einen Rückschlag, als gerade die wichtigsten Industriegebiete in der Kampfzone lagen und aus der Produktion ausschieden. Um diesen Ausfall zu decken, schritt man jedoch bald zur Anlage neuer Werke in den vom Krieg verschonten Gebieten. Der Krieg stellte ferner an die französische Wirtschaft gesteigerte Anforderungen an Industrieprodukten für den Heeresbedarf, durch die vor allem die schwere chemische Industrie und die eisenschaffende und eisenverarbeitende Industrie gefördert wurden.

Der Wiederaufbau brachte das alte nordfranzösische Industriegebiet auf die modernste Betriebsausrüstung und vergrößerte Anlagen. Er führte gleichzeitig eine Wiederaufbaukonjunktur herbei, indem für ihn in erster Linie die französische Industrie beschäftigt wurde, während die hierfür eigentlich vorgesehenen deutschen Reparationsleistungen geschickt vor allem zum Bezug von Rohstoffen und Halbfabrikaten, nicht aber in entsprechendem Maße zur Lieferung von Fertigfabrikaten herangezogen wurden. Ende 1924 war der Wiederaufbau zu rund 90% vollendet[1]).

Die Einverleibung Elsaß-Lothringens brachte Frankreich einerseits ein wichtiges industrielles Rohstoffgebiet, welches Frankreich zum reichsten Land in Eisenerzen von Europa machte. Andererseits wurde in Elsaß-Lothringen ein hochentwickeltes Textilland dem französischen Wirtschaftsgebiet eingegliedert. Auch über eine leistungsfähige Maschinenindustrie verfügte das alte Reichsland. Der französische Inlandsmarkt

[1]) Die Wirtschaft des Auslandes 1900—1927. S. 64.

war für die Produktion der elsaß-lothringischen eisenschaffenden, Baumwoll- und Wollindustrie nicht entsprechend aufnahmefähig und drängte sie zum Export.

Schließlich stachelte die französische Inflation die Produktion an, trieb zur Erweiterung der vorhandenen Anlagen und zu vermehrtem Export.

Der durch die vier Momente Krieg, Wiederaufbau, Eingliederung Elsaß-Lothringens und Inflation in Frankreich bewirkte Industrialisierungsprozeß erfuhr sowohl hinsichtlich der Produktion wie der Konsumtion von bevölkerungspolitischen Faktoren Widerstände. Er überschritt jedoch die Grenze der Aufnahmefähigkeit des inneren Marktes bedeutend und verwies die französische Industrie zu einem sehr großen Teil auf den Weltmarkt. Die französische Außenhandelspolitik, vor dem Kriege in erster Linie auf das Problem einer Sicherung des Binnenmarktes eingestellt, mußte sich mehr und mehr auf eine Exportförderungspolitik umstellen. In der Gründung der Banque nationale du commerce extérieur, in der Tätigkeit des Office national du commerce extérieur, der Außenhandelsstellen (Offices commerciaux), der Außenhandelsbeiräte (Conseillers du commerce extérieur) kam dies äußerlich zum Ausdruck. Frankreich wurde mit dem Weltmarkt eng verflochten. Die Verschuldung Frankreichs durch den Krieg an das Ausland übte gleichfalls einen Druck auf gesteigerten Export aus. Trotz der großen Entwicklung der Industrie behauptete noch die Landwirtschaft einen, wenn auch verkleinerten, Vorsprung im Wirtschaftsleben gegenüber der Industrie.

Von dem französischen Kolonialbesitz war der nordafrikanische wirtschaftlich am weitesten aufgeschlossen. Im allgemeinen hatte man die Kolonien zu sehr als Rekrutendepots für die Armee betrachtet, sodaß Frankreich in seinem Rohstoffbezug vielfach auf das Ausland angewiesen war, obwohl es ihn in seinen Kolonien bei entsprechend entwickelter Wirtschaft hätte decken können (z. B. Naturseide).

3. Wichtige Interessengebiete.

a) Landwirtschaft.

aa) Weinbau.

Der Weinbau der Welt wurde in und nach dem Kriege von einer sehr schweren Absatzkrise heimgesucht. Die großen Erfolge der Abstinenzbewegung brachten eine weitgehende Verengung des Weltmarktes für Wein. Die Vereinigten Staaten von Amerika, Island, Finnland, Norwegen wurden nach und nach „trocken gelegt". Ferner fiel Rußland als Abnehmer völlig aus.

Frankreich, das größte Weinland der Welt hinsichtlich des Ertrages — nur in der Rebfläche wurde es von Italien übertroffen — traf der Ausfall jener Märkte empfindlich. Hatten doch früher die Vereinigten Staaten vor allem die teueren Sorten dem französischen Weinbau abgenommen [1]). Die Weinbaufläche im alten Frankreich betrug in den letzten Jahren vor dem Kriege etwa 1,5 Millionen ha, der Ertrag rund 50 Millionen hl. Elsaß-Lothringen brachte einen unbedeutenden Zuwachs von ungefähr 1% sowohl des Ertrages wie auch der Fläche Altfrankreichs. Ständig gewann der Weinbau in den nordafrikanischen französischen Besitzungen, vor allem in Algerien, an Bedeutung. Die im Ertrag stehende Rebfläche ging in Frankreich in den Jahren nach dem Kriege unwesentlich zurück, der Ertrag stieg in jener Zeit. Frankreich war aber auch eins der größten Weinimportländer, dessen Import in der Nachkriegszeit den Export gewaltig überstieg. Der Import stammte in der Hauptsache aus den französischen nordafrikanischen Besitzungen [2]) und trug zur Vergrößerung des Weinüberflusses in Frankreich wesentlich bei. Der Import wurde durch den großen Weinhandel Frankreichs in erster Linie veranlaßt. Frankreich schwamm in jener Zeit geradezu in Wein [3]).

Der gestiegene Ertrag und große Import riefen im Zusammenhang mit der Weltmarktverengung in Frankreich eine

[1]) Schall: Frankreichs Volks- und Staatswirtschaft. S. 21.
[2]) Die Wirtschaft des Auslandes 1900—1927. S. 72.
[3]) Schall: a. a. O., S. 21.

„crise viticole" hervor, die sich zunächst in einer Absatzstockung, weiterhin in einem Preisdruck auf den Wein auswirkte, obwohl der Preis des Weines durch die Frankenentwertung an sich schon real niedrig war. Der Preisdruck infolge stockenden Absatzes traf jedoch alle Weinbauländer mit Exportinteressen, die sich in einem scharfen Wettbewerb gegenüber standen.

Der Weg einer Produktionseinschränkung wurde nicht beschritten. Man hielt die gegenwärtige Produktion aufrecht und suchte auf andere Weise die Krise zu beseitigen [1]).

Der eine Weg hierzu führte die Weinbauländer zusammen, es war der Kampf gegen die Abstinenzbewegung, der vielfach mit Staatshilfe geführt wurde. Er richtete sich einmal präventiv gegen die noch nicht abstinenten, andererseits aggressiv gegen die abstinenten Staaten. Man hatte in letzterem Kampf nur gegen schwache Staaten Erfolg. Die Vereinigten Staaten und Rußland konnte man nicht zwingen.

Der zweite Weg war die Erhaltung der bestehenden Absatzmärkte. Er führte die Weinbauländer wieder auseinander, die sich gegenseitig in einem scharfen Wettkampf die Märkte zu entreißen suchten. Hierbei hatte Frankreich gegenüber Deutschland eine starke Position, da ihm der Versailler Vertrag und die eigene politische Machtstellung die Möglichkeit gab, von der es auch Gebrauch machte, Deutschland französischen Wein aufzuzwingen.

Der dritte Weg war die Veredelung und anderweitige Verwendung des Weins. Auf diesem Gebiete besaß Frankreich in seiner Likör- und Schaumwein-Produktion eine Sonderstellung vor den übrigen Weinbauländern. Immerhin konnte auch diese Veredelungsindustrie die Überproduktion nicht aufnehmen, steigerte jedoch gleichzeitig mit ihrer Produktion auch ihr Ausfuhrinteresse in Likören und Schaumweinen. Die staatliche Monopolverwaltung in Frankreich kaufte ferner in größerem Umfang Wein zur Bereitung von Alkohol für Industriezwecke auf [2]).

---

[1]) Vgl. Schmölders: Der Absatzkampf der Weinbauländer. Wirtschaftsdienst, Nr. 11. v. 13. III. 1925.

[2]) Schall: a. a. O., S. 21.

Alle die hier skizzierten Wege konnten die Überproduktion an Wein nicht beseitigen, in der sich Frankreich 1924 befand.

Der deutsche Weinbau war dem französischen hinsichtlich der Produktionsbedingungen unterlegen. Er befand sich 1924 in einer schweren Krise. Die Inflation hatte ihm seinen ungünstigen Zustand zum Teil verschleiert. Deutschland fällt nur teilweise in ein Klimagebiet, welches einen wirklich lohnenden Weinbau gestattet. Der französische Weinbau besaß zu seinen günstigeren klimatischen Verhältnissen noch bessere Böden, als sie der deutsche Weinbau an der Saar, Mosel und am Rhein in seinen devonischen Schieferböden aufweisen konnte. Der deutsche Weinbau ging in der Nachkriegszeit immer mehr zurück. Er besaß auch keinen so großen Rückhalt in der Konsumgewohnheit seines Volkes wie der französische Weinbau, da der Deutsche, im Gegensatz zu dem Franzosen, das Bier dem Wein vorzuziehen pflegt.

bb) Obstbau.

Ein weiteres französisches Exportinteresse auf dem Gebiete der Landwirtschaft lag für Obst und Südfrüchte vor. Der französische Obstbau, klimatisch begünstigt, war sehr entwickelt. Für Südfrüchte kam neben Südfrankreich besonders Algerien in Betracht. Der deutsche Obstbau war dem französischen gegenüber noch wenig ausgebaut, aber steigerungsfähig. Für Südfrüchte kam Deutschland infolge seines Klimas nicht in Frage.

cc) Gemüsebau.

Ähnlich wie bei dem Obstbau lagen die Verhältnisse bei dem Gemüsebau. Frankreich produzierte, durch sein Klima begünstigt, vor allem Frühgemüse und feinere Gemüsesorten (z. B. Auberginen, Artischocken, Endivien, Chicoree, Bleichsellerie). Der deutsche Gemüsebau hatte infolge seiner klimatisch ungünstigeren Position dem französischen nur wenig Entsprechendes gegenüberzusetzen.

b) Eisenschaffende Industrie.

Der Frieden von Versailles hat die Lage der eisenschaffenden Industrien Deutschlands und Frankreichs grundlegend verschoben. Er nahm Deutschland sein wichtigstes Eisenerzgebiet in Elsaß-Lothringen und schlug es zu Frankreich. Frankreich wurde zum unbestritten eisenerzreichsten Land Europas und zum zweiten Eisenerzland der Welt. Die Folge war eine außerordentliche Übersättigung in Eisenerz, Roheisen, Rohstahl und Walzwerkserzeugnissen in Frankreich. Die Einverleibung Elsaß-Lothringens steigerte die Produktionsfähigkeit der französischen eisenschaffenden Industrie um rund 50% [1]). Angesichts der Überfülle in Erz, Roheisen, Rohstahl und Walzwerkserzeugnissen gab es für Frankreich, wollte es nicht zu großen Produktionseinschränkungen schreiten, zwei Wege, um einer Katastrophe seiner eisenschaffenden Industrie auszuweichen, nämlich den eines möglichst hohen Exportes in Produkten der eisenschaffenden Industrie oder den anderen eines Aufbaus einer eigenen Verarbeitungsindustrie zur Aufnahme der Überproduktion in Eisen und Stahl.

Frankreich beschritt beide Wege. Doch ging der Aufbau einer eisenverarbeitenden Industrie so großen Umfangs naturgemäß langsam vonstatten, fand zudem in der Frage der Arbeiterbeschaffung Schranken, sodaß zunächst noch der Weg des Exportes weitaus im Vordergrunde stand.

Für diesen Weg war am naheliegendsten die Wiederaufnahme der alten Beziehungen zwischen Elsaß-Lothringen, dem Ruhrgebiet und Westfalen. Man kann die engen Austauschbeziehungen, die vor der Trennung dieser Gebiete durch den Versailler Vertrag bestanden hatten, ungefähr auf die Formel bringen: Erzbasis in Lothringen, Kohlen- und Koksbasis im Ruhrgebiet, Verhüttung zum großen Teil in Lothringen, zum Teil noch im Ruhr-Rheinbezirk, Weiterverarbeitung im Ruhrgebiet und in Westfalen.

Gegen die Wiederaufnahme dieser Beziehungen sprachen aber gewichtige Gegengründe der deutschen eisenschaffenden Industrie. Obwohl Deutschland durch die elsaß-lothringischen Kontingente große Mengen elsaß-lothringischen Erzes, Roh-

[1]) Die Wirtschaft des Auslandes 1900—1927. S. 75.

eisens und anderer Produkte der eisenschaffenden Industrie hereinlassen mußte, hatte sich die deutsche eisenschaffende Industrie auf einen anderen Erzbezug umgestellt. Die lothringischen Erze waren geringwertig und besaßen ein großes totes Gewicht, welches sich bei längeren Frachten sehr nachteilig auswirken mußte. Vor dem Kriege war deshalb die deutsche eisenschaffende Industrie dazu übergegangen, ihre Erze in Lothringen gleich zu verhütten, teilweise sogar in einer Hitze ins Stahlwerk im gleichen Orte zu überführen. Die Liquidierung des deutschen Eigentums in Elsaß-Lothringen nahm der deutschen eisenschaffenden Industrie ihre Erzbasis, Hütten und Stahlwerke in diesem Gebiet und zwang sie, wollte sie sich nicht ganz in Abhängigkeit von der französischen eisenschaffenden Industrie geben, ihren Erzbezug und ihre Produktion umzustellen.

Die deutsche eisenschaffende Industrie bezog infolgedessen nach dem Kriege in erster Linie die höherwertigen Erze aus Spanien, Schweden und Kanada, mit denen zum Teil langfristige Lieferungsverträge abgeschlossen wurden. Auch in der Erzeinfuhr aus Frankreich zeigte sich eine Richtung nach stärkerer Betonung der höherwertigen Erze. Die wertvolleren Erze konnten die größeren Frachten leichter tragen, es konnte dazu für ihren Transport der Wasserweg benutzt werden. Nach außen kam die Umstellung einmal in dem stärkeren Hervortreten der Siemens-Martin-Werke gegenüber den alten Thomaswerken mit ihrer Betonung der Minettebasis zum Ausdruck. Das Siemens-Martin-Verfahren beanspruchte durch die Verwendung des Schrottes, den die deutsche Wirtschaft reichlich zu liefern imstande war, geringere Mengen Roheisen, sodaß auch von dieser Seite aus die Einfuhrbedürfnisse der deutschen eisenschaffenden Industrie eingeschränkt wurden. Das Siemens-Martin-Verfahren wurde ferner aus Rücksichten der Qualitätssteigerung der Produktion bevorzugt. Andererseits war eine Tendenz zur Steigerung der Stahlproduktion im Gegensatz zur Roheisenproduktion klar erkennbar. Der Umstellungsprozeß war 1924 noch nicht vollendet. Er war einerseits gehemmt worden durch die chaotischen wirtschaftlichen Zustände der Nachkriegszeit in Deutschland (Inflation, Reparationsbelastung, Ruhreinbruch, Micumregime, Stabilierungskrise), die besonders die rheinisch-westfälische eisenschaffende Industrie getroffen hatten, andererseits durch den forcierten, durch die elsaß-lothringischen Kontingente und die Frankeninflation begünstigten, Export der französischen eisenschaffenden Industrie nach Deutschland, dem sich Belgien und Luxemburg anschlossen, sodaß Deutschland zur „Ablagerungsstätte für die Übererzeugung dieser Länder" (nach einem Ausspruch von Vögler) zu werden drohte. Die deutsche eisenschaffende Industrie verlangte deshalb ausreichenden Zollschutz von der Reichsregierung. Da die Eisenzollfrage sehr einschneidend in die Produktionsverhältnisse der eisenverarbeitenden Industrie Deutschlands eingriff und in den Verhandlungen von dieser Seite hauptsächlich aufgerollt wurde, soll ihre weitere Betrachtung im anderen Zusammenhang erfolgen [1]).

Die französische eisenschaffende Industrie war aber noch auf einem anderen Gebiet mit Deutschland verbunden, nämlich in der Kohlen- und Koksversorgung. Dem französischen Erzreichtum stand ein fühlbarer Mangel an Kohle und Koks gegenüber. Bezeichnend wird hierfür besonders die Stellungnahme Pinots und des Comité des Forges im Weltkrieg sein. Danach war es dieser französischen Seite im Grunde unbequem, die elsaß-lothringischen Werke in das französische Zollgebiet einzubeziehen, ihr schwebte vielmehr ein selbständiges Elsaß-Lothringen unter französischer Oberleitung vor, gegen welches man sich durch Zollmaßnahmen vor unerwünschter Konkurrenz sichern könnte. Sollte aber aus politischen oder strategischen Gründen die restlose Einverleibung Elsaß-Lothringens nötig sein, dann nur unter gleichzeitiger Besitzergreifung der Saargruben, um dem drückenden Kohlenmangel Frankreichs abzuhelfen. Durch den Krieg hatten die wichtigen Kohlengruben in Nordfrankreich schwer gelitten. Als Ersatz bekam Frankreich nach dem Versailler Vertrag die ehemals fiskalischen Saargruben. Ferner verpflichtete der Friedensvertrag Deutschland

[1]) Vgl. Seite 30/31.

auf zehn Jahre zu Reparationslieferungen in Kohle und Koks. Besonders in der Koksversorgung war Frankreich vom Ausland, und hier wieder in erster Linie von Deutschland, abhängig, da die französischen Kohlen[1]) und auch die Saarkohlen[2]) sich zur Verkokung schlecht eignen. Die Reparationslieferungen in Kohle und Koks wurden von Frankreich an die Verbraucher mit Verlust, der aus Staatsmitteln gedeckt wurde, abgegeben. Mit dieser Subventionspolitik, durch die die französische eisenschaffende Industrie ein Dumping auf den internationalen Märkten vornehmen konnte, war jedoch eine Lösung der Kohlenfrage in Verbindung mit der Erzfrage nicht erzielt worden. Die französische eisenschaffende Industrie wurde das unangenehme Gefühl nicht los, daß sie trotz allem doch noch in Abhängigkeit von deutscher Kohle und Koks stünde, während sie andererseits die deutsche eisenschaffende Industrie hinsichtlich des Erzes und Eisens nicht in gleicher Weise in der Hand hatte.

Frankreich hatte in der Nachkriegszeit verschiedene Versuche unternommen, das Erz-Kohle-Problem in seinem Interesse zu lösen. Hierzu gehörte einerseits das kapitalmäßige Übergreifen der französischen eisenschaffenden Industrie auf den deutschen Kohlenbergbau (z. B. im Aachener Revier), weiter die Versuche des Comité des Forges, durch ein interalliiertes Eisenkartell die deutsche eisenschaffende Industrie niederzuwerfen (vgl. „Duell Stinnes-Schneider") [3]) und schließlich durchaus machtpolitische Unternehmungen der französischen Regierung, von denen der Ruhreinbruch v. 11. I. 1923 unter Poincaré am folgenschwersten war. Er stieß auf fühlbaren Widerstand Englands, dem es nicht gleichgültig sein konnte, wer schließlich zum Herrn der Ruhr wurde. Auf der Londoner Konferenz 1924 versuchten die Franzosen, noch schnell unter dem Drucke der Ruhrräumung vor Beginn der Handelsvertragsverhandlungen die ganze Erz-Kohle-Frage in ihrem Sinne zu lösen. Der diplomatische Mitarbeiter des Observer erklärte, daß es sich um eine Quote von 51% des

---

[1]) Wirtschaft und Statistik, Nr. 20 v. 25. X. 1924. S. 627.
[2]) Levainville: L'industrie du fer en France. pag. 162.
[3]) Röpke: Die internationale Handelspolitik usw. S. 24.

Kapitals der Ruhrbergwerke handle, und an der Berliner Börse sprach man von einer Verschmelzung von Erz und Kohle [1]). Es gelang Deutschland, die französischen Forderungen abzuweisen, sodaß seine eisenschaffende Industrie frei in die Verhandlungen eintreten konnte.

c) Eisenverarbeitende Industrie.

aa) Maschinenbau und Elektrotechnik.

Die Abtretung Elsaß-Lothringens und Ostoberschlesiens und das Ausscheiden des Saargebietes aus dem deutschen Zollgebiet hatten die Rohstoffbasis der deutschen eisenverarbeitenden Industrie völlig verändert. Sie lag für Roheisen 1924 überwiegend im Ausland, vor allem in dem alten Bezugsgebiet Elsaß-Lothringen, für Rohstahl und Halbzeug war ebenfalls der Import auswärtiger Produkte, in erster Linie wieder Elsaß-Lothringens und dazu des Saargebietes, noch unentbehrlich. Die elsaß-lothringischen Kontingente und die zollfreie Ausfuhr aus der Saar hatten bis zu ihrem Wegfall am 10. I. 1925 den Bezug gefördert. Im Interesse der deutschen eisenverarbeitenden Industrie, besonders des süddeutschen Maschinenbaues als wichtigsten Repräsentanten der eisenverarbeitenden Industrie seines Bezirkes, hätte die Förderung der Beziehungen zu Elsaß-Lothringen und der Saar durchaus gelegen. Die süddeutsche eisenverarbeitende Industrie lag sowohl für den Bezug ihrer Rohstoffe wie für den Absatz ihrer Produkte verkehrsgeographisch ungünstig. Der Bezug von Produkten der saarländischen und elsaß-lothringischen eisenschaffenden Industrie war für sie, von der Frachtenfrage aus gesehen, günstiger als der von Produkten der rheinisch-westfälischen oder anderweitigen deutschen eisenschaffenden Industrie. In ihren auf Erhaltung der alten Bezugsgebiete gerichteten Bestrebungen wurde die deutsche eisenverarbeitende Industrie durch die Forderungen auf Zollschutz seitens der deutschen eisenschaffenden Industrie empfindlich getroffen. Die deutsche eisenschaffende In-

---

[1]) Leibrock: Zum deutsch-französischen Handelsvertrag. Deutsche Wirtschafts-Zeitung, Nr. 40 v. 7. X. 1924. S. 734 ff.

dustrie führte zur Begründung ihrer Zollforderungen an, daß sie gegenwärtig nicht mehr in der Lage sei, wie vor dem Kriege, einen großen Export durchzuführen, ihr Interesse sich jetzt in erster Linie auf den deutschen Binnenmarkt konzentriert habe, dessen Bedarf sie, wenn auch nicht im gegebenen Augenblick, so doch in absehbarer Zeit in Roheisen, Rohstahl und Halbzeug voll befriedigen könnte. Sie würde aber auf dem deutschen Markt in ihrem Aufbau vor allem durch die elsaß-lothringische Einfuhr gehemmt, da die elsaß-lothringischen Werke billigere Gestehungskosten hätten, durch die Frankeninflation ein Valutadumping ausüben und durch die Kontingente zollfrei nach Deutschland einführen könnten [1]). Die deutsche eisenverarbeitende Industrie stellte demgegenüber fest, daß gegenwärtig ihr Bedarf an Roheisen, Rohstahl und Halbzeug nicht von der deutschen eisenschaffenden Industrie gedeckt werden könnte, die geplanten Eisenzölle die an sich schon hohen Gestehungskosten der eisenverarbeitenden Industrie außerordentlich erhöhen würden und ihre Wettbewerbsfähigkeit auf dem Weltmarkt unmöglich machen könnten. Die deutsche eisenverarbeitende Industrie wäre aber sehr stark ausfuhrorientiert. Gegen einen Ausbau der deutschen eisenschaffenden Industrie zum Zwecke der Deckung des heimischen Bedarfs wurde eingewendet, daß an sich schon eine beträchtliche Disproportionalität zwischen der Produktionskapazität der eisenschaffenden Industrie der Welt und der Aufnahmefähigkeit für ihre Produkte in der Welt bestünde, die notwendig zu Produktionseinschränkungen führen müsse [2]), ein Zollschutz für den weiteren Ausbau der deutschen eisenschaffenden Industrie daher unsinnig wäre. Ferner sah man in dem Hochhalten der Eisenpreise durch die geplanten Zölle eine Erleichterung des Kampfes der gemischten Werke der Stahlindustrie gegen die reinen Werke der Stahlfertigfabrikation [3]). Bei der grundlegenden Bedeutung der Eisenindustrie für den ganzen Produktionsapparat der deutschen Volkswirtschaft gewann die Eisenzoll-

[1]) Voelker: Die Stellung der Eisenindustrie. S. 354.
[2]) Voelker: a. a. O., S. 352.
[3]) Wiedenfeld: Deutschlands handelspolitische Aufgaben, S. 6.

frage ein außerordentliches Interesse. Sie war am Beginn der Verhandlungen noch nicht gelöst.

Deutschland war vor dem Kriege auf dem französischen Markte der Hauptlieferant für Produkte des Maschinenbaues und der Elektrotechnik gewesen. Nach dem Kriege hatte es seine beherrschende Stellung verloren. Ihre Wiedergewinnung stieß auf große Schwierigkeiten.

Frankreichs eisenverarbeitende Industrie hatte durch die Einverleibung Elsaß-Lothringens eine Rohstoffbasis in Eisen erhalten, die ihren Bedarf weit überstieg. Schon in der Vorkriegszeit war die Leistungsfähigkeit der französischen eisenschaffenden Industrie größer gewesen als die Aufnahmefähigkeit der französischen eisenverarbeitenden Industrie. Der Krieg stellte große Anforderungen an die französische eisenverarbeitende Industrie und trug zu ihrem Ausbau wesentlich bei. Nach dem Kriege förderte die französische Inflation den weiteren Aufschwung. Eine Beurteilung der Lage des französischen Maschinenbaues und der Elektrotechnik im Jahre 1924 ist sehr schwer, da genaue Produktionsangaben fehlen. Sie ist deshalb in erster Linie auf die französische Außenhandelsstatistik angewiesen, die ein zunehmendes Absinken der Einfuhr von Maschinen und elektrotechnischen Erzeugnissen und Anwachsen der Exportziffern für diese Artikel zeigt [1]).

In Elsaß-Lothringen erhielt Frankreich auf den Gebieten des Maschinenbaues und der Elektrotechnik eine Anzahl leistungsfähiger Betriebe von bekanntem Ruf (z. B. Zornhoff, Schlumberger, de Dietrich, Société Alsacienne). Wichtig war die Textilmaschinen-Industrie in Mülhausen, die der Chemnitzer Konkurrenz den französischen Markt abnahm.

Einen ganz außerordentlichen Aufschwung nahm die französische Automobilindustrie, die 1925 an zweiter Stelle in der Weltproduktion nach den Vereinigten Staaten von Amerika stand. Der große Heeresbedarf hatte sie sehr gefördert. Aber auch die Einführung der Serien-Herstellung und die damit ver-

---

1) Die Wirtschaft des Auslandes 1900—1927. S. 76.

bundene Verbilligung der Produktion wirkten auf den Absatz und dadurch wieder auf die Produktion steigernd ein. Neben den alten bekannten Firmen Peugeot und Renault stand das junge Werk Citroën, welches, aus einer Munitionsfabrik hervorgegangen, sich zur größten französischen Automobilfabrik entwickelte. Die Inflation wirkte besonders als treibendes Moment. In den Inflationsjahren exportierte die französische Automobilindustrie ein Drittel bis ein Viertel ihrer Gesamtproduktion [1]).

bb) Kleineisenindustrie.

Die Verhältnisse auf dem Gebiete der Kleineisenindustrie lagen in Deutschland wie in Frankreich den oben geschilderten des Maschinenbaus und der Elektrotechnik in vielem analog. Die deutsche Kleineisenindustrie war sehr stark ausfuhrorientiert. Für den wichtigen Zweig der Solinger Stahlwarenindustrie schätzte die Industrie- und Handelskammer Solingen den deutschen Inlandsverbrauch bei normalen Zeiten auf 20% des Gesamtabsatzes [2]). Der Markt der Solinger Industrie war aber in der Nachkriegszeit sehr eingeschränkt und der Konkurrenzkampf mit der Sheffielder Industrie dadurch verschärft worden. Auch die anderen Zweige der deutschen Kleineisenindustrie fanden ihre Märkte gegenüber der Vorkriegszeit stark verkleinert vor. Der Export der deutschen Kleineisenindustrie nach Frankreich war gegenüber der Vorkriegszeit zurückgegangen, teils infolge der Konkurrenz der neu entstandenen französischen Werke, teils durch die seit 1924 sich stärker einfuhrhemmend auswirkende französische Inflation. Frankreich hatte nach dem Kriege große Anstrengungen zur Hebung seiner Kleineisenindustrie unternommen. Es fehlen jedoch genauere produktionsstatistische Angaben. Nur aus der sinkenden Einfuhrquote bei steigendem Export kann man einige Auswirkungen erkennen [3]).

---

[1]) Die Wirtschaft des Auslandes 1900—1927. S. 76.
[2]) Kretzen: Die Krisis in der Solinger Stahlwarenindustrie. S. 4.
[3]) Ungern-Sternberg: Grundzüge der franz. Volkswirtschaft. 2. Aufl., Frankenstein i. Schles. S. 195.

d) Chemische Industrie.

aa) Industrie der Schwerchemikalien.

Die deutsche Industrie der Schwerchemikalien hatte in und nach dem Kriege den größten Teil ihrer ausländischen Märkte verloren. Neue chemische Industrien waren im Auslande entstanden und wurden von den Regierungen ihrer Länder durch Schutzzölle, Einfuhrverbote und Subventionen geschützt und gefördert. Frankreich benutzte neben den Schutzzöllen und Einfuhrverboten noch die Reparationsleistungen als Mittel, um die deutsche chemische Industrie von einer unmittelbaren Belieferung seines Marktes fernzuhalten, indem es einerseits die deutsche chemische Industrie in dem Londoner Chemieabkommen von 1924 dazu brachte, bis 1928 außer Reparationslieferungen keine Teerfarben nach Frankreich zu liefern, andererseits durch Zwischenorganisationen bemüht war, einen direkten Verkehr zwischen dem deutschen Exporteur und dem französischen Kunden zu verhindern. Ferner war bekannt, daß Frankreich einen beträchtlichen Teil der als Reparationslieferungen eingehenden Teerfarben wieder ausführte, besonders nach den Vereinigten Staaten von Amerika [1]).

Frankreich war vor dem Kriege auf dem Gebiete der schweren Chemie völlig von Deutschland abhängig gewesen. Während des Krieges geriet es in eine gewisse Abhängigkeit von England und den Vereinigten Staaten von Amerika, machte aber schon große Anstrengungen, hauptsächlich wegen der großen Bedeutung der Chemie für die Kriegführung, eine eigene Industrie der Schwerchemikalien großzuziehen. Es setzte die Bemühungen dann nach dem Kriege verstärkt fort. Alle Mittel einer brutalen Machtpolitik (Besitzergreifung von den deutschen chemischen Werken in Frankreich, Patentraub, Besetzung der Höchster Farbwerke, Werkspionage) wurden gegen die deutsche Industrie der Schwerchemikalien angewandt. Auch die Mitwirkung der deutschen schweren chemischen Industrie an dem Ausbau der französischen suchte man sich durch das Abkommen der französischen Regierung mit der Badischen Anilin- und Sodafabrik von 1919 zu sichern,

---

[1]) Der Deutsche Oekonomist, 1927. S. 1538/39.

welches 1924 Gesetz wurde. Die bedeutendsten chemischen Unternehmungen Frankreichs waren die Société Anonyme des Matières Colorantes et Produits Chimiques und die Compagnie Nationale, die mit den Etablissements Kuhlmann verschmolzen war, welche auch das Haber-Verfahren für Frankreich erworben hatten. Man hielt große Kongresse der chemischen Industrie ab und machte übertriebene Zahlenangaben über die Produktionssteigerung der französischen schweren Chemie [1], die trotz allem im Wirtschaftsleben Frankreichs noch keine allzu große Rolle spielt[2]).

bb) Industrie der Kleinchemikalien.

Von der Industrie der Kleinchemikalien waren für die deutsch-französischen Wirtschaftsverhandlungen einmal die Zweige der Parfümerien-, kosmetischen und Seifenindustrie, zweitens die Industrie der Metall- und Erdfarben und Lacke von Bedeutung. In der Fabrikation ätherischer Öle, Seifen und Riechstoffe besaß Frankreich von alters her eine Vormachtstellung, gegründet auf eine sehr lange Tradition und hohe Qualität. Die deutsche Industrie der gleichen Branche war erheblich jünger. In der Nachkriegszeit vermochte die französische Industrie der Parfümerien, Kosmetika und Seifen ihren Export sehr zu steigern, wozu die französische Inflation den Hauptanreiz gab[3]). In der Produktion der Erd- und Metallfarben und der Lacke hatte Deutschland eine bedeutende Industrie mit Ausfuhrinteressen.

e) Textilindustrie.

Die deutsch-französischen Güteraustauschbeziehungen in der Textilindustrie, wie sie in der Vorkriegszeit bestanden, sind durch den Versailler Vertrag einseitig nach dem französischen Ausfuhrinteresse verschoben worden. Deutschland verlor in Elsaß-Lothringen ein wertvolles Produktionsgebiet der Woll- und Baumwollindustrie, welches mit dem deutschen Binnenmarkte eng verflochten war. Auf dem französischen

---

[1]) Wirtschaftsdienst, 1924. S. 1154.
[2]) Die Wirtschaft des Auslandes 1900—1927. S. 79.
[3]) Die Wirtschaft des Auslandes 1900—1927. S. 80.

Markte konnte Elsaß-Lothringen seine Textilproduktion nicht unterbringen, zumal die französische Woll- und Baumwollindustrie ihre Produktionskapazität sehr erhöht hatten. Ein großes Interesse am deutschen Markt war für Elsaß-Lothringen, aber auch für Altfrankreich, in Textilien vorhanden. Die französische Seidenindustrie besaß von der Vorkriegszeit her ein Exportbedürfnis nach Deutschland. Das deutsche Ausfuhrinteresse in Textilprodukten nach Frankreich war im wesentlichen auf Wirkwaren, Posamenten und Bänder eingeschränkt worden.

aa) Wollindustrie.

Die deutsche Wollindustrie befand sich 1924 in einer durch die Stabilierung hervorgerufenen Krise, von der besonders die Kammgarnspinnerei betroffen wurde, welche unter dem Druck der Tschechoslowakei, Belgiens und Frankreichs schwer zu leiden hatte, da jene Länder bessere Produktionsbedingungen besaßen. Die Einfuhr französischer Wollgarne nach Deutschland in der Nachkriegszeit war eine sehr auffällige Erscheinung in der deutschen Wollindustrie. Sie wurde durch die französische Inflation seit der deutschen Währungsstabilierung gefördert. Deutschland hatte in Elsaß-Lothringen ein Produktionsgebiet für feine Wollgewebe verloren, dessen Ausfuhr nach Deutschland durch die zollfreien Kontingente noch besonders begünstigt war.

Der Sitz der französischen Wollindustrie war Nordfrankreich mit dem großen Textilzentrum Roubaix-Tourcoing. Der Krieg zerstörte dieses Gebiet zum größten Teil. Der Wiederaufbau wurde schnell in Angriff genommen. Die nordfranzösische Wollindustrie stand infolgedessen 1924 völlig modernisiert mit einer erheblich größeren Leistungsfähigkeit als 1914 da. Elsaß-Lothringen brachte der französischen Wollindustrie den Zuwachs einer sehr hoch qualifizierten Industrie, die hauptsächlich auf die Produktion von feinen Wollmusselinen und Wollcheviots eingestellt war. Die Steigerung der Kapazität durch Elsaß-Lothringen wurde in Webstühlen auf 23% geschätzt [1]).

---

[1]) Die Wirtschaft des Auslandes 1900—1927. S. 78.

1924 befand sich die französische Wollindustrie in einer Rohstoffkrise, die im Zusammenhang mit dem Rückgang der Weltversorgung in Wolle zu Produktionseinschränkungen führte, welche mehr die Spinnerei als die Weberei betrafen. Da die französische Wollindustrie hinsichtlich ihres Rohstoffes vom Auslande abhängig war, mußte sich die Inflation in einer Erschwerung des Rohstoffbezuges auswirken, während sie andererseits den Export von Fertigerzeugnissen fördernd beeinflußte, hierbei aber eben durch die Abhängigkeit von einem ausländischen Rohstoff eine Grenze fand.

bb) Baumwollindustrie.

Die deutsche Baumwollindustrie befand sich 1924 in einer ähnlichen Lage wie die Wollindustrie. Deutschland war für mittlere und feine Garne auf Import angewiesen. Die Tschechoslowakei trat auch hier als wichtiger Lieferant auf. In der Baumwollweberei hatte die Abtretung Elsaß-Lothringens Deutschland 16% seiner Baumwollwebstühle, die vor allem feine und wertvolle Gewebe herstellten, genommen[1]). Die deutsche Baumwollweberei war bemüht, den elsaß-lothringischen Produktionsausfall zu decken, die hierzu notwendige Umstellung und der Aufbau eines neuen Produktionsapparates waren 1924 noch nicht restlos bewerkstelligt.

Die altfranzösische Baumwollindustrie hatte ihre Standorte in Reims, Armentières und Roubaix-Tourcoing und war infolgedessen durch den Krieg in schwere Mitleidenschaft gezogen worden. Auch für sie galt das Gleiche wie für die Wollindustrie, daß ihr Wiederaufbau rasch gefördert wurde und sie 1924 modern ausgerüstet mit einer größeren Produktionskapazität als 1914 dastand. Die elsaß-lothringische Baumwollindustrie mit dem Hauptort Mülhausen verstärkte die französische Baumwollindustrie in der Spinnerei um 27%, in der Weberei um 33%, in der Kattunindustrie um 120% [2]). Die elsaß-lothringischen Kontingente besaßen für die Baumwollindustrie des alten Reichslandes große Bedeutung, zumal der

---

[1]) Hagemann: Textilwirtschaft. Breslau, 1928. S. 60.
[2]) Schall: Frankreichs Volks- und Staatswirtschaft. S. 30.

französische Markt außerstande war, die elsaß-lothringische Produktion noch aufzunehmen.

Die Wirkungen der französischen Inflation auf die Baumwollindustrie Frankreichs, deren Rohstoffquellen wie bei der Wollindustrie im Ausland lagen, zeigten sich im Rückgang des Bezuges amerikanischer Baumwolle und in der Umstellung auf billigere Baumwollsorten. Andererseits begünstigte die Inflation den Export in Baumwollgarnen und -geweben. Besonders stark nahm die Ausfuhr nach Deutschland zu, das zeitweilig zum besten Abnehmer französischer Baumwollstoffe wurde. Immerhin war die französische Baumwollindustrie, wollte sie ihre hohe Produktionsfähigkeit ausnutzen, genötigt, sich weitere Märkte zu erschließen, wobei sie vom französischen Staate unterstützt wurde. Der Export richtete sich weniger nach dem übrigen Europa als nach den überseeischen Märkten, nicht zum geringsten nach den französischen kolonialen Märkten.

cc) Seidenindustrie.

Die deutsche Seidenindustrie stand an Produktionswert gegenüber der Woll- und Baumwollindustrie zurück [1]. In und nach dem Kriege wurde die Verwendung von Naturseide allgemein, so auch in Deutschland, durch die Kunstseide verdrängt. Hierbei war die Situation für die deutsche Kunstseidenindustrie insofern günstig, als ihre Rohstoffquellen überwiegend im Inland lagen [2]. Über die Kunstseidenindustrie (Produktionswert, Produktionsumfang, Konsum) lagen für 1924 keine genauen Angaben, höchstens private Schätzungen, vor [3]. Man stellte die deutsche Kunstseidenproduktion an die zweite oder dritte Stelle in der Weltproduktion.

Die französische Seidenindustrie war vom Kriege in ihren Anlagen wenig betroffen. Ihr Zentrum lag in Südfrankreich um Lyon, St. Etienne und St. Chamond. Auch sie war hinsichtlich ihres Rohstoffes vom Ausland abhängig, es zeigten sich deshalb bei ihr die gleichen Erscheinungen wie bei den

---

[1] Hagemann: Textilwirtschaft. S. 73.
[2] Hagemann: a. a. O., S. 72.
[3] Hagemann: a. a. O., zu vgl. S. 78 ff.

beiden anderen Zweigen der französischen Textilindustrie 1924: erschwerter Rohstoffbezug, Anreiz zum Export. Die französische Seidenindustrie war von jeher ein wichtiger, teilweise sogar der wichtigste Zweig des französischen Exportes. Das bedeutendste Absatzgebiet war England, aber auch in Deutschland besaß sie vor dem Kriege einen großen Markt. Die französische Kunstseidenindustrie hatte ihre Hauptsitze in erster Linie in Südfrankreich. Besançon, Lyon, ferner Givet, Izieux besaßen bedeutende Kunstseidenindustrien [1]). Insgesamt stand die französische Kunstseidenindustrie etwa an fünfter Stelle in der Weltproduktion [2]). Sie wurde gefördert und durch Zölle geschützt [3]).

C.

Die Sonderstellung des Saargebietes.

1. Überblick über die rechtliche Sonderstellung.

Durch das Saarstatut des Versailler Vertrages (Art. 45/50 und Anlagen) ist das Saargebiet, früher ein rein wirtschaftsgeographischer Begriff, in seiner rechtlichen Sonderstellung geschaffen worden. Es ist nach deutscher Rechtsauffassung nach wie vor Bestandteil des Deutschen Reiches, bezw. Preußen und Bayerns, und nur vorübergehend der Souveränität des Reiches (und der betreffenden Länder) entzogen [4]); nach französischen Rechtsauffassungen ist es eine internationale Rechtspersönlichkeit sui generis [5]) oder un nouveau sujet de droit international [6]). Es ist für die Zeit von 15 Jahren (10. I. 1920 — 10. I. 1935) dem Völkerbund unterstellt worden, der ihm gegenüber die Rolle eines Treuhänders

---

1) Clerget: Les industries de la soie en France. pag. 29.

2) Die Wirtschaft des Auslandes 1900—1927. S. 79. (Angabe bezieht sich auf 1927.) Berlin, 1928.

3) Clerget: Les industries de la soie. pag. 31.

4) Wehberg: Die staats- und völkerrechtliche Stellung des Saargebietes. München-Gladbach, 1924. S. 9.

5) Allot: Le bassin de la Sarre. § 82. pass.

6) Diese These vertritt Coursier in seinem Buch: Le statut international du territoire de la Sarre. pass. Paris, 1925.

(fidéicommissaire, trustee) einnimmt[1]). Der Völkerbund läßt die Regierung durch eine fünfköpfige Regierungskommission ausüben, in welcher das Deutsche Reich keinen, Frankreich einen offiziellen Vertreter hat. Nach Ablauf der 15 Jahre hat eine Volksabstimmung stattzufinden, die darüber entscheiden soll, ob das Saargebiet das bisherige Regime beizubehalten wünscht oder sich mit Frankreich oder mit Deutschland vereinigen will.

Das Saargebiet wurde durch das Saarstatut in das französische Zollgebiet eingeordnet[2]). Frankreich und die Regierungskommission (Beschluß v. 23. VI. 1920) verstehen darunter die Anwendung der Gesamtheit der französischen Zollgesetzgebung auf das Saargebiet. Handelsabkommen zwischen Frankreich und dritten Staaten finden auf das Saargebiet de plano Anwendung[3]). Die Streitfrage beginnt bei der Interpretation des Begriffes Zollrecht. Frankreichs Zollgesetzgebung enthält nämlich Rechtsmaterien, die über den strengen Begriff des Zollrechts hinausgehen (neben verschiedenen taxes accessoires de douanes Materien, die zum reinen Steuerrecht gehören[4]). Deutscherseits ist die Berechtigung zur Anwendung dieser Rechtsgebiete auf das Saargebiet stets bestritten worden; ihre Anwendung lag aber im Interesse der Saarpolitik Frankreichs mit ihrem Ziele der allmählichen, völligen Eingliederung des Saargebietes in politischer und wirtschaftlicher Hinsicht.

Während einer fünfjährigen Periode (10. I. 1920 bis 10. I. 1925) war die zollfreie Ausfuhr der saarländischen Produktion nach Deutschland und die zollfreie Einfuhr von Deutschland ins Saargebiet zugelassen, um der Saarwirt-

[1]) Über die Verschiedenheit zwischen dem französischen Rechtsbegriff fidéicommissaire und dem englischen trustee in Bezug auf das Saargebiet vgl. Allot, Le bassin de la Sarre. chap. I sec. 1.

[2]) Vgl. hierzu Eichhorn: Die zollrechtliche Stellung des Saargebietes auf Grund des Versailler Vertrages. Das französische Zollrecht trat erst am 14. I. 1920 in Kraft. Eichhorn, s. o. S. 29; Allot: Le bassin de la Sarre, pag. 312; Annuaire de la Chambre de Commerce Franco-Sarroise 1926, p. 24.

[3]) Allot: Le bassin de la Sarre. pag. 307.

[4]) Vgl. Eichhorn: Die zollrechtliche Stellung des Saargebietes auf Grund des Versailler Vertrages. II. Teil. 1. Kap. § 2: Die strittigen Grenzmaterien. S. 88 ff.

schaft den Übergang in das französische Zollgebiet zu erleichtern. Die zollfreie Einfuhr aus Deutschland war auf Gegenstände des örtlichen Verbrauchs beschränkt. Die Ausfuhr aus dem Saargebiet nach Frankreich war kontingentiert. Man kann das Saargebiet während dieser Periode als de facto noch zum deutschen Zollgebiet gehörig ansehen. Vom 10. I. 1925 ab befindet es sich de jure wie de facto im französischen Zollgebiet.

2. Überblick über die wirtschaftliche Sonderstellung des Saargebietes.

Die wirtschaftliche Sonderstellung des Saargebietes ist durch drei Momente hervorgerufen worden: die Zollfrage, die Kohlenfrage und die Währungsfrage. Von diesen drei Momenten schieden die beiden letzten als Verhandlungsgegenstände aus den Saarverhandlungen, die sich nur mit der Zollfrage befaßten. Sie waren aber sehr wesentlich für die gesamte Lage der Saarwirtschaft. Infolgedessen konnte durch die Verhandlungen der Wirtschaft des Saargebietes wohl Erleichterung ihrer Bezugs- und Absatzschwierigkeiten gebracht werden, ihre krisenhafte Lage jedoch durch die Ausschaltung der beiden anderen Momente nicht beseitigt werden.

Die hochentwickelte, industrielle Saarwirtschaft mußte durch eine Zollabtrennung von ihrem alten Markte und eine Eingliederung in ein fremdes, nicht genügend aufnahmefähiges Zollgebiet naturgemäß schwer getroffen werden, umsomehr, als es sich um eine provisorische Lösung handelte, die 1935 sich wieder grundlegend ändern konnte. Die Wirkungen der Zollabschnürung des Saargebietes von Deutschland konnten am Beginn der Verhandlungen nicht völlig übersehen werden, da das Saargebiet bis zum 10. I. 1925 de facto noch zum deutschen Zollgebiet gehörte und die französischen Währungsverhältnisse verschleiernd wirkten. Immerhin stand so viel fest, daß die durch die Zollschranken herbeigeführte Erschwerung des Bezuges wichtiger Rohstoffe und der industriellen Betriebsausrüstung aus Deutschland und des Absatzes vor allem der eisenschaffenden, keramischen und Glasindustrie nach Deutschland der Saarwirtschaft Krisen verursachen mußte, zumal der französische Markt weder als Lieferant noch als Abnehmer den deutschen ersetzen konnte und das Saargebiet zudem für ihn infolge seiner exponierten Lage an der französischen Ostzollgrenze frachtungünstig gelegen war. Der innere Markt des Saargebietes war als Aufnahmegebiet der saarländischen Produktion bedeutungslos.

Die französische Wirtschaftspolitik im Saargebiet, die dessen völlige Einverleibung in das französische Wirtschaftsgebiet zum Ziele hatte, baute sich vor allem auf der Kohlenpolitik der Saargruben auf. In den Versailler Friedensverhandlungen war es Clémenceau mit der ihm eigenen Energie gelungen, die Eigentumsübertragung der ehemals dem Fiskus gehörigen Saarkohlengruben an den französischen Staat völlig schulden- und lastenfrei als Entschädigung für die in Nordfrankreich zerstörten Kohlengruben durchzusetzen. Allerdings erhielt Deutschland das Recht, bei einer etwaigen Rückkehr des Saargebietes 1935 nach Deutschland die Gruben zu einem in Gold zu zahlenden Preise zurückzukaufen. Der Besitz dieser Gruben war für Frankreich das Mittel, zumal der private Kohlenbergbau im Saargebiet ganz geringfügig war, die wirtschaftliche Herrschaft über das Saargebiet zu begründen (so z. B. bei der Überfremdung verschiedener saarländischer Industrien), indem es die Kohlenpreispolitik und die Kohlenlieferungen ganz nach eigenem Belieben handhabte (z. B. schlechte Belieferung des deutsch gebliebenen Werkes Röchling, welches Herbst 1924 infolgedessen zu Stillegungen seines Völklinger Hauptbetriebes schreiten mußte). Die Saarwirtschaft war auf die Saarkohle angewiesen. Der Bezug deutscher Kohlen war für sie sehr erschwert, da Deutschland in den ersten Nachkriegsjahren infolge innerwirtschaftlicher Verhältnisse und des Druckes der Reparationslieferungen zeitweise zu einem Kohlenbedarfslande geworden war, die Einfuhr deutscher Kohlen in das Saargebiet ferner durch eine Kohleneinfuhrsteuer verteuert wurde und schließlich die französische Inflation nach der deutschen Währungsstabilierung einfuhrhemmend wirkte. Von 1920 an verkauften die Saargruben ihre Kohlen bereits nur gegen Frcs. Frankreich zog bis zur allgemeinen Einführung der Frankenwährung im Saargebiet große Gewinne aus den Gruben. Mit der Einführung der Frankenwährung ging die Rentabilität der Gruben zurück, was aber auch zu einem Teil darauf zurückzuführen war, daß die Saargruben in steigendem Maße größere Beträge für die französische Propaganda im Saargebiet (durch Vorträge, Kurse, Schulen etc.) ausgaben. In den Kohleneinfuhrverboten besaß Frankreich ein weiteres Mittel, um die Saarwirtschaft völlig von den Saargruben und damit von der französischen Saarpolitik abhängig zu machen. Mit zunehmender französischer Inflation versuchten die Saargruben, den Export nach Deutschland mehr zu fördern, da er gewinnbringend war.

Das dritte Moment, welches verwirrend auf die Wirtschaft des Saargebietes wirkte, war die Währungsfrage. Das Saargebiet machte zunächst den deutschen Währungsverfall mit. Am 1. VI. 1923 geschah die offizielle Einführung der Frankenwährung, obwohl die Rechtsgrundlagen hierzu sehr bestritten sind. Sie folgte damit nur den durch die französische Saarpolitik bewirkten tatsächlichen Verhältnissen. Das Saargebiet geriet in die Frankeninflation. Die allgemeinen Wirkungen einer Inflation auf das Wirtschaftsleben: erschwerter, auswärtiger Rohstoffbezug, stimulierende Wirkung auf den Export, fortlaufende Verschlechterung der Lohnverhältnisse, Scheinblüte einzelner Wirtschaftszweige zeigten sich auch im Saargebiet. Allerdings wurden die exportfördernden Kräfte der Inflation zu einem großen Teil durch die hemmenden Tendenzen der französischen Wirtschaftspolitik, die große Unruhe und Unsicherheit in das Saargebiet trug, aufgehoben. Die Einführung der Frankenwährung war jedoch auch ein Mittel Frankreichs, um die handelspolitischen Beziehungen des Saargebietes zu Deutschland zu erschweren. Selbst wenn es in den Verhandlungen gelingen sollte, das Saargebiet weitgehend dem deutschen Wirtschaftsgebiete wieder einzugliedern, mußte doch die verschiedene Währung trennend wirken.

Die Vertreterin der wirtschaftlichen Interessen des Saargebietes war die Handelskammer Saarbrücken, die bald über den gewöhnlichen Umfang einer Handelskammertätigkeit hinaus zu dem einzigen, wirksamen, deutsch eingestellten politischen Faktor im Saargebiet wurde. Die Franzosen setzten ihr in der Chambre de commerce Franco-Sarroise eine Gegnerin, die die französischen Interessen im Saargebiet vertreten sollte. Die Differenzen beider Handelskammern wirkten in den Saarverhandlungen nach.

3. Wichtige Interessengebiete.

a) Eisenschaffende Industrie.

Die eisenschaffende Industrie des Saargebietes ist auf der Saarkohle und dem verhältnismäßig nahen lothringischen Minettebezirk aufgebaut. Die Werke der eisenschaffenden Industrie des Saargebietes, die zu den modernsten ihrer Art gehörten, besaßen vor dem Kriege über $^1/_5$ des abbauwürdigen Erzvorrates in Elsaß-Lothringen und Luxemburg[1]). Auch in das französische Erzbecken von Briey erstreckten sich ihre Interessen. Da die Saarkohle zur Verkokung wenig geeignet war und damit den wachsenden Koksbedarf der Hochöfen der Saareisenindustrie nicht decken konnte, sah sich diese zum Zukauf von Ruhrkoks gezwungen. Um die durch den Transport von Ruhrkoks und Minette nach dem Saargebiet gesteigerten Produktionskosten zu mindern, ging die eisenschaffende Industrie des Saargebietes dazu über, ihre Hochöfen in Lothringen auf der Erzbasis aufzubauen. Dadurch kamen die hohen Frachtkosten für die relativ minderwertige Minette in Wegfall. Das höherwertige Roheisen konnte die Fracht nach dem Saargebiet leichter tragen. Auch war die Koksfracht vom Ruhrgebiet nach Lothringen niedriger als nach der Saar[2]). Im Saargebiet blieben die Stahlwerke, Walzwerke, Röhrenwerke, Drahtwerke. Die eisenschaffende Industrie hatte sich somit in ihrem Produktionsprozeß vertikal gegliedert: Erzbasis und Verhüttung in Lothringen, Weiterverarbeitung im Saargebiet.

Diese organischen Beziehungen wurden 1918 brutal zer-

---

[1]) Schleifenbaum: Die wirtschaftliche Überfremdung der eisenschaffenden Industrie des Saargebietes. Berlin 1928, S. 27.

[2]) Schleifenbaum: a. a. O. S. 31.

stört. Mit der Einverleibung Elsaß-Lothringens in Frankreich wurde das deutsche Privateigentum im alten Reichsland und damit auch der elsaß-lothringische Besitz der Saarwerke unter Sequester gestellt und die Liquidation vorgenommen. Gleichzeitig war Frankreich in den Besitz der Saargruben gelangt. Mit den beiden Druckmitteln der Entziehung der Erzbasis durch die Liquidation des lothringischen Besitzes der Saareisenindustrie und der Entziehung der Kohlenbasis durch Sperrung der Kohlenlieferungen seitens der französischen Saargruben ausgerüstet, versuchte Frankreich, die Saarwerke kapitalmäßig und verwaltungsmäßig in seine Hand zu bekommen. Gerichtliche Verfolgung führender deutscher Vertreter der Saareisenindustrie, wie der Gebrüder Röchling, mußte das Vorgehen Frankreichs noch unterstützen. In dem ungleichen Kampfe unterlagen nach und nach die Saarwerke [1]). Sie wurden kapitalmäßig und im weiteren Verlaufe auch verwaltungsmäßig seitens Frankreich überfremdet. Nur den Röchling'schen Werken gelang es, sich sowohl hinsichtlich des Kapitals wie der Verwaltung von französischem Einfluß freizumachen, obwohl sie sich auch zuerst hatten unterwerfen müssen. Ihren lothringischen Besitz hatten sie aber, wie auch die anderen Saarwerke, zunächst verloren.

Der Anteil der saarländischen eisenschaffenden Industrie an der deutschen Vorkriegsproduktion betrug in Roheisen 8,2%, in Rohstahl einschließlich des Stahlformgusses 12,1%, in Walzwerksfertigerzeugnissen 11,6% [2]). Der Hauptabnehmer der saarländischen Produktion war Deutschland, vor allem die süddeutsche eisenverarbeitende Industrie, welche ein großes Interesse an der Aufrechterhaltung ihrer Beziehungen zur Saar besaß. Die Produktionskapazität der eisenschaffenden Industrie des französischen Zollgebietes war durch die Eingliederung Elsaß-Lothringens und des Saargebietes gegenüber 1913 um mehr als 76% gestiegen (gemessen an der Produktion von 1913) [3]). Die saarländische eisenschaffende Industrie war für einen Konkurrenzkampf mit Lothringen auf dem

[1]) Vgl. Schleifenbaum: a. a. O. Heranzuziehen die Kritik seines Buches in der Saar-Wirtschaftszeitung, Nr. 39 v. 29. IX. 1928. S. 709 f.

[2]) Industrielle Produktionsstatistik. Graphische Darstellung S. 64.

[3]) Wirtschaft und Statistik. Nr. 18 v. 28. IX. 1925. S. 590.

französischen Inlandsmarkt hinsichtlich der Preisgestaltung gegenüber den besser gestellten lothringischen Werken benachteiligt [1]). Sie war auf den Export nach Süddeutschland angewiesen.

In der französischen Presse wurde 1924 die Frage der eisenschaffenden Industrie des Saargebietes lebhaft erörtert. Dabei waren zwei Ziele der französischen Wirtschaftspolitik erkennbar. Einmal wollte man die Saareisenindustrie mittels der Kapitalbeteiligung und der Verwaltungsüberfremdung in Abhängigkeit vom lothringischen Erz, welches seinen Markt in Deutschland zu verlieren drohte, halten und in eventuell zu gründende französische Verbände eingliedern, andererseits wollte man die Saarproduktion vom französischen Binnenmarkt ausschließen, indem man Erhaltung der alten deutschen Absatzgebiete und Erschließung neuer Märkte, gegebenenfalls unter Vergünstigungen durch Vorzugstarife, verlangte. Doch stieß die Forderung auf Erhaltung des deutschen Absatzgebietes sofort auf Widerstand der elsaß-lothringischen eisenschaffenden Industrie, deren Vertreter de Wendel Prioritätsrechte auf Unterstützung geltend machte.

Die so aufgeworfenen Probleme hinsichtlich der eisenschaffenden Industrie des Saargebietes waren aufs engste mit der allgemeinen deutsch-französischen Verständigung in der Eisenfrage verknüpft. Es handelte sich bei ihnen nicht wie bei den Fragen der saarländischen keramischen und Glasindustrie um eine spezielle Saarangelegenheit.

1924 hatte die eisenschaffende Industrie im Saargebiete ihre Produktion in Roheisen vom Jahre 1913 nahezu erreicht, in Rohstahl blieb sie dagegen erheblich zurück). Für die wichtige Produktion der Walzwerke waren genaue Angaben nicht erhältlich. Die Ausfuhr an Eisen und Eisenwaren aus dem Saargebiet nach Deutschland zeigte seit 1920 ein sehr schwankendes Bild. Nach einem Tiefstand im Jahre 1920 wurde der höchste Stand 1922 erreicht, in den folgenden Jahren 1923 und 1924 machte sich ein Absinken bemerkbar, doch sind bei diesen Angaben die zerrütteten Verhältnisse (Ruhr-

[1]) Wirtschaft und Statistik. Nr. 18 v. 28. IX. 1925. S. 591.
[2]) Wirtschaft und Statistik, Nr. 18 v. 28. IX. 1925, S. 590.

einbruch etc.) in Rechnung zu stellen, sodaß die tatsächliche Ausfuhr erheblich höher liegen dürfte [1]).

Zusammenfassend kann man die Lage der saarländischen eisenschaffenden Industrie am besten mit den Worten von Rob. Herly charakterisieren: „La métallurgie sarroise marchait de crise en crise depuis l'armistice.“ [2])

b) Eisenverarbeitende Industrie.

Die eisenverarbeitende Industrie des Saargebietes stand an Bedeutung hinter der eisenschaffenden Industrie und auch hinter der Glas- und keramischen Industrie zurück. Sie spielte infolgedessen in den Verhandlungen keine ausschlaggebende Rolle. Ihre Produktion erstreckte sich auf Artikel des Gießereigewerbes, schwere Blecharbeiten, Eisenkonstruktionen, Fahrmaterial, Drahtseile, Haus- und Küchengeräte, Wasser- und sanitäre Anlagen. Sie war um Saarbrücken konzentriert.

Wichtig war dagegen das große Einfuhrbedürfnis der Saarwirtschaft für deutsche Maschinen, Apparate, Werkzeuge, Ersatzteile, welches den Verhandlungen auf dem Gebiete der eisenverarbeitenden Industrie ein eigenartiges Gepräge gab. Die Saarwirtschaft war fast ausschließlich mit deutschen Maschinen und Apparaten ausgerüstet. Die Zollabschließung des 10. I. 1925 drohte den Bezug außerordentlich zu erschweren, der an sich schon durch die Frankeninflation hemmend beeinflußt wurde. Ein Ersatz seitens der französischen eisenverarbeitenden Industrie konnte nicht in dem nötigen Umfang geliefert werden. Für Ersatzteile war das Saargebiet überhaupt nur auf Deutschland angewiesen. Eine Einstellung neuer französischer Maschinen würde ein langwieriges Einarbeiten der Arbeiterschaft, Änderung im Produktionsprozeß zum großen Teil zur Folge gehabt und bei einer künftigen Rückkehr des Saargebietes in das deutsche Zollgebiet erneute schwierige Umstellungen gebracht haben. Die Versorgung der Saarwirtschaft mit deutschen Maschinen und Apparaten war für sie eine Lebensfrage.

---

[1]) Wirtschaft und Statistik, Nr. 18 v. 28. IX. 1925. S. 591.

[2]) Robert Herly: Les conditions de production de la métallurgie sarroise depuis 1815. Paris, 1926. pag. 83.

c) Keramische und Glasindustrie.

Nächst der eisenschaffenden Industrie stellten die keramische und die Glasindustrie die wichtigsten Zweige der Saarwirtschaft dar.

aa) Keramische Industrie.

Die keramische Industrie des Saargebietes produzierte feuerfeste Materialien aus Ton, Steingut, Steinröhren und Steinplatten. Die Produktion von Porzellan, Porzellanwaren und Fayencen trat dagegen zurück. Die saarländischen keramischen Werke waren sehr leistungsfähig. Sie waren hinsichtlich der technischen Ausrüstung dem Kontinent vielfach vorangegangen [1]). Ihr Absatzgebiet war vor dem Kriege fast nur Deutschland. Nach dem Jahresdurchschnitt von 1911 bis 1913 betrug die jährliche Ausfuhr nach Deutschland (ohne Elsaß-Lothringen) 45 579 t, nach Elsaß-Lothringen 2 347 t, nach Frankreich (alter Gebietsumfang) 304 t, d. h. von der Ausfuhr nach diesen drei als Abnehmer überhaupt ernstlich zu berücksichtigenden Gebieten nahm Deutschland 94,5%, Elsaß-Lothringen 4,9%, Frankreich 0,6% auf [2]). Die Lostrennung des Saargebietes von Deutschland und die für den 10. I. 1925 bevorstehende Errichtung einer Zollschranke zwischen Deutschland und dem Saargebiet veranlaßte die saarländische Keramindustrie, sich mehr und mehr auf den französischen Markt einzustellen. Der Jahresdurchschnitt von 1922—1924 der Ausfuhr nach den drei oben genannten Hauptmärkten betrug für Deutschland (neuer Gebietsumfang) 13 068 t, für Elsaß-Lothringen 2 594 t, für Frankreich (alter Gebietsumfang) 5 998 t [2]). Es hatte demnach ein Gesamtrückgang der Ausfuhr nach den drei Märkten gegenüber 1911—1913 von mehr als 50% stattgefunden, eine Folge der zerrütteten wirtschaftlichen Verhältnisse des Saargebietes. Ferner hatte sich eine bemerkenswerte Verschiebung innerhalb der drei Märkte vollzogen. Der Anteil Deutschlands an der Ausfuhr nach den drei Gebieten war auf 60% gesunken, der Anteil Elsaß-Lothringens auf 12%, der Anteil Alt-Frankreichs auf 28% gestiegen [3]).

---

[1]) Führer durch das industrielle Saargebiet. S. 18.
[2]) Wirtschaft und Statistik, Nr. 18 v. 28. IX. 1925, S. 591.
[3]) Wirtschaft und Statistik, Nr. 18 v. 28. IX. 1925, S. 591.

Bei der Umstellung auf den französischen Markt stieß die keramische Industrie des Saargebietes jedoch auf den heftigsten Widerstand der französischen Konkurrenz, die durch Elsaß-Lothringen verstärkt wurde. Die saarländische keramische Industrie war der entsprechenden elsaß-lothringischen und altfranzösischen an Produktionskraft überlegen. Der altfranzösischen Keramindustrie kam der Zuwachs Elsaß-Lothringens schon ungelegen, und sie verlangte für die elsaß-lothringische keramische Industrie, besonders für die Steingut- und Porzellan-Industrie, Vergünstigungen für die Ausfuhr nach Deutschland. Gegen ein Eindringen der saarländischen keramischen Industrie auf dem französischen Markt suchte sie sich mit größter Energie zu wehren. Ein bezeichnendes Dokument für diese Einstellung und die Schwierigkeit, in welcher sich die altfranzösische Keramindustrie Ende 1924 befand, bildete die Denkschrift, die der Präsident des Syndicat des Fabricants de Produits Céramiques en France Léon Yeatman an die französischen Unterhändler und an das Handelsministerium richtete und im Dezember 1924 in Nr. 12 der Zeitschrift La Céramique veröffentlichte. Die Denkschrift beklagte sich über die rasende Konkurrenz (concurrence forcenée) der leistungsfähigeren saarländischen Werke. Sie verlangte Zollbegünstigungen für die Ausfuhr der elsaß-lothringischen Keramindustrie nach Deutschland. Die saarländische keramische Industrie sollte der deutschen gleichgestellt werden, d. h. zollfrei nach Deutschland ausführen können, für die Einfuhr nach Frankreich jedoch Zoll bezahlen. Allerdings wollte die Denkschrift die saarländische keramische Ausfuhr nach Deutschland in Form von Kontingenten des jährlichen Durchschnittsabsatzes nach Deutschland beschränkt wissen. Aber immer kehrte der Gedanke in der Denkschrift wieder, keine Zollgrenze zwischen Deutschland und dem Saargebiet zu errichten. Es wurde in ihr noch auf die gefährliche belgische Konkurrenz hingewiesen, die durch den Minimaltarif begünstigt wäre und der französischen Keramindustrie schwer zu schaffen mache. Die Denkschrift war in sehr heftiger Form abgefaßt und malte die Zukunft der französischen keramischen Industrie in den düstersten Farben.

Vom Standpunkt der keramischen Industrie des Saargebietes aus gesehen waren diese Forderungen durchaus annehmbar. Die saarländische Keramindustrie hatte sich nur gezwungenermaßen auf den französischen Markt umgestellt, auf dem ihr die billige belgische Konkurrenz gleichfalls sehr lästig war. Ihr Interesse war nach wie vor auf den deutschen Markt gerichtet. Der Absatz auf diesem war aber vom 10. I. 1925 an durch die Zollabtrennung gefährdet, zumal die deutschen Keramzölle gegenüber der Vorkriegszeit, wie oben erwähnt, beträchtlich erhöht waren.

bb) Glasindustrie.

Die saarländische Glasindustrie, deren Anfänge bis in das 17. Jahrhundert zurückreichten [1]), produzierte Fensterglas, Flaschenglas, Weißhohlglas und Kristallglas. Sie hatte vor dem Kriege mit der älteren lothringischen und der böhmischen Glasindustrie auf dem deutschen Markte schwer zu kämpfen. Die schlechte Marktlage zwang sie zu Syndikatsbildungen und Produktionseinschränkungen [2]). Sie umfaßte 1902 12 Unternehmungen mit 2800 Arbeitern und Angestellten, 1925 nur noch 9 Unternehmungen mit 3300 Arbeitern und Angestellten [3]). Die Konzentration hatte vor allem im Kriege stattgefunden. Verschiedene Werke waren stillgelegt, die Leistungsfähigkeit der in Betrieb befindlichen Werke war gesteigert worden. Nach dem Kriege drang französisches Kapital in die saarländische Glasindustrie ein. Die Aktienglashütte St. Ingbert wurde von ihm majorisiert.

Das Absatzgebiet der saarländischen Glasindustrie war bis 1920 hauptsächlich Deutschland gewesen, welches 60—70% der Produktion aufgenommen hatte [4]). Die Flaschenglasindustrie war in ihrem Standort durch die Nähe der wichtigsten deutschen Weinbaugebiete bedingt. Seit 1920 versuchte die saarländische Glasindustrie, in Frankreich neue Absatzgebiete

[1]) Lauer: Die Glasindustrie im Saargebiet. Saar-Wirtschafts-Zeitung, Nr. 34 v. 28. VIII. 1926, S. 587.

[2]) Führer durch das industrielle Saargebiet. S. 16.

[3]) Lauer: a. a. O. S. 588.

[4]) Nach Leibrock: Zum deutsch-französischen Handelsvertrag. Deutsche Wirtschafts-Zeitung, Nr. 40 v. 7. X. 1924.

zu erschließen. Erfolge, wenn auch bescheidener Natur, hatte die Flaschenglasindustrie, die vier Unternehmungen, darunter St. Ingbert, umfaßte, zu verzeichnen. Doch stieß die saarländische Glasindustrie bei ihrer Umstellung in Frankreich wieder auf die elsaß-lothringische Konkurrenz.

Die Flaschenglasindustrie versuchte in den französischen Weinbaubezirken ihre Produktion nach Möglichkeit unterzubringen. Sie stellte sich teilweise auf die Erzeugung von Sektflaschen um. Der Grund hierfür dürfte zu einem Teil darin zu suchen sein, daß von den größeren französischen Weinbaugebieten die Champagne noch am nächsten lag, während die Gebiete in Süd- und Mittelfrankreich für die an der französischen Ostgrenze gelegene Saarglasindustrie frachtungünstig lagen.

Die Fensterglasindustrie, die drei Unternehmungen im Saargebiet besaß, befand sich in einer schwierigeren Lage. Sie hatte früher nur für den deutschen Markt produziert [1]. Einen Ersatz konnte ihr Frankreich nicht geben. Für den 10. I. 1925 standen ihr bei ihrer Ausfuhr nach Deutschland die deutschen autonomen Glaszölle hemmend im Wege, die gegenüber der Vorkriegszeit sehr erhöht waren.

Die Ausfuhr von Glaswaren aus dem Saargebiet nach Deutschland hatte anteilsmäßig seit 1920 von Jahr zu Jahr abgenommen. Für 1924 wurde sie auf 33% der saarländischen Gesamtausfuhr angegeben, von der auf Frankreich 60%, der Rest auf verschiedene Gebiete entfielen [2].

Die französische Glasindustrie, sofern sie entsprechende Waren produzierte, wurde von der saarländischen an Produktionskraft übertroffen [3]. Zudem hatte Frankreich durch den Frieden auch die elsaß-lothringische Glasindustrie in sein Zollgebiet aufnehmen müssen. Es ergab sich für die altfranzösische Glasindustrie eine ähnliche Situation wie für die altfranzösische keramische Industrie, die auch zu gleichen Forderungen führte: Abschieben der saarländischen und möglichst auch der elsaß-lothringischen Produktion nach Deutschland.

---

[1]) Wirtschaft und Statistik, Nr. 18 v. 28. IX. 1925, S. 591.
[2]) Lauer: a. a. O. S. 591.
[3]) Wirtschaft und Statistik, Nr. 18 v. 28. IX. 1925, S. 591.

II. Teil.

Die Verhandlungen.

A.

Die allgemeinen deutsch-französischen Wirtschaftsverhandlungen.

Unter der Bezeichnung „allgemeine deutsch-französische Wirtschaftsverhandlungen“ soll der Teil der deutsch-französischen Wirtschaftsverhandlungen verstanden werden, der sich auf die generelle Regelung des Warenaustausches zwischen dem deutschen und dem französischen Zollgebiet bezieht unter Auslassung derjenigen Verhandlungen, die sich auf das Spezialregime des Saargebietes erstrecken.

1. Allgemeiner Überblick.

a) Die Vorgeschichte.

Die Anregung zu deutsch-französischen Wirtschaftsverhandlungen ging von Frankreich aus, indem mit der Gewißheit des Ablaufes des einseitigen handelspolitischen Regimes des Versailler Vertrages mit dem 10. I. 1925 sich in Frankreich die Stimmen mehrten, die einen deutsch-französischen Handelsvertrag, möglichst unter Beibehaltung der Vorrechte des Friedensvertrages, forderten, und die französische Regierung offiziös den gleichen Wunsch durchblicken ließ und eine deutsche Antwort herauszulocken versuchte. So wurde von Frankreich aus das Gerücht verbreitet, der derzeitige Handelsminister Loucheur nehme eine Prüfung der Hauptpunkte eines deutsch-französischen Handelsvertrages vor [1]), eine be-

---

[1]) Industrie- und Handels-Zeitung v. 2. V. 1924.

sondere Kommission von Interessenten sei gebildet worden. Auf deutscher Seite ließ man jedoch, möglicherweise auf Veranlassung der Reichsregierung, anmerken, daß man es nicht so eilig habe, indem die französischen „avances" von der Presse sehr kühl aufgenommen wurden und man jene Gerüchte als „anscheinend verfrüht" schleunigst dementierte [1]).

Auf der Londoner Konferenz im August 1924 machte dann Frankreich den Versuch, das handelspolitische Problem in seinen Hauptpunkten zusammen mit dem Reparationsproblem und der Ruhrräumung zu lösen. Die französischen Unterhändler Herriot (Ministerpräsident), Clémentel (Finanzminister) und Seydoux (Direktor im Ministerium des Äußeren) brachten den deutschen Unterhändlern Stresemann (Außenminister), Luther (Finanzminister) und Trendelenburg (Staatssekretär im Reichswirtschaftsministerium) das französische Verlangen nach Fortdauer des bisherigen einseitigen Meistbegünstigungsverhältnisses über den 10. I. 1925 hinaus, falls bis dahin noch keine vertragliche Regelung erfolgt sei, nach Verlängerung der elsaß-lothringischen Kontingente auf weitere drei Jahre, nach einseitiger Regelung der Warenausfuhr aus dem Saargebiet nach Deutschland und nach einer Vereinbarung der eisenschaffenden Industrien beider Länder zum Ausdruck. Als Muster des abzuschließenden deutsch-französischen Handelsvertrages bezeichneten die Franzosen den französisch-tschechoslowakischen Handelsvertrag vom 7. VIII. 1923, wonach sich Deutschland für die Gewährung seiner Meistbegünstigung hinsichtlich seines Exportes von Frankreich starke Differenzierungen hätte gefallen lassen müssen. Für die Erfüllung der französischen Forderungen wurde eine baldige militärische Räumung der Ruhr in Aussicht gestellt. Für Deutschland hätte ein Eingehen auf die französischen Wünsche die Präjudizierung der wichtigsten Verhandlungspunkte zu seinen Ungunsten bedeutet. Die Franzosen gaben in den späteren Verhandlungen selbst zu, daß der französisch-tschechoslowakische Handelsvertrag für die Tschechoslowakei sehr ungünstig gewesen wäre. Die deutsche Delegation lehnte die französischen Vorschläge aber auch wegen der Ver-

[1]) Usine v. 17. V. 1924, Saar-Wirtschaftszeitung v. 29. V. 1924.

quickung mit der Ruhrräumung ab, da dies mit dem Geiste einer freundschaftlichen Verständigung unvereinbar wäre. Lediglich der Beginn deutsch-französischer Handelsvertragsverhandlungen für den 1. X. 1924 in Paris wurde beschlossen.

Sehr großes Aufsehen erregten die Äußerungen Loucheurs in London über die Frage eines deutsch-französischen Handelsvertrages gegenüber dem Reporter des Daily Express, die in dem Satze gipfelten: „Wir brauchen Deutschland und Deutschland braucht uns“ [1]).

b) Der erste Verhandlungsabschnitt.

Die allgemeinen deutsch-französischen Wirtschaftsverhandlungen zerfallen in drei, deutlich geschiedene Verhandlungsabschnitte, von denen der erste, vom Beginn der Verhandlungen am 1. X. 1924 bis zum Protokoll vom 19. XII. 1925 reichend, durch ein Vorwiegen der Erörterungen prinzipieller Fragen gekennzeichnet ist.

Eröffnet wurden die Verhandlungen mit einer formellen Sitzung am 1. X. 1924 in Paris. Chef der deutschen Delegation war Trendelenburg, der französischen Handelsminister Raynaldy im Kabinett Herriot.

Der leitende Kopf der Verhandlungen auf französischer Seite war jedoch Serruys, der Direktor der Abteilung für Handelsverträge im Handelsministerium, der nicht nur an den allgemeinen Handelsvertragsverhandlungen, sondern als offizieller Leiter der französischen Saardelegation auch an den Saarverhandlungen teilgenommen und auf die privaten Verhandlungen ebenfalls maßgeblichen Einfluß ausgeübt hatte. Von Haus aus klassischer Philologe und Professor an der Pariser Universität, hatte Serruys der französischen Handelspolitik nach dem Kriege und zum großen Teil auch der Wirtschaftspolitik des Völkerbundes seinen Stempel aufgedrückt. Mit einem Geiste höchst konstruktiver Art, der sich oft in geradezu grotesken Formeln ausprägte, verband er ein außerordentliches diplomatisches Geschick, das ihn zu einem der routiniertesten Praktiker und unbequemen Verhandlungspart-

[1]) Daily Expreß v. 22. VIII. 1924.

ner machte [1]). Dem in seinen Grundanschauungen starren und doktrinären Serruys standen in den deutschen Verhandlungsleitern Trendelenburg und später Posse Männer, die aus der Verwaltungspraxis hervorgegangen waren und infolgedessen größere Beweglichkeit besaßen, gegenüber. Sie haben in den schwierigen, nicht leicht übersehbaren Verhandlungen unbeirrt die großen deutschen Ziele der Meistbegünstigung und vollen Gleichberechtigung Deutschlands gegenüber Frankreich verfolgt.

Die Verhandlungen wurden zunächst um grundsätzliche Fragen geführt, wobei der Öffentlichkeit gegenüber Schweigen verabredet wurde, und am 12. X. 1924 mit der Unterzeichnung eines Protokolls vorläufig beendet, welches die Basis für die künftigen Verhandlungen bilden sollte und die Grundsätze des abzuschließenden Vertrages festsetzte. Die Verhandlungen wurden dann unterbrochen. Die Pause benutzten die Delegationen zu informatorischer Fühlungnahme mit den Wirtschaftskreisen ihres Landes. Die deutsche Delegation stellte den Entwurf eines Vertragstextes fertig.

Die Verhandlungen wurden vereinbarungsgemäß am 5. XI. 1924 mit einem Austausch von Tariflisten für die weiteren Verhandlungen wieder eröffnet (französische Forderungslisten zum deutschen Zolltarif und eine deutsche Verzichtsliste zum französischen Zolltarif, die sogenannte Elefantenzahnliste). Zunächst verhandelte man jedoch über die deutsche Forderung einer Aufhebung der 26prozentigen Reparationsabgabe. Die Franzosen lehnten die Hereinziehung dieser Frage unter Androhung des Verhandlungsabbruches ab, indem sie darauf hinwiesen, daß Reparationsfragen nicht mit Handelsvertragsverhandlungen vermengt werden dürften, wie dies ja auch Deutschland in London vertreten hätte. Die Reparationsabgabe gehöre infolgedessen nicht zum Aufgabenkreise der Verhandlungen, sie stelle einen Teil des Reparationsproblems dar, für den andere Instanzen maßgebend seien. Man vertagte schließlich die Frage auf unbestimmte Zeit, wohl um die deutsche öffentliche Meinung, die sich stark

[1]) Industrie- und Handels-Zeitung v. 23. VI. 1928 (daselbst die irrige Angabe, Serruys sei Mathematiker von Beruf).

für die Abschaffung der Reparationsabgabe eingesetzt hatte, durch eine glatte Ablehnung nicht zu brüskieren. Ferner entstanden Meinungsverschiedenheiten beider Delegationen über die Auslegung des Protokolls vom 12. X. 1924, in erster Linie über die Diskriminierung deutscher Waren, die zu einer zeitweisen Unterbrechung der Verhandlungen führten. Am 21. XI. 1924 wurden dann die Verhandlungen mit der Überreichung eines deutschen Vertragstextentwurfes wieder aufgenommen. Unter einem außerordentlich zahlreichen beiderseitigen Aufgebot von Sachverständigen wurden Zolltarifverhandlungen bis Weihnachten geführt und am 22. XII. 1924 mit der Aufstellung einer Bilanz über das bisher Erreichte abgeschlossen. In dieser Zeit hatten sich durch das Zusammenkommen der deutschen und französischen Sachverständigen private Verhandlungen verschiedener Industrien herausgebildet, von denen die auf dem Gebiete der eisenschaffenden Industrie bald am wichtigsten werden sollten.

Da man bis zum 10. I. 1925 nicht zu einem endgültigen Handelsvertrage kommen würde, war vereinbart, die kurze Übergangszeit bis zu dem Definitivum durch ein Provisorium zu überbrücken. Die französische Delegation legte jedoch der deutschen am 31. XII. 1924 einen Provisoriumsentwurf vor, der kein derartiges Übergangsstatut war, sondern ein Abkommen, das neun Monate Dauer haben sollte, der verlangten deutschen Meistbegünstigung aber kein entsprechendes französisches Entgegenkommen gegenüberstellte. Ferner hatte Raynaldy November 1924 den Entwurf einer Zolltarifnovelle herausgebracht, der erst in den Weihnachtsferien in Deutschland genau bekannt wurde, die Zollbasis der bisherigen Tarifverhandlungen zu einem großen Teil über den Haufen warf und in seiner Begründung in unverhüllter Weise eine Spitze gegen Deutschland enthielt[1]). Die Verhandlungen kamen dadurch von den Einzelverhandlungen über Tariffragen wieder auf das prinzipielle Gebiet und wurden schließlich mit den Vereinbarungen v. 28. II. 1925 abgeschlossen, die in sechs

[1]) Projet de loi portant revision du tarif général des douanes. Documents parlementaires. No. 713. Chambre des Députés. Treizième législature. Session de 1924.

Noten niedergelegt waren (eine französische Note vom 17. I. 1925, eine französische Note v. 26. I. 1925, eine deutsche Note v. 26. II. 1925, eine deutsche und zwei französische Noten vom 28. II. 1925) und sich in Form von Grundlinien auf das Provisorium, das Definitivum, das Saarproblem und die geplante französische Zolltarifnovelle bezogen. Die Verhandlungen wurden unterbrochen. Für die Pause wurde ein „Waffenstillstand“ abgeschlossen, in dem beide Länder versprachen, gegeneinander keine handelspolitischen Unfreundlichkeiten begehen zu wollen.

Die Verhandlungen auf Grundlage der Vereinbarungen vom 28. II. 1925 wurden am 25. III. 1925 in Paris wieder aufgenommen und drohten bald an der deutschen Liste A, die vereinbarungsgemäß die Ausnahmen von der deutschen Meistbegünstigung für die Dauer des abzuschließenden Provisoriums enthalten sollte, zu scheitern, da man deutscherseits aus taktischen Gründen auf diese Liste wichtige französische Ausfuhrartikel, wie Wein, Seide, Seidengewebe, Baumwollgarne, Baumwollgewebe, gesetzt hatte. Französischerseits operierte man mit dem oben erwähnten Entwurf einer Zolltarifnovelle. Keine der Parteien wollte nachgeben. Die verworrene Situation wurde durch Protokoll und Notenwechsel v. 7. IV. 1925 notdürftig überbrückt. Die deutsche Delegation war in dieser Zeit vertretungsweise von Posse geführt worden. Das Saarproblem war Unterdelegationen übertragen worden. Die Verhandlungen wurden über Ostern unterbrochen.

Nach der Osterpause leitete die französische Delegation der neue Handelsminister Chaumet, da das Kabinett Herriot inzwischen gestürzt worden war. Chaumet war von allen französischen Handelsministern, die an den Verhandlungen teilgenommen hatten, als Wirtschaftspolitiker die markanteste Persönlichkeit. Er verfügte infolge seiner früheren verschiedenen Staatssekretär- und Ministerposten und seiner ausgebreiteten wirtschaftspolitischen Tätigkeit über reiche Erfahrungen und stand an der Spitze von fünf einflußreichen französischen Wirtschaftsorganisationen, darunter dem Comité Mascuraud (Comité du commerce, de l'industrie et de l'agriculture). Politisch gehörte er zur Rechten. Dem Meistbegünstigungsprinzip stand er ablehnend gegenüber. Er interessierte sich besonders für die privaten Verhandlungen der eisenschaffenden Industrie.

Die Delegationen hielten sich bei den Verhandlungen nach Ostern 1925 für die grundsätzlichen Fragen an die Lösungen der Vereinbarungen vom 28. II. 1925 und des Protokolls vom 7. IV. 1925 und nahmen die Tarifverhandlungen erneut auf. Die Nähe der Parlamentsferien drückte auf die Verhandlungen. Es gelang jedoch nicht, sämtliche Schwierigkeiten zu beseitigen, sodaß man sich mit dem Protokoll vom 11. VII. 1925 trennte und den Wiederbeginn der Verhandlungen für den 15. IX. 1925 in Paris festsetzte. Trotzdem der Waffenstillstand aus den Vereinbarungen v. 28. II. 1925 wieder übernommen war, erließ die französische Regierung in der Verhandlungspause durch Dekret vom 26. VII. 1925 [1]) ein einseitig gegen Deutschland gerichtetes, befristetes Kohleneinfuhrverbot, das die Reparationskohlenlieferungen aber ausnahm. Die deutsche Zolltarifrevision wurde durch Gesetz vom 17. VIII. 1925 [2]) erledigt, wodurch die deutschen Unterhändler für die künftigen Verhandlungen hinsichtlich der französischen Wünsche zum deutschen Zolltarif eine sichere Basis bekamen.

Im Sommer 1925 war es den privaten Unterhändlern geglückt, auf dem Textilgebiete zu einer Teillösung zu kommen und in der Eisenfrage den Luxemburger Eisenpakt v. 16. VI. 1925 abzuschließen.

Am 15. IX. 1925 fand eine Fühlungnahme zwischen Trendelenburg und Chaumet statt, die in den folgenden Tagen fortgesetzt wurde. Es wurde dabei für die weiteren Verhandlungen als Basis ein schriftlicher Austausch von Vorschlägen vereinbart. Mit Note v. 29. IX. 1925 wurden der französischen Regierung die deutschen Vorschläge unterbreitet. Frankreich antwortete durch Note v. 27. X. 1925. Beiden Noten waren Anlagelisten betr. Zollwünsche beigegeben. Deutschland ließ nach Prüfung der französischen Vorschläge durch eine De-

[1]) Journal officiel du 29 juillet 1925.
[2]) RGBl. I, 1925, S. 261.

marche der deutschen Botschaft seine Verhandlungsbereitschaft erklären. Inzwischen hatte in Frankreich ein neuer Kabinettswechsel stattgefunden, und an Stelle von Chaumet leitete Daniel-Vincent die französische Delegation als Handelsminister. Er wurde am 20. XI. im Senat und am 4. XII. 1925 in der Kammer[1]) wegen des Mißerfolges der französischen Handelspolitik gegenüber Deutschland von den Vertretern der agrarischen Exportinteressen heftig angegriffen, wobei diese das Reziprozitätssystem als Grund jenes Mißerfolges hinstellten. Infolgedessen war Frankreich in den kurzen Dezemberverhandlungen, die sich wieder um prinzipielle Fragen bewegten, geneigt, den deutschen Wünschen auf Einräumung der Meistbegünstigung de facto entgegenzukommen. Das Ergebnis war das Protokoll v. 19. XII. 1925, mit dem der erste Verhandlungsabschnitt abschloß.

c) Der zweite Verhandlungsabschnitt.

Der zweite Verhandlungsabschnitt stand im Zeichen des großen französischen Währungsverfalls, sodaß man infolgedessen nur zu einer provisorischen Regelung gelangen konnte. Eine Ausnahme bildete die eisenschaffende Industrie, die zu einer definitiven Lösung, allerdings erst in der Zeit der faktischen Stabilierung des Franken, kam. Der Leiter der deutschen Delegation war von diesem Verhandlungsabschnitt an Ministerialdirektor Posse vom Reichswirtschaftsministerium. Die französischen Handelsminister, die jeweils die Verhandlungen auf der Gegenseite leiteten, lösten sich in jener, an parlamentarischen Krisen in Frankreich reichen Zeit rasch ab. Von Bedeutung für die Verhandlungen waren Daniel-Vincent, Chapsal, Bokanowski.

Die Verhandlungen begannen am 15. I. 1926 in Paris und beschäftigten sich zunächst mit einer provisorischen Regelung für französische Frühgemüse, um den Wünschen der Opposition im französischen Parlament in den Debatten v. 20. XI. und 4. XII. 1925 etwas entgegenzukommen. Es gelang hierbei am 12. II. 1926 ein für drei Monate geltendes Frühgemüse-

[1]) Journal officiel du 5 décembre 1925 (Débats parlementaires).

abkommen [1]) abzuschließen, das erste Abkommen der deutsch-französischen Wirtschaftsverhandlungen überhaupt, das in Kraft trat. Dieses Frühgemüseabkommen wurde durch das Zusatzabkommen v. 8. IV. 1926 [2]) ergänzt. Die wirtschaftliche Bedeutung der beiden Abkommen war verhältnismäßig gering. Sie waren mehr als Geste der beiderseitigen Verhandlungsbereitschaft zu werten.

Die weiteren Verhandlungen wurden in zunehmendem Maße von dem französischen Währungsverfall beeinflußt. Am 6. IV. 1926 erhöhte Frankreich durch Gesetz seine Zölle um 30% [3]), ohne dadurch die mit dem Währungsverfall eingetretene Zollentwertung ausgleichen zu können. Es gelang erst dem Kabinett Poincaré, dem fünften französischen Kabinett des Jahres 1926, den weiteren Verfall des Franken aufzuhalten. Damit war für die späteren Verhandlungen ein großes Hindernis aus dem Wege geräumt. Inzwischen war die Zeit schon zu weit vorgeschritten, als daß man vor den Parlamentsferien einen vollständigen Handelsvertrag hätte fertigstellen können. Aber auch bei den Verhandlungen über ein Provisorium stellte es sich heraus, daß man wohl vor den Parlamentsferien nicht zum Abschluß kommen würde. Die Reichsregierung ließ sich deshalb vom Reichstag ein Ermächtigungsgesetz v. 10. VII. 1926 [4]) zur vorläufigen Anwendung von Handelsabkommen geben. Die französische Regierung besaß durch das Gesetz v. 29. VII. 1919 eine Ermächtigung zur provisorischen Inkraftsetzung von Handelsabkommen. Mit diesen Ermächtigungen konnten die Verhandlungen auch während der Parlamentsferien geführt und mit dem Provisorium v. 5. VIII. 1926 [5]) abgeschlossen werden. Das Provisorium v. 5. VIII. 1926 regelte erstmalig einen größeren Teil der deutsch-französischen Wirtschaftsbeziehungen. Es lief 6 Monate, umfaßte aber von wichtigen Wirtschaftsgruppen weder Eisen noch den Hauptteil der Chemie, da die hierüber schwe-

[1]) RGBl. II, 1926, S. 161. Journal officiel du 27 février 1926.
[2]) RGBl. II, 1926, S. 292. Journal officiel du 12/13 avril 1926.
[3]) Journal officiel du (5, 6) 7 avril 1926.
[4]) RGBl. II, 1926, S. 421.
[5]) RGBl. II, 1926, S. 435. Journal officiel du 12 août 1926. (Einstweilig schon am 21. VIII. 1926 in Kraft gesetzt.)

benden privaten Verhandlungen zu keiner Verständigung geführt hatten. Trotz seiner Lückenhaftigkeit hat das Provisorium v. 5. VIII. 1926 zum Ausbau und zur Vertiefung der deutsch-französischen Wirtschaftsbeziehungen wesentlich beigetragen. Durch Dekret vom 14. VIII. 1926 fand eine nochmalige Erhöhung der französischen Zölle um 30% statt [1]), auf die das Provisorium in bestimmter Hinsicht Bezug nahm.

Die privaten Verhandlungen kamen im Sommer 1926 nur auf dem Gebiete des Eisens vorwärts. Hier gelang es am 30. IX. 1926 mit der Unterzeichnung der Internationalen Rohstahlgemeinschaft zu einer Lösung zu kommen, die die Basis für das Lothringer Kontingentsabkommen v. 4. XI. 1926, welches sich auf die Einfuhr von Walzwerkserzeugnissen aus Frankreich und Luxemburg nach Deutschland bezog, bildete [2]).

d) Der dritte Verhandlungsabschnitt.

Der dritte Verhandlungsabschnitt ist durch die verschiedenen Versuche einer französischen Zolltarifreform charakterisiert. Die Ungewißheit über den Verlauf der Zolltarifreform erschwerte es den französischen Unterhändlern, klare Zugeständnisse zu machen.

Zunächst verhandelte der deutsche Botschafter in Paris, Herr von Hoesch, mit der französischen Regierung über eine Verlängerung des Provisoriums v. 5. VIII. 1926. Durch Protokoll v. 16. II. 1927 wurde das Provisorium um weitere 3 Monate verlängert [3]).

Nach Abschluß des Protokolls v. 16. II. 1927 wurden die Verhandlungen zwischen den beiderseitigen Delegationen wieder aufgenommen, um zunächst die Grundlage für die folgenden Handelsvertragsverhandlungen zu schaffen. Das Ergebnis

---

[1]) Journal officiel du 15 août 1926. Berichtigungen im Journal officiel du (16, 17) 18 août 1926.

[2]) Vgl. zur Frage der privaten Abmachungen auch E. Stern-Rubarth, Der Stand der deutsch-französischen Kartelle. Deutsch-französische Rundschau 1928. Heft 3, S. 223 ff. Es herrschte in der fraglichen Zeit (Juni—November 1926) eine Hochflut an Gründungen internationaler Kartelle, an denen Deutschland und Frankreich sehr maßgeblich beteiligt waren.

[3]) RGBl. II, 1926, S. 27. Journal officiel du 16 mars 1927.

war das Protokoll v. 10. III. 1927, welches an die Stelle des Protokolls v. 19. XII. 1925 trat. Der neue französische Zolltarifentwurf sollte den Tarifverhandlungen über die französischen Zugeständnisse zu Grunde gelegt werden. Er war am 16. VIII. 1926 von Bokanowski dem französischen Kammerbüro in blanco vorgelegt [1]) und von der Zollkommission der Kammer im Februar und März 1927 ergänzt und neu veröffentlicht worden[2]) (verschiedentlich Plan Falcoz oder Bokanowski-Tarif genannt)[3]).

Frankreich hatte im Protokoll v. 16. II. 1927 ein früheres Kündigungsrecht des verlängerten Provisoriums erhalten, falls eine Einigung über gewisse, von der französischen Regierung gewünschte Änderungen an dem geltenden Zustand nicht erzielt würden. Frankreich wollte vor allem eine Einbeziehung des Weines. Um es nicht zum Bruch kommen zu lassen, sah sich Deutschland genötigt, in dem Zusatzabkommen v. 31. III. 1927[4]) dem französischen Wein gegen entsprechende Zugeständnisse ein meistbegünstigtes Kontingent von 70 000 dz zu geben. Gleichzeitig wurde die bisherige provisorische Regelung bis zum 30. VI. 1927 verlängert.

Im April sollten die Tarifverhandlungen über das Definitivum aufgenommen werden, wobei als Basis der oben erwähnte Zolltarifentwurf mitbenutzt werden sollte. Die deutsche Delegation richtete am 7. IV. 1927 an die französische eine Note, in der sie unter Hinweis auf den im Vergleich zum französischen Minimaltarif größeren Wert der deutschen Meistbegünstigung eine wesentliche Senkung der französischen Minimaltarifsätze des Entwurfs für die wichtigsten deutschen Exportwaren forderte, ehe in Verhandlungen eingetreten wer-

---

[1]) Projet de loi portant revision du tarif général des douanes. Doc. parl. No. 3352. Chambre des Députés. Treizième législature. Session de 1926.

[2]) Rapport fait au nom de la Commission des douanes et des conventions commerciales, chargée d'examiner les projets de la loi portant revision du tarif général des douanes. Doc. parl. No. 4220. Chambre d. D. Treizième législature. Session de 1927.

[3]) Vgl. Gignoux: La politique douanière et les traités de commerce. Revue d'économie politique. Paris 1927, pag. 529 suiv.

[4]) RGBl. II. 1927. S. 105. Journal officiel du 4/5 avril 1927.

den könnte. Eine kleine Liste der betroffenen Waren fügte sie bei, behielt sich jedoch Erweiterungen vor. Frankreich war über die Note besonders wegen der „ultimativen Form" erstaunt und peinlich berührt und wies auf das Protokoll v. 10. III. 1927 als Verhandlungsgrundlage hin. In der Note v. 30. IV. 1927 erkannte die deutsche Delegation das Protokoll v. 10. III. 1927 als Basis an, hielt aber prinzipiell die Forderung der Note v. 7. IV. 1927 aufrecht. Die Verhandlungen wurden dann unterbrochen.

In der Verhandlungspause fand in Genf die Weltwirtschaftskonferenz statt, die in ihrem auf die Handelspolitik sich unmittelbar beziehenden Teil mit einer Resolution für möglichste Anwendung der Meistbegünstigung schloß. Auch gegen die übertriebenen Hochschutzzölle der Nachkriegszeit wurde Stellung genommen. Deutschland stimmte beiden Erklärungen zu. Dasselbe tat Frankreich, wobei sich Serruys für die Beseitigung der „exaltation actuelle des tarifs" und für Rückkehr zu den Vorkriegstarifen aussprach.

Die Verhandlungen wurden nach Pfingsten wieder aufgenommen, kamen aber durch den schleppenden Gang der französischen Zolltarifreform nicht vorwärts. Das französische Verlangen einer einstweiligen provisorischen Regelung wurde von Deutschland abgelehnt, da es auf diese Weise einen Trumpf nach dem anderen aus der Hand gegeben hätte. Auf der Hamburger Tagung des Deutschen Industrie- und Handelstages richtete deshalb der Reichswirtschaftsminister Curtius am 22. VI. 1927 einen Appell an Frankreich, indem er die deutsche Verhandlungsbereitschaft erklärte, sich jedoch gegen die überhohen Zölle des französischen Entwurfs aussprach. Die französische Regierung ließ den umstrittenen Zolltarifentwurf fallen, weil man in den Kreisen der Kammer sich mit den vorgeschlagenen Zollsätzen nicht einverstanden erklärte und sie im Interesse der Autonomie des Parlamentes erst eingehend überprüfen wollte.

Da die Parlamentsferien vor der Tür standen, drohten die Verhandlungen wieder resultatlos zu verlaufen. Dies wollte man aber auf beiden Seiten auf jeden Fall verhindern. Die französische Regierung verlangte deshalb ein außerordentliches Ermächtigungsgesetz von ihrem Parlament, um vorbehaltlich der späteren parlamentarischen Genehmigung Teile eines neuen Zolltarifentwurfs in Handelsabkommen einstweilen in Kraft zu setzen. Durch Gesetz v. 13. VII. 1927 [1]) wurde ihr diese Ermächtigung gegeben. Die deutsche Regierung hatte vom Reichstag ein neues Ermächtigungsgesetz zur vorläufigen Anwendung von Handelsabkommen v. 14. VII. 1927 [2]) erhalten, da das alte längst abgelaufen war. Die französische Regierung war zur vorläufigen Inkraftsetzung bekanntlich durch das Gesetz v. 29. VII. 1919 ermächtigt. Auf Grund dieser Ermächtigungen konnten die Verhandlungen auch während der Parlamentsferien weitergeführt und in erstaunlicher Schnelligkeit mit dem Handelsabkommen v. 17. VIII. 1927 [3]), der definitiven Lösung abgeschlossen werden. Das Handelsabkommen trat am 6. IX. 1927 vorläufig in Kraft, sodaß nach Ablauf der Provisorien von 1926 und 1927 eine kurze vertragslose Zeit (1. VII. bis 6. IX. 1927) eingetreten war.

Private Verhandlungen der schweren Chemie führten im Dezember 1927 zu einem deutsch-französischen Farbenabkommen (Farbenabkommen v. 14. XII. 1927) [4]).

Da bei dem eiligen Abschluß der Handelsvertragsverhandlungen in der Redaktion des Abkommens v. 17. VIII. 1927 sich einige Fehler ergeben hatten und durch die im Winter 1927/28 endlich vollendete französische Zolltarifreform ebenfalls Tarifabweichungen vom Abkommen entstanden waren, wurden im April 1928 in Berlin und im Juni 1928 in Paris Bereinigungsverhandlungen geführt, die gleichzeitig auch verschiedene verwaltungstechnische Fragen zu lösen hatten und mit der Unterzeichnung der Protokolle v. 20. VI. 1928 [5]) beendet wurden. Damit schlossen die deutsch-französischen Wirtschaftsverhandlungen ab.

---

1) Journal officiel du 14 juillet 1927.

2) RGBl. II, 1927, S. 466.

3) RGBl. II, 1927, S. 523. Journal officiel du 31 août 1927. Vgl. RGBl. II, 1928, S. 3, 513.

4) Vgl. Seite 188/189.

5) Deutscher Reichsanzeiger, 1928, Nr. 161 v. 12. VII. 1928. (Im nichtamtlichen Teil veröffentlicht.) RGBl. II. 1929. S. 119, 370.

2. Die Rahmenverhandlungen.

Unter Rahmenverhandlungen sollen im folgenden diejenigen Verhandlungen verstanden werden, die sich nicht auf die Interessengebiete einzelner Wirtschaftszweige, sondern auf die Regelung der Gesamtbeziehungen der Wirtschaft bezogen. Der Ausdruck Rahmenverhandlungen wird deshalb verwendet, weil die Ergebnisse dieser Verhandlungen den sogenannten Vertragsrahmen bilden. In einem ähnlichen Sinne werden sie auch Verhandlungen über Vertragstextfragen (clauses générales) genannt. Für die allgemeinen deutsch-französischen Wirtschaftsverhandlungen sind die Hauptgebiete Meistbegünstigung, Zollbindung, Ein- und Ausfuhrverbote, Niederlassung, Kolonialfrage und elsaß-lothringische Kontingente herausgegriffen worden.

a) Die Verhandlungen über die Meistbegünstigung.

Die folgende Darstellung der Verhandlungen über die Meistbegünstigung betrifft nur die Meistbegünstigungsfrage auf dem zolltariflichen Gebiet. Die Meistbegünstigung spielte jedoch auch, um nur die in vorliegender Arbeit behandelten Gebiete zu erwähnen, in die Verhandlungen über die Niederlassung und die Kolonialfrage hinein, aus welchen sie sich aber nicht so klar heraushob wie auf dem Zolltarifgebiet, auf dem sie ein fest umrissenes, selbständiges Verhandlungsobjekt bildete. Deshalb wird die Meistbegünstigungsfrage auf jenen anderen Teilgebieten bei deren gesonderter Behandlung dargelegt werden.

Die Meistbegünstigung trat in den Verhandlungen auf dem Zolltarifgebiet in zwei Haupttypen auf: Meistbegünstigung de jure oder de facto. Meistbegünstigung de jure bedeutet die generelle Einräumung der niedrigsten Zollsätze für den Vertragspartner während der Geltungsdauer des Abkommens, Meistbegünstigung de facto dagegen entweder die Einräumung der niedrigsten Zollsätze für die Positionen des Ausfuhrinteresses des Vertragspartners überhaupt oder nur für das Ausfuhrinteresse des Vertragspartners nach dem gewährenden Lande während der Gültigkeit des Abkommens. Für die provisorischen Lösungen 1926 wurde nur listenmäßige Meistbegünstigung angewandt.

Treibende Kräfte.

Für eine gegenseitige, unbeschränkte Meistbegünstigung trat vom Anfang der Verhandlungen an Deutschland ein. Die Gründe, die es dazu veranlaßten, sind bereits erörtert worden. Da Frankreich erklärte, die Meistbegünstigung de jure wegen des Gesetzes v. 29. VII. 1919 nicht geben zu können, ging das Bestreben der deutschen Unterhändler dahin, für die deutsche Meistbegünstigung de jure die französische Meistbegünstigung de facto in möglichst weitem Umfang einzutauschen. Die deutsche Wirtschaft trat in ihrer Gesamtheit für die Meistbegünstigung als Vertragsbasis ein.

Aber auch auf französischer Seite war eine starke Partei für die Meistbegünstigung vorhanden, die schließlich einen bemerkenswerten Umschwung in der französischen Handelspolitik verursachte. Es waren dies die Vertreter des Wein- und Gemüsebaues, die im Parlament einen großen Einfluß besaßen. Sie waren an einem Export nach Deutschland stark interessiert und geneigt, den deutschen Wünschen auf Meistbegünstigung entgegenzukommen. Ihre eigenen Interessen auf dem französischen Markt würden durch die Einräumung der Meistbegünstigung an Deutschland nicht betroffen werden, da Deutschland auf dem Gebiete des Wein- und Gemüsebaues kein wesentliches Exportinteresse nach Frankreich hatte, dieses Interesse sich vielmehr auf Industrieartikel bezog. Andererseits war Deutschland nicht geneigt, Frankreich für seinen Wein- und Gemüsebau irgendwelche Konzessionen zu geben, wenn ihm nicht für die deutsche Industrie die Meistbegünstigung gegeben würde. Der französische Wein- und Gemüsebau vertrat seinen Interessenstandpunkt, wenn er für die Gewährung der Meistbegünstigung an Deutschland eintrat.

Der Einfluß der Weltwirtschaftskonferenz auf die Verhandlungen über die Meistbegünstigung war dagegen nicht bedeutend.

Hemmende Kräfte.

Die hemmenden Mächte waren in der Meistbegünstigungsfrage sehr stark. Verschiedene Momente kamen zusammen, um dem deutschen Verlangen große Schwierigkeiten zu bereiten.

Die französische Handelspolitik der Nachkriegszeit bildete in den Verhandlungen das größte Hemmnis. Daß sie, nachdem sie auf Grund des Gesetzes v. 29. VII. 1919 sich vom Meistbegünstigungsprinzip abgewendet hatte, nunmehr zugunsten des Deutschland von 1924 ihre neuen Grundsätze aufgeben sollte, mußte sie als einen Verlust ihres Prestiges auffassen. Sie wehrte sich infolgedessen sehr stark gegen die Meistbegünstigung als Basis, und es mußten wirtschaftliche Kräfte von großem Einfluß wirksam werden, um sie zur Abkehr von ihren bisherigen Prinzipien zu veranlassen.

Es kam hinzu, daß Deutschland infolge seiner politischen Schwäche in seinen Handelsabkommen der Nachkriegszeit die gegenseitige, unumschränkte Meistbegünstigung nicht immer hatte durchsetzen können und mehr oder weniger große Ausnahmen von dem Prinzip auf der Gegenseite hinnehmen müssen, wodurch die Stellung der deutschen Delegation in den Verhandlungen erschwert wurde.

Gegen eine Gewährung der Meistbegünstigung an Deutschland sträubte sich vom Beginn der Verhandlungen an die französische Industrie, weil sie ihre hochschutzzöllnerische Politik am besten mit der Reziprozität durchführen konnte. Weiter wirkte die Einbeziehung der Möglichkeit einer provisorischen Lösung, die eine neue Verhandlungssituation schuf, auf die Verhandlungen verzögernd ein, da keiner der beiden Verhandlungspartner für das Provisorium seine gesamten Zugeständnisse aus der Hand geben wollte, die Provisoriumsverhandlungen sich aber sehr verschleppten. Schließlich ist auch noch die französische Zolltarifreform zu erwähnen, die, wie sie überhaupt die gesamten Verhandlungen mehr als einmal in Verwirrung gebracht hatte, auf dem Gebiete der Meistbegünstigung sich ebenfalls bis in das Handelsabkommen vom 17. VIII. 1927 als störender Faktor erwies.

Verlauf.

Die Verhandlungen über die Meistbegünstigung, die den ersten Verhandlungsabschnitt zum größten Teile ausfüllten, waren sehr reich an Spannungen, die zum völligen Bruch zu führen drohten, retardierenden Momenten und überraschenden Wendungen. Ein Eingehen jedoch auf die Verhandlungen in allen ihren Einzelheiten, welches auch vom Standpunkt der Verhandlungstaktik sehr interessant wäre, würde den Rahmen der vorliegenden Arbeit sprengen. Nur die Grundlinien sollen im folgenden herausgehoben werden.

Frankreich lehnte zunächst die Gewährung der allgemeinen, unbeschränkten Meistbegünstigung an Deutschland ab, forderte sie aber von Deutschland für sich, indem es den Widerspruch zwischen Forderung und Angebot damit zu erklären suchte, die deutsche Meistbegünstigung besitze wenig Wert und zudem seien die Produktionsbedingungen in Deutschland günstiger als in Frankreich. Abgesehen von dem letzten Argument, welches die Schwierigkeiten der deutschen Wirtschaft 1924 völlig ignorierte, hatte die deutsche Meistbegünstigung in dem gegebenen Augenblick, man dachte beiderseits an die Zeit um den 10. I. 1925, insofern noch keinen hohen Wert, als Deutschland erst mit dem Wiederaufbau seines Zoll- und Handelsvertragssystems begonnen hatte, mit dessen weiterem Ausbau sie sich aber mehr und mehr erhöhen mußte. Die deutsche Delegation versuchte, von Frankreich wenigstens die Meistbegünstigung de facto zu erreichen; das Resultat ihrer Bemühungen war das Protokoll v. 12. X. 1924.

Das Protokoll v. 12. X. 1924 ist in seinem Hauptteil, der sich auf die Meistbegünstigung bezog, äußerst vorsichtig formuliert worden. Unter Anerkennung der Verschiedenheit der beiderseitigen Gesetzgebung hinsichtlich der Handelsverträge sollte eine Regelung geschaffen werden, so gleichmäßig, als es die Lage und die Gesetzgebung beider Länder zulassen würden. Auf diese Weise sollte ein gerechter Ausgleich der Vorteile und Zugeständnisse erzielt werden. Unter der Voraussetzung des gerechten Ausgleichs wollte Deutschland Frankreich die Meistbegünstigung geben, während sich Frank reich unter der gleichen Voraussetzung bereit erklärte, für die deutsche Ausfuhr den Minimaltarif in allen Fällen zu gewähren, wo die Bedingungen des Marktes und der Erzeugung dem nicht entgegenstehen würden, und im letzteren Falle eine Behandlung, die der Billigkeit und den von Deutschland zugestandenen Vorteilen entsprechen würde.

Das Protokoll v. 12. X. 1924 hatte die großen Differenzen in der Meistbegünstigungsfrage nicht beseitigt, sondern nur überbrückt und den folgenden Verhandlungen die Hauptarbeit vorbehalten. Wie groß die Schwierigkeiten sich gestalten würden, war aus der Rede Raynaldys zu ersehen, die er auf dem Kongreß der französischen Außenhandelsbeiräte in Lyon (23. bis 26. X. 1924) hielt und in welcher er die Reziprozität als den Grundsatz der französischen Handelsvertragspolitik hinstellte und sich offen gegen die Meistbegünstigung wandte. Er rechtfertigte das Gesetz v. 29. VII. 1919 und führte aus, daß es selbstverständlich wäre, daß Frankreich, wo es im Begriffe wäre, im gegenwärtigen Augenblick seinen wichtigsten Handelsvertrag, den mit Deutschland, abzuschließen, sein handelspolitisches System nicht ändern würde [1]).

In den Tarifverhandlungen, die Ende November 1924 begannen und vor allem von Sachverständigen geführt wurden, versuchte Frankreich anfangs, durch seine Interessenvertreter die deutschen Sachverständigen für einzelne Positionen des französischen Zolltarifs von der Forderung des Minimaltarifs abzubringen und dadurch die Stellung der deutschen Regierung, die Einräumung des Minimaltarifs verlangte, zu unterhöhlen, ohne jedoch mit dieser Taktik Erfolge zu erzielen.

In dem Provisoriumsentwurf, den die französische Delegation der deutschen am 31. XII. 1924 überreichte, forderte Frankreich für das neunmonatige Übergangsstatut von Deutschland die allgemeine Meistbegünstigung, ohne entsprechende Gegenzugeständnisse zu machen. Die Verhandlungen über die Meistbegünstigung waren damit in den neuen Zusammenhang mit der Frage einer definitiven oder provisorischen Lösung gebracht worden, die sie nunmehr wesent-

[1]) Saar-Wirtschaftszeitung, Nr. 44 v. 6. XI. 1924. S. 619/20. Journée Industrielle v. 26. X. 1924. Vgl. Le Temps v. 25./27. X, 1924,

lich beeinflussen sollte. Es handelte sich von jetzt ab um eine doppelte Meistbegünstigungsfrage, einmal die für das Provisorium, das andere Mal die für das Definitivum. Zur gleichen Zeit begann auch der andere Hemmungsfaktor, die französische Zolltarifreform, zu wirken. Die Ungewißheit über das Schicksal des Entwurfs einer Zolltarifnovelle von Raynaldy (Kammerdrucksache 713) brachte die Verhandlungen zeitweilig ins Stocken.

Für die deutsche Delegation ergab sich angesichts der veränderten Lage ein Stellungswechsel. Für das Definitivum hielt sie an der allgemeinen, gegenseitigen Meistbegünstigung fest, für das Provisorium war sie zu einer Regelung auf anderer Basis bereit. Dabei vertrat sie den Standpunkt, daß das Provisorium automatisch in ein Definitivum mit allgemeiner, gegenseitiger Meistbegünstigung übergehen müßte. Die französische Delegation verhielt sich auch zu der letzten Forderung zunächst ablehnend.

Die nächsten Resultate der Verhandlungen brachten die Vereinbarungen vom 28. II. 1925. Deutschland erklärte sich für das Provisorium bereit, Frankreich die allgemeine Meistbegünstigung mit Ausnahme weniger Waren, die es in einer Liste A zusammenstellen würde, zu geben. Frankreich wollte dafür Deutschland für einen Teil seines Exportinteresses den Minimaltarif gewähren, für einen anderen Teil, für welchen sich Frankreich außerstande erklärte, den augenblicklichen Minimaltarif einräumen zu können, erhöhte, in beschleunigter Weise mit der deutschen Delegation geprüfte Sätze. Für die meisten anderen deutschen Exportwaren sollten Zwischentarifsätze ins Auge gefaßt werden. Der Rest würde den Generaltarif bekommen. Für das Definitivum war Deutschland bereit, vorbehaltlich eines Gleichgewichts der Vorteile und Zugeständnisse, Frankreich die allgemeine Meistbegünstigung de jure zuzugestehen. Unter demselben Vorbehalt wollte Frankreich im allgemeinen für die Waren des deutschen Ausfuhrinteresses die niedrigsten Zollsätze, die es, aus welchem Anlaß auch immer, irgendeinem dritten Lande eingeräumt habe oder einräumen würde, gewähren. Dies sollte auch für sämtliche Zollerhöhungen, Zollzuschläge und Koeffizienten gelten, die Frankreich gegenwärtig oder künftig eingeführt habe oder einführen würde. Jedoch erklärte sich Frankreich aus wirtschaftlichen Gründen gezwungen, verschiedene deutsche Waren und Warengruppen von dieser Behandlung ausschließen zu müssen. Diese Diskriminierungen wollte Deutschland nur dann in Kauf nehmen, wenn sie inhaltlich und zeitlich so beschränkt wie möglich sein und an einem bestimmten Termin ohne deutsche Gegenleistung aufhören würden.

Die Vereinbarungen vom 28. II. 1925 hatten in der Meistbegünstigungsfrage für das Definitivum gegenüber dem Protokoll vom 12. X. 1924 für Deutschland insofern einen Fortschritt gebracht, als an die Stelle der farblosen französischen Erklärungen im Oktoberprotokoll klarere Zugeständnisse seitens Frankreichs getreten waren, die als eine Einräumung der Meistbegünstigung de facto, wenn auch noch in einer beschränkten Form, gelten konnten. Dieser tatsächliche Verhandlungserfolg dürfte den deutschen Unterhändlern die geringen französischen Zugeständnisse für das auf neun Monate berechnete Provisorium erträglich gemacht haben, welches ohne den Zusammenhang mit dem Definitivum für Deutschland ein beträchtliches Mißverhältnis zwischen Angebot und Gegengabe gebracht haben würde. Die Einwirkungen der Provisoriumsfrage auf die Verhandlungen zeigten sich hier deutlich, denn gleichzeitig war Frankreich zu den Konzessionen im Definitivum nur durch die Möglichkeiten der Diskriminierungen im Provisorium und auch noch im Definitivum geneigt gewesen.

Die folgende, kurze, aber krisenreiche Verhandlungsphase vom 21. III. bis zum 7. IV. 1925 brachte in den Verhandlungen über die Meistbegünstigung einen Rückschritt. Die in den Vereinbarungen vom 28. II. 1925 vorgesehene deutsche Liste A nahm aus verhandlungstaktischen Gründen sehr wichtige Waren des französischen Ausfuhrinteresses für die Dauer des Provisoriums von der Meistbegünstigung aus. Andererseits waren auch die französischen Zugeständnisse für das Provisorium sehr dürftig. Keine Partei wollte größere Konzessionen machen oder irgendwie nachgeben. Man schloß die Verhandlungen mit dem Protokoll vom 7. IV. 1925, einem Verlegenheitsprodukt, ab. Es versuchte, die vor allem durch die deutsche Liste A geschaffene schwierige Situation zu überbrücken, auf die weiteren Verhandlungen hat es keinen großen Einfluß ausgeübt.

Die Verhandlungen nach der Osterpause 1925 behandelten vorwiegend Tariffragen, für deren grundsätzliche Regelung die Vereinbarungen vom 28. II. 1925 benutzt wurden. Das Protokoll vom 11. VII. 1925 brachte für die Meistbegünstigung nichts.

Die grundlegende Lösung brachten erst die Verhandlungen vom 15. IX. bis 19. XII. 1925. In den Besprechungen von Trendelenburg und Chaumet Mitte September 1925 waren die Grundlagen für einen Notenwechsel vereinbart worden. Für das Provisorium bestand Frankreich nicht auf der Gewährung der allgemeinen Meistbegünstigung seitens Deutschlands, sondern nur auf einer Meistbegünstigung für einzelne Waren.

Die deutsche Note vom 29. IX. 1925 und die französische Note vom 27. X. 1925 brachten weitere Klärung. Für das Provisorium sahen beide Länder grundsätzlich von der allgemeinen Meistbegünstigung, sowohl de jure wie de facto, ab. Das Provisorium sollte vielmehr auf einem Ausgleich mehrerer Listen beruhen. Festgehalten wurde an dem Provisorium hauptsächlich deshalb, weil Frankreich, wohl aus politischen Gründen, auf einer Diskriminierung deutscher Waren während einer Übergangszeit beharrte. Für das Definitivum erklärte Deutschland, Frankreich die allgemeine Meistbegünstigung geben zu wollen. Diejenigen deutschen Waren, die im Provisorium bereits von Frankreich den Minimaltarif erhalten haben würden, sollten ihn auch im Definitivum bekommen. Die anderen Waren des deutschen Ausfuhrinteresses sollten im Definitivum automatisch die Sätze des geltenden Minimaltarifs erhalten.

Die Verhandlungen ruhten jedoch seit den Septemberbesprechungen. Da erhielt die Meistbegünstigungsfrage von anderer Seite neue Impulse. Der französische Wein- und Gemüsebau, unzufrieden mit dem bisherigen Verlauf der deutsch-französischen Verhandlungen, die ihm keine Vorteile gebracht hatten, unternahm einen Vorstoß. Deutschland hatte gerade die Konzessionen für die französische Landwirtschaft in den Tarifverhandlungen immer hinauszuzögern gewußt, um durch die französischen Wein- und Gemüsebauern einen Druck auf die französische Regierung zur Erlangung der Meistbegünstigung ausüben zu können. In der Senatssitzung vom 20. XI. und in der Kammersitzung vom 4. XII. 1925 fanden dann jene äußerst heftigen und erregten Debatten statt, in denen die bisherige französische Handelspolitik einer vernichtenden Kritik unterzogen wurde. Die Vertreter der französischen landwirtschaftlichen Exportinteressen warfen ihrer Regierung die Unfruchtbarkeit der bisherigen Handelsvertragsverhandlungen mit Deutschland vor, an der nur die Reziprozität schuld wäre, und wiesen auf die Niederlande und Belgien, ihre Hauptkonkurrenten in Gemüse auf dem deutschen Markt hin, denen es durch die Gewährung der Meistbegünstigung gelungen sei, zu einer günstigen Regelung mit Deutschland zu kommen. Die Reziprozität habe fortwährend Unruhe und Verwirrung mit sich gebracht, die Meistbegünstigungsklausel würde handelspolitischen Frieden bedeuten. Unter dem Eindruck der starken Opposition verneinte auch Clémentel, der Vater des Gesetzes vom 29. VII. 1919, daß dieses die Anwendung der Meistbegünstigung schlechtweg verbiete. Die französische Regierung, insbesondere der neue Handelsminister Daniel-Vincent, befand sich in einer peinlichen Lage und suchte, soweit nur irgend möglich, zu beschwichtigen. Sie gab dem Druck der Landwirtschaft nach.

Am 15. XII. 1925 wurden die Verhandlungen wieder aufgenommen. Für Deutschland handelte es sich darum, den frischen Eindruck der Parlamentsopposition auf die französische Regierung nach Möglichkeit auszunutzen. Das Ergebnis war das Protokoll vom 19. XII. 1925.

Das Protokoll vom 19. XII. 1925 enthielt das spätere Handelsabkommen vom 17. VIII. 1927, was die grundsätzliche Regelung der Meistbegünstigung betraf, bereits in vielen wesentlichen Zügen. Inhaltlich beruhte es vor allem auf dem oben erwähnten Notenwechsel im Anschluß an die Septemberbesprechungen. Es sah eine auf 14 Monate berechnete provisorische Übergangszeit vor, während welcher Deutschland für den Hauptteil der französischen Ausfuhr die Meistbegünstigung gewähren sollte, Frankreich noch Diskriminierungen deutscher Waren vornehmen könnte. Jedoch sollten die Diskriminierungen seitens Frankreichs wie die Ausnahmen von der Meistbegünstigung, d. h. Diskriminierungen, seitens Deutschlands keine wichtigen Exportartikel beider Länder betreffen. Nach Ablauf der 14 Monate sollte Deutschland die Meistbegünstigung de jure, Frankreich die Meistbegünstigung de facto, d. h. die Sätze des Minimaltarifs für alle Waren des deutschen Ausfuhrinteresses, geben. Der Eintritt der beiderseitigen Meistbegünstigung würde sich verkürzen, wenn inzwischen ein neuer französischer Zolltarif in Kraft treten würde, da dann nach dessen Inkrafttreten die endgültige Regelung einsetzen würde. Der Übergang von der provisorischen Regelung in die definitive sollte automatisch erfolgen.

Das Protokoll vom 19. XII. 1925 war das letzte, große Protokoll der Verhandlungen, welches sich mit grundsätzlichen Erörterungen befaßte. Seine Grundlinien wurden aber im weiteren Verlauf der Verhandlungen nicht ausgeführt, hauptsächlich weil die französische Inflation den Zolltarifverhandlungen hemmend im Wege stand. Die beiden ad hoc geschaffenen Frühgemüseprovisorien vom 12. II. und 8. IV. 1926 brachten nur listenmäßige Meistbegünstigung, und das Provisorium vom 5. VIII. 1926, gleichfalls mit listenmäßiger Meistbegünstigung, hatte zwar einen größeren Umfang als jene Abkommen, entsprach aber nicht dem Übergangsstatut des Protokolls, welches automatisch in ein Definitivum übergehen sollte.

Das kleine Protokoll vom 10. III. 1927, welches wieder grundsätzliche Fragen regelte, brachte inhaltlich nichts Neues. Es bestimmte nur, daß mit dem Tage des Inkrafttretens des Definitivums, und um dieses bewegten sich die damaligen Verhandlungen, die beiderseitige Meistbegünstigung (von Deutschland de jure, von Frankreich de facto) herrschen sollte. Der Notenwechsel vom 15. III. 1927 ergänzte die Bestimmungen dahin, daß das Definitivum erst nach dem Inkrafttreten des neuen französischen Zolltarifs in Kraft treten sollte. Auf dieser Basis, die an die Stelle des Protokolls vom 19. XII.

1925 getreten war, wurden die Verhandlungen bis zum Abschluß des Handelsabkommens vom 17. VIII. 1927 geführt, in welchem Deutschland für die endgültige Lösung die beiderseitige, unbeschränkte Meistbegünstigung als Grundlage durchsetzen konnte.

b) Die grundsätzlichen Verhandlungen über zollrechtliche Fragen.

Unter den grundsätzlichen Verhandlungen über zollrechtliche Fragen sollen die Verhandlungen auf den für den Güteraustausch besonders wichtigen Gebieten der Zollbindung und der Ein- und Ausfuhrverbote verstanden werden.

aa) Zollbindung.

Für die Zollbindung kamen die Sätze aller deutschen und französischen Tarife in Betracht, d. h. für Deutschland sowohl die Sätze seines autonomen wie seines Vertragstarifs, für Frankreich die seines Generaltarifs, Minimaltarifs und seiner sog. Zwischentarife. Für die französischen Zwischentarife waren zwei Möglichkeiten der Bindung vorhanden, es konnten einmal die Prozentsätze gebunden werden und die sich daraus ergebenden Zollsätze beweglich bleiben, es konnten aber auch diese Zollsätze gebunden werden und ihre Prozentsätze veränderlich gestaltet werden. Was die Art der Zollbindung betraf, so wurden nach internationalem Brauch die Zollsätze in der Regel absolut gebunden.

Treibende Kräfte.

Die deutsche Handelspolitik gewährte schon vor dem Kriege in ihren Handelsverträgen absolute Zollbindungen, d. h. Bindungen der Sätze für die Dauer des Vertrages ohne irgendwelche Verknüpfung mit bestimmten Indices. Zollbindungen waren im Interesse der Stabilität der Handelsbeziehung notwendig. Vor allem bedurfte die eisenverarbeitende Industrie mit ihrer zeitraubenden Marktbearbeitung und ihren langen Lieferfristen Zollbindungen. Auch in den deutsch-französischen Wirtschaftsverhandlungen war Deutschland grundsätzlich bereit, seine Zollsätze zu binden, verlangte aber für diese Bereitwilligkeit selbstverständlich das gleiche Zugeständnis seitens Frankreichs. Die deutsche Wirtschaft drang darauf, daß mindestens die Zollsätze für die Waren des wichtigen deutschen Ausfuhrinteresses gebunden würden. Mancher Zollsatz, der im Anfang vielleicht noch hoch erscheinen würde, könnte allmählich durch Zollbindung für die betreffende exportierende Industrie erträglich werden, da auf längere Zeit gebundene Sätze eine sichere Kalkulation und ein Einstellen auf ihre Höhe ermöglichen würden.

Frankreich und die französische Wirtschaft verlangten von Deutschland absolute Zollbindungen, ohne jedoch zu Gegenzugeständnissen bereit zu sein.

Hemmende Kräfte.

Frankreich hatte in den Handelsabkommen, die es in der Nachkriegszeit abgeschlossen hatte, in der Regel seine Minimaltarifsätze absolut nicht mehr gebunden. Es hatte sich teilweise dazu bequemt, den anderen Ländern die Minimaltarifsätze in ihrer jeweiligen Höhe zuzusagen, ohne jedoch dadurch auf das Recht zu verzichten, die Sätze während der Laufzeit der betreffenden Abkommen zu erhöhen [1]). Ferner hatte Frankreich einigen Ländern (Japan [noch aus der Vorkriegszeit], Italien, Griechenland, Portugal) für bestimmte Artikel (z. B. Seide, Wein) eine gewisse Zollbindung gewährt [2]). Bemerkenswert war die Regelung in dem nicht in Kraft getretenen Handelsabkommen mit der belgisch-luxemburgischen Zollunion vom 12. V. 1923, nach welcher die Zollsätze dieses Abkommens beiderseits nicht erhöht werden sollten, es sei denn, daß die Preise der Produkte, auf die sie sich bezögen, eine Steigerung über 20% erfahren hätten. In letzterem Falle sollte eine tarifliche Neufestsetzung stattfinden, bei deren Scheitern

---

[1]) Denkschrift zum Handelsabkommen v. 17. VIII. 1927. Reichstagsdrucksachen. III. Wahlperiode. 1924/27. Nr. 3651. S. 357.

[2]) Eichhorn: Die handelspolitischen Beziehungen Frankreichs zum Ausland. Wirtschaftliche Nachrichten für Rhein und Ruhr. 1925, S. 1839 ff.

Kündigung des Abkommens möglich wäre. Nach Erklärungen, die Haudos, der Berichterstatter für das Abkommen, in der Kammer machte, bewahrte diese „consolidation des droits" Frankreich die Herrschaft über seine Tarife, ohne das Gleichgewicht des Abkommens zu verletzen[1]). Durch den modus vivendi vom 24. X. 1924 und das endgültige Abkommen vom 4. IV. 1925 (Art. 3) wurde diese Form der Zollbindung von Frankreich im Verkehr mit der belgisch-luxemburgischen Zollunion in Kraft gesetzt[2]).

Erschwert wurden die deutschen Forderungen auf französische Zollbindung durch die französische Inflation, dagegen machten die verschiedenen provisorischen Regelungen sich nicht als große Hemmnisse bemerkbar, obwohl eine Zollbindung für ein kurzfristiges Provisorium naturgemäß von geringem wirtschaftlichen Wert sein mußte. Die französische Inflation entwertete die französischen Zölle und machte verschiedentlich Zollerhöhungen notwendig. Solange sie nicht überwunden war, konnte Deutschland eine Bindung der französischen Zölle in absoluter Form nicht verlangen, sondern mußte auf eine Art gleitende Zollbindung im Zusammenhang mit irgend einem sicheren französischen Index hinzielen.

Die Verhandlungslage wäre durch die Umstellung der französischen Zölle auf Goldbasis erleichtert worden. Dieses Ziel wurde von Chapsal, als er im Sommer 1926 als Handelsminister kurze Zeit Chef der französischen Handelsvertragsdelegation war, verfolgt. Das schnelle Ausscheiden Chapsals aus den Verhandlungen infolge Kabinettssturz vereitelte die Ausführung seines Projektes, welches eine stabile Basis gebracht haben würde. Andererseits war es für die Verhandlungen über die Zollbindungsfrage ein Vorteil, daß Chapsal ausschied, da er derjenige französische Parlamentarier war, der sich immer für völlige Freiheit Frankreichs in der Gestaltung seiner Tarife ausgesprochen hatte und deshalb als Chef der französischen Delegation die bereits in der Zollbindungsfrage seitens Frankreichs gemachten Zugeständnisse so-

---

[1]) Gignoux: L'après-guerre et la politique commerciale, pag. 87. Paris, 1924.

[2]) Eichhorn: a. a. O., S. 1839 ff.

fort zurückzog und die Verhandlungen wieder in das Anfangsstadium versetzte.

Verlauf.

In dem Protokoll v. 12. X. 1924 und den Vereinbarungen v. 28. II. 1925 erklärte sich Deutschland sowohl für ein Provisorium wie für ein Definitivum zu Zollbindungen bereit, während Frankreich kein Entgegenkommen zeigte.

Die ersten Ergebnisse brachte das Protokoll v. 19. XII. 1925, in welchem Frankreich überhaupt unter dem Eindruck der heftigen Angriffe auf die französische Handelspolitik in Kammer und Senat zum ersten Male wesentliche Zugeständnisse machte. Deutschland gestand Frankreich in dem Protokoll absolute Zollbindungen zu, Frankreich als Gegenleistung gleitende Zollbindungen für deutsche Exportartikel. Der französischen Zollbindung wurde der französische Großhandelsindex zu Grunde gelegt. Man vereinbarte, daß die in den Listen A und C des abzuschließenden Abkommens aufgeführten deutschen Waren so lange die gleichen französischen Sätze bekommen sollten, als der durchschnittliche Großhandelsindex Frankreichs nicht mindestens 20% höher als bei Unterzeichnung des Abkommens liegen würde. Falls die Steigerung mehr als 20% betragen sollte, sollten die Sätze im Verhältnis der Indexsteigerung erhöht werden dürfen. Diese Regelung sollte sich aber nicht auf Zollerhöhungen beziehen, die Frankreich vor der Unterzeichnung des Abkommens vornehmen würde. Eigenartig, und nur aus einem gewissen Mißtrauen zu erklären, sind folgende im weiteren Verlaufe der Verhandlungen aufgegebenen Ergänzungsbestimmungen, falls Frankreich gegen die Bestimmungen der Steigerung im Verhältnis zum Großhandelsindex verstoßen würde. In diesem Falle war durch das Protokoll Deutschland Gelegenheit zu Repressionsmaßnahmen gegeben. Wenn nämlich Frankreich für eine oder mehrere deutsche Exportwaren, die in einer Liste X aufgeführt werden sollten, eine über das Maß hinausgehende Zollerhöhung vornehmen würde, sollte Deutschland über diese Frage neue Verhandlungen verlangen können. Beim Scheitern dieser Verhandlungen sollte Deutschland berechtigt sein, selbst einen oder mehrere gebundene Sätze für französische Ausfuhrartikel, die in einer Liste Y aufgeführt werden sollten, zu erhöhen oder den Vertrag mit einmonatiger Frist zu kündigen.

In dem Frühgemüseprovisorium v. 12. II. 1926 wurde zum ersten Mal die Frage der Zollbindungen vertraglich geregelt. Deutschland gewährte für die Geltungsdauer des Abkommens die in diesem festgesetzten Vertragssätze. Frankreich band für die deutschen Waren, denen es den Minimaltarif zugestanden hatte, diesen gemäß den Bestimmungen des Protokolls v. 19. XII. 1925 [1]). Schwieriger gestaltete sich die Bindung für die französischen Zwischentarifsätze. Grundsätzlich legte Frankreich hierbei die Prozentsätze fest [2]). Wenn die Erhöhungen der Zollsätze, Koeffizienten und sonstigen Zuschläge während der Dauer des Abkommens 30% ausmachen sollten, sollten die davon betroffenen deutschen Erzeugnisse der Liste B, die Zwischentarife erhalten hatten, in den Genuß des Minimaltarifs kommen [3]). Für den Fall, daß diese Erhöhung unter 30% bleiben würde, war eine Sonderregelung, auf die hier nicht eingegangen zu werden braucht, vorgesehen [4]). Es stand jedoch eine 30proz. Zollerhöhung seitens Frankreichs bevor.

Das Intermezzo Chapsals warf die Verhandlungen über die Zollbindungsfrage kurze Zeit zurück. Unter Handelsminister Bokanowski war Frankreich wieder zu gleitenden Zollbindungen bereit. Bevorstehende Zollerhöhungen gestalteten die Verhandlungen, die zum Provisorium v. 5. VIII. 1926 führten, hinsichtlich der Zollbindungen schwierig.

Deutschland gewährte wieder für seine im Provisorium v. 5. VIII. 1926 aufgeführten Vertragssätze absolute Zollbindung. Sehr kompliziert ist dagegen die französische Regelung der Zollbindung, für deren Formulierung Serruys verantwortlich gemacht worden ist [5]). Zunächst wurde für die gewährten

[1]) Zeichnungsprotokoll z. Frühgemüseabkommen v. 12. II. 1926.
[2]) Frühgemüseabkommen v. 12. II. 1926, Art. 2, Abs. 3.
[3]) Frühgemüseabkommen v. 12. II. 1926, Art. 2, Abs. 4.
[4]) Frühgemüseabkommen v. 12. II. 1926, Art. 2, Abs. 5.
[5]) Vgl. Industrie- und Handels-Zeitung, Nr. 144, v. 23. VI. 1928.

Minimaltarifsätze grundsätzlich an der gleitenden Zollbindung nach Art des Protokolls v. 19. XII. 1925 festgehalten. Dem Provisorium wurde eine eigene Liste C als Bindungsliste beigegeben, welche die Waren aufführte, die Zollbindung erhalten sollten. Es wurden von ihr nur Täschnerwaren und einige Chemikalien ausgenommen, denen Frankreich zwar den Minimaltarif, nicht aber Zollbindung gewährte. Deutschland mußte jedoch Frankreich zugeben, daß seit der letzten französischen Zollerhöhung im April 1926 bis zum August 1926 eine große Verschlechterung der französischen Valuta — es war die Zeit der sprunghaften Frankenstürze — eingetreten wäre, welche durch eine Zollerhöhung, für die 30% in Anschlag gebracht wurden, ausgeglichen werden müßte. Diese 30proz. Zollerhöhung sollte auf die oben erwähnte gleitende Zollbindung keinen Einfluß haben, die damit erst nach ihr wirksam werden würde [1]). Die deutschen Waren, denen Frankreich Zwischentarifsätze eingeräumt hatte, erhielten die Prozentsätze gebunden, gleichgültig, wie sich die Zollsätze, Erhöhungen und Zuschläge verändern sollten. Nur hinsichtlich der vorgesehenen 30proz. Zollerhöhung durchbrach man dieses Prinzip, insofern für sie nicht die Prozentsätze, sondern die Zollsätze gebunden wurden und die Prozentsätze neu berechnet werden sollten. Dies hatte den Vorteil, daß damit verschiedene deutsche Waren in den Genuß des neuen Minimaltarifs kommen würden, ausgeschlossen sollte es jedoch sein, daß die so errechneten Sätze unter dem neuen erhöhten Minimaltarif zu liegen kämen. Im letzteren Fall sollten die betr. Waren nur den neuen Minimaltarif erhalten [2]).

Die 30proz. Zollerhöhung fand noch im August 1926 statt (Dekret v. 14. VIII. 1926).

Die Formulierung der französischen Zollbindung im August-Provisorium ist außerordentlich verwickelt und unübersichtlich. Sie hat in Deutschland, aber auch in Frankreich, den lebhaftesten Unwillen in den Wirtschaftskreisen hervorgerufen. Man erklärte, daß die Verfasser jenes Art. 3 die Berechnungen, die durch diesen Artikel nötig geworden wären,

---

[1]) Provisorium v. 5. VIII. 1926, Art. 3.

[2]) Provisorium v. 5. VIII. 1926, Art. 3

selbst hätten anstellen sollen, dann würde man künftig vor solchen Konstruktionen sicher sein [1]). Berücksichtigen muß man jedoch, daß es sich um eine provisorische Regelung für eine noch in der Inflation steckende Volkswirtschaft mit auf Papierfranken aufgebautem Zollsystem handelte, bei der die üblichen Methoden der Zollbindung versagen mußten.

Die weiteren Verhandlungen brachten in der Zollbindungsfrage gegenüber dem Protokoll v. 19. XII. 1925 nichts Neues. Das Protokoll v. 10. III. 1927 stellte nur die gegenseitige Bereitwilligkeit zur Sicherung der Beständigkeit der Handelsbeziehungen durch Zollbindungen fest.

Der Bokanowski-Tarif sah eine Bindung der französischen Zölle an den Großhandelsindex in einer Form vor, die der Regelung des Protokolls v. 19. XII. 1925 entsprach, dehnte sie aber auch auf Zollherabsetzungen aus, für welche er, in Beziehung zu den beiden 30proz. Erhöhungen des Jahres 1926, eine Untergrenze von 60% bestimmte, die Festsetzungen sollten vierteljährlich durch Dekret des Ministerrates erfolgen [2]). Die Formulierung des Bokanowski-Tarifs ist dann in das Handelsabkommen v. 17. VIII. 1927 eingegangen.

bb) Ein- und Ausfuhrverbote.

Treibende Kräfte.

Sowohl auf deutscher wie auf französischer Seite bestand der Wunsch, die vorhandenen Ein- und Ausfuhrverbote, sofern sie den beiderseitigen Warenaustausch betrafen, wechselseitig abzubauen. Man wollte nur nicht ohne entsprechende Vorteile diese Waffe aus der Hand geben. Die Tätigkeit des Comité Economique des Völkerbundes, in dem beide Staaten mitwirkten, auf eine Aufhebung der Ein- und Ausfuhrverbote, wie sie in dem Entwurf v. 30. IX. 1925 zum Ausdruck kam, blieb auf die Verhandlungen nicht ohne Wirkung.

---

[1]) Industrie- und Handels-Zeitung, Nr. 144 v. 23. VI. 1928.

[2]) Projet de loi portant revision du tarif général des douanes. Doc. parl. Chamb. No. 3352. Art. 2: Rajustement des droits de douane. Motifs: pag. 286. Projet: pag. 351.

Hemmende Kräfte.

Hemmend wirkte auf die Verhandlungen vor allem, daß man durch die provisorischen Regelungen beiderseits keine genügenden Kompensationen für die generelle Aufhebung der Ein- und Ausfuhrverbote erhalten hatte. Frankreich versteifte sich besonders auf sein Teerfarbeneinfuhrverbot, mit dem es in den Chemieverhandlungen von der deutschen chemischen Industrie Zugeständnisse herausholen wollte. Es hielt dieses Verbot auch im Handelsabkommen v. 17. VIII. 1927 noch für eine bestimmte Zeit aufrecht. Im Interesse der Saarwirtschaft mußte Deutschland darauf bedacht sein, die Möglichkeit von Kohleneinfuhrverboten, von der Frankreich im Juli 1925 Gebrauch machte, zu beseitigen.

Verlauf.

In dem Protokoll v. 12. X. 1924 erklärte sich Deutschland bereit, die Einfuhrfreiheit im allgemeinen herzustellen, und wo dieses nicht möglich sein würde, der französischen Einfuhr Kontingente zu gewähren. In dem Frühgemüseprovisorium v. 12. II. 1926 und in dem Provisorium v. 5. VIII. 1926 wurde vereinbart, daß beide Teile für die in den Abkommen aufgeführten Waren die Einfuhr nicht beschränken dürften [1]). Eine Änderung dieses Rechtszustandes trat bis zum Handelsabkommen v. 17. VIII. 1927 nicht ein. Es waren jedoch auf deutscher Seite die meisten Einfuhrverbote inzwischen gefallen infolge der deutschen Zolltarifrevision v. 17. VIII. 1925, die den größten Teil der Ein- und Ausfuhrverbote beseitigte, der Auswirkungen der Handelsvertragsverhandlungen Deutschlands mit dritten Ländern und durch das Eintreten Deutschlands für den oben erwähnten Entwurf des Comité Economique. Auch auf französischer Seite waren nur noch verhältnismäßig wenige Ein- und Ausfuhrverbote in Kraft.

---

[1]) Frühgemüseprovisorium v. 12. II. 1926, Art. 3; Provisorium v. 5. VIII. 1926, Art. 4 (vorbehaltlich gewisser Ausnahmen aus Gründen der Sicherheit des Staates und Gebietes, des Schutzes von Menschen, Tieren, Pflanzen, eines Staatsmonopols).

c) Die Verhandlungen über die Niederlassung. Treibende Kräfte.

Bei beiden Verhandlungspartnern war das Bestreben vorhanden, in der Frage der Niederlassung von Staatsangehörigen und Gesellschaften im Gebiete des anderen Teils zu einer umfassenden vertraglichen Regelung zu kommen. Die Bedeutung der Niederlassung für den internationalen Handelsverkehr liegt klar zu Tage. Die Errichtung von Filialen, der Ausbau eines großen Verkaufs- und Werbeapparates, die Marktbearbeitung von Handlungsreisenden im Ausland können nie durch den schriftlichen Verkehr zwischen Käufer und Verkäufer, die sich in verschiedenen Ländern befinden, ersetzt werden. Die Anpassung an die jeweiligen Bedürfnisse und Geschmacksrichtungen, das schnelle Erfassen der Konjunkturbewegungen erfordern große Vertrautheit mit den betreffenden Marktverhältnissen, die nur durch unmittelbare Beobachtung an Ort und Stelle erworben werden kann. Dazu kam in den deutsch-französischen Verhandlungen über die Niederlassungsfrage noch folgendes Moment. Beide Länder befanden sich in einer durch den Krieg und die Nachkriegszeit hervorgerufenen Stimmung gegenseitigen Mißtrauens und Feindschaft. Propaganda gegen die Artikel des anderen Landes, von verschiedenen Seiten aus betrieben, kam beiderseits vor. Eine Beseitigung dieser psychischen Hemmungsmomente für einen gegenseitigen Güteraustausch war durch persönliche Fühlungnahme möglich, nicht aber durch rein schriftlichen Verkehr. Von diesem Gesichtspunkt war auch die Frage der auswärtigen Handelsvertreter zu betrachten; es war verständlich und entsprach auch Vorkriegsgewohnheiten, daß man für Vertretungen im Auslande lieber Staatsangehörige des eigenen Landes als des fremden haben wollte.

Frankreich hatte durch den Versailler Vertrag bis zum 10. I. 1925 in der Niederlassungsfrage immerhin noch die Meistbegünstigung in Deutschland genossen. Deutschland hatte aber seine ehemalige große Absatzorganisation und sein bedeutendes Filialnetz in Frankreich infolge der autonomen Behandlung seitens Frankreichs noch nicht wieder aufbauen können.

Hemmende Kräfte.

Hemmend wirkten verschiedene französische gesetzliche Bestimmungen, die sich hauptsächlich auf die Zulassung von Gesellschaften bezogen. Die Verweigerung des Meistbegünstigungsprinzipes in der Niederlassungsfrage durch Frankreich scheint aus taktischen Gründen zu erklären zu sein.

Verlauf.

Über die Niederlassungsfrage verhandelte man in dem ersten Verhandlungsabschnitt sehr lange ergebnislos. Bis in den Juli 1925 hinein verweigerte Frankreich hartnäckig die Anwendung der Meistbegünstigung auf dieses Gebiet. Erst kurz vor der Unterbrechung der Verhandlungen am 11. VII. 1925 gestand es die Meistbegünstigung für die Niederlassung physischer Personen zu, für die Niederlassung der Gesellschaften hatte man eine abweichende Kompromißlösung gefunden.

Das Frühgemüseprovisorium v. 12. II. 1926 brachte nur eine Teillösung[1]), indem beide Staaten für den Handel mit den im Frühgemüseprovisorium aufgeführten Erzeugnissen keine Beschränkung der Einreise und Niederlassung der Staatsangehörigen des anderen Landes erlassen durften und für die Behandlung von Handlungsreisenden und Mustern die Meistbegünstigung anwandten. Das Gleiche galt für das Zusatzabkommen v. 8. IV. 1926[2]).

Die grundsätzliche Lösung wurde im Provisorium vom 5. VIII. 1926 in einem sehr ausführlichen Statut niedergelegt[3]), welches die Niederlassungsfragen in den allgemein in Handelsabkommen üblichen Formen erledigte[4]). Für die Niederlassung, Ausübung der Gewerbetätigkeit und Vermögenserwerb der beiderseitigen Staatsangehörigen im Gebiet des anderen Staates wurde die Meistbegünstigung angewandt, hinsichtlich der Steuern, Gebühren, Enteignungen, Requisi-

[1]) Frühgemüseprovisorium v. 12. II. 1926, Art. 4.

[2]) Zusatzabkommen v. 8. IV. 1926, Art. 3.

[3]) Provisorium v. 5. VIII. 1926, Art. 8 und 9.

[4]) Denkschrift zum Provisorium v. 5. VIII. 1926. Reichstagsdrucksachen. III. Wahlperiode. 1924/26. Nr. 2615. S. 104.

tionen die Inländerbehandlung. Den Handlungsreisenden war freie Ausübung ihrer Tätigkeit im Gebiet des anderen Vertragspartners garantiert[1]).

Der Niederlassung von Handelsgesellschaften des einen Staates, Ausübung der Gewerbetätigkeit und Vermögenserwerb im Gebiet des anderen Staates sollten keine Hindernisse bereitet werden. Ihre Gesetzmäßigkeit war nach dem Gesellschaftsstatut und den Gesetzen ihres Heimatlandes zu beurteilen. Ihre Geschäftstätigkeit fiel unter die Vorschriften des Landes, in der sie ausgeübt wurde. Für den Vermögenserwerb galt Meistbegünstigung, hinsichtlich der Steuern, Gebühren, Enteignungen, Requisitionen Inländerbehandlung.

d) Die Verhandlungen über die Kolonien, Niederlassungen, Protektorate und Mandatsgebiete.

Treibende Kräfte.

An einer vertraglichen Ausgestaltung der handelspolitischen Beziehungen zwischen Deutschland und den französischen Kolonien, Niederlassungen, Protektoraten und Mandatsgebieten war ersteres am meisten interessiert. Von den verschiedenen Interessen, die Deutschland in der Frage des Güteraustausches, der Niederlassung und der Schiffahrt mit dem französischen Kolonialbesitz verbanden, waren die meisten auf die ehemaligen deutschen Kolonien Togo und Kamerun, deren größter Teil französisches Mandatsgebiet geworden war, gerichtet. Zu diesen Gebieten wollte sich Deutschland in den Verhandlungen in erster Linie einen Zugang verschaffen. Die Möglichkeiten eines größeren Güteraustausches mit Deutschland boten die nordafrikanischen Besitzungen und Indochina. Frankreichs Interesse in der Kolonialfrage konzentrierte sich auf die zolltarifarische Meistbegünstigung seiner Kolonien, Niederlassungen, Protektorate und Mandatsgebiete durch Deutschland.

---

[1]) Provisorium v. 5. VIII. 1926, Art. 10.

Hemmende Kräfte.

Frankreichs Kolonialpolitik tendierte nach einer möglichsten Beschränkung der wirtschaftlichen Interessen anderer Staaten in seinem Kolonialbesitz, den es sich ausschließlich vorbehalten wollte. Hierzu boten einerseits die koloniale Schutzzollpolitik und die Vorzugsbehandlungen, die sich Frankreich und seine kolonialen Besitzungen untereinander gewährten, eine Handhabe, andererseits die grundsätzliche Ablehnung irgendwelcher vertraglicher Zugeständnisse in der kolonialen Niederlassungsfrage. Am sprödesten zeigte sich Frankreich in letzterem Punkte bezüglich Marokkos, in welchem allerdings während der Verhandlungen Aufstände stattfanden, die Frankreich in der Ablehnung der Niederlassung für dieses Gebiet sicher mitbestimmt haben.

Verlauf.

Deutschland versuchte vom Beginn der Verhandlungen an, die französischen Kolonien, Niederlassungen, Protektorate und Mandatsgebiete in die abzuschließenden Abkommen, sowohl Definitivum wie Provisorium, einzubeziehen, ohne zunächst irgendwelche Erfolge zu erzielen. Die deutsche Note vom 29. IX. 1925 behandelte auch die Kolonialfrage und wies darauf hin, daß die Verhandlungen im Reichstag bei anderen Handelsverträgen gezeigt hätten, daß ein Vertrag ohne Einbeziehung der Kolonien kaum angenommen werden würde. Die Note spielte hierbei auf den deutsch-englischen Handelsvertrag an. Die französische Note vom 27. X. 1925 erklärte nur, daß Deutschland mit seinem Eintritt in den Völkerbund hinsichtlich der Mandatsgebiete den anderen Völkerbundsmitgliedern automatisch gleichgestellt würde, schwieg sich aber über die Frage der französischen Kolonien, Niederlassungen und Protektorate aus.

Die Frühgemüseprovisorien vom 12. II. und 8. IV. 1926 zogen zwar Algerien in ihren Geltungsbereich ein, waren aber ohne große wirtschaftliche Bedeutung. Erst das Provisorium vom 5. VIII. 1926 regelte die Kolonialfrage in umfassender Weise. Ausgeschlossen blieben davon nur Indochina und Marokko, ersteres weil hierüber Frankreich sich zunächst mit dem Hauptinteressenten Japan verständigen wollte [1]), letzteres wohl hauptsächlich wegen des Kabylenaufstandes, der 1926 noch in vollem Gange war. Vollinhaltlich wurde das Provisorium auf Algerien angewendet. Für die übrigen französischen Kolonien, Niederlassungen, Protektorate und Mandatsgebiete gab Frankreich Deutschland folgende Zugeständnisse.

Auf zollrechtlichem Gebiet bekam Deutschland in den assimilierten Kolonien die gleichen prozentualen Abschläge vom französischen Zolltarif, die es im Provisorium für seine Einfuhr in das Mutterland erhalten hatte [2]), in den nicht assimilierten Kolonien und Niederlassungen und in den Protektoraten und Mandatsgebieten die niedrigsten Zollsätze, die auf Grund von Tarifmaßnahmen einem dritten Lande, ausgenommen Frankreich und seinen Kolonien, Niederlassungen, Protektoraten und Mandatsgebieten, gewährt waren und würden [3]).

In der kolonialen Niederlassungsfrage bestand eine große Schwierigkeit insofern, als sie von Frankreich grundsätzlich in seinen Handelsverträgen nicht geregelt wurde [4]). Infolgedessen versprach Frankreich in den Zusatzerklärungen zum Provisorium nur, die Gesuche deutscher Staatsangehöriger auf Zulassung zu den französischen Kolonien, Niederlassungen und Mandatsgebieten mit Wohlwollen zu prüfen und der Regierung von Tunis zu empfehlen, das Gleiche zu tun. Frankreich erklärte ferner, daß es die Absicht habe, den zugelassenen Deutschen die Meistbegünstigung hinsichtlich des Schutzes der Personen, Güter, Ausübung des Berufes und Erwerbs von Eigentum zu geben unter Ausnahme der Rechte, die den französischen Staatsangehörigen vorbehalten wären. Eine gleiche Haltung wollte es der tunesischen Regierung empfehlen [5]).

---

[1]) Denkschrift zum Provisorium v. 5. VIII. 1926. Reichstagsdrucksachen. III. Wahlperiode. 1924/26. Nr. 2615. S. 104.

[2]) Provisorium v. 5. VIII. 1926, Art. 14, Abs. 1.

[3]) Provisorium v. 5. VIII. 1926, Art. 14, Abs. 2.

[4]) Denkschrift z. Provisorium v. 5. VIII. 1926. Reichstagsdrucksachen, III. Wahlperiode. 1924/26. Nr. 2615. S. 104.

[5]) Zusatzerklärungen zum Provisorium v. 5. VIII. 1926: Rege-

Die Warenausfuhr der französischen Kolonien, Niederlassungen, Protektorate und Mandatsgebiete nach Deutschland wies im allgemeinen die gleichen Tendenzen wie die Ausfuhr des Mutterlandes nach Deutschland auf: ein Ansteigen 1924 und 1925, ein Absinken 1926. Diese Tendenz zeigte sich sowohl mengenmäßig wie wertmäßig [1]). Die deutsche Ausfuhr nach dem französischen Kolonialreich nahm in der Zeit von 1924 bis 1926 mengenmäßig und wertmäßig stetig zu, wenn auch in einzelnen Gebieten kleinere abweichende Schwankungen festzustellen waren [1]).

e) Die Verhandlungen über die elsaß-lothringischen Kontingente.

Für die Aufnahme elsaß-lothringischer Kontingente in ein deutsch-französisches Handelsabkommen waren drei grundsätzliche Typen möglich. Einmal konnten die bisherigen zollfreien Kontingente verlängert werden. Dies hätte das weiteste Entgegenkommen Deutschlands bedeutet. Es konnten aber auch nur zollbegünstigte Kontingente in Frage kommen, wobei der Umfang der Begünstigungen begrenzt sein würde nach unten durch die Zollfreiheit, nach oben durch die Zollvergünstigungen, die Frankreich allgemein von Deutschland erhalten würde. Das geringste deutsche Zugeständnis hätten zollgebundene Kontingente dargestellt, in denen Deutschland etwa für Waren des elsaß-lothringischen Ausfuhrinteresses die an Frankreich allgemein gewährten Zollvergünstigungen gebunden hätte. Selbstverständlich wären auch Kombinationen der drei Typen möglich gewesen.

Treibende Kräfte.

Die elsaß-lothringische Wirtschaft in ihrer Gesamtheit war für eine Verlängerung der zollfreien Kontingente des

lung für die französischen Kolonien, Protektorate und Mandatsgebiete.

[1]) Quelle: Statistik des Deutschen Reichs: Band 319, V, S. 71 ff., 83 ff., 93 ff., 103 ff., 112 ff., 123 ff., 160 ff.; 319, VII, S. 73 ff.; 319, VIII, S. 54 ff.; 319, III, S. 53 ff; Band 330 B, V, S. 10 ff., 67 ff., 89 ff.; 330 B, VI, S. 44 ff.; Band 339, II, S. 100/113, 130/131; Band 351, II, S. 102/115, 134/135.

Versailler Vertrages, indem sie darauf hinwies, daß ihr Umstellungsprozeß auf die französische Wirtschaft, der ihr durch das einstweilige Erhalten ihres alten Marktes in Deutschland mittels der zollfreien Kontingente erleichtert werden sollte, noch nicht vollzogen sei. Die deutsche Inflation habe zudem die Ausfuhr nach Deutschland gedrosselt. Die elsaß-lothringische Wirtschaft zog Parallelen zur Lage des Saargebietes. Elsaß-Lothringen wie das Saargebiet hätten vor dem Kriege ihren wichtigsten Markt in Deutschland gehabt. Einen Ersatz hätten sie bisher nicht finden können. Sie wären noch auf den deutschen Absatz angewiesen. Deutschland jedoch wäre zwar geneigt, dem Saargebiet Zugeständnisse zu machen und dessen schwierige Lage anzuerkennen, nicht aber Elsaß-Lothringen. Dies könnte Elsaß-Lothringen nicht zulassen; denn es besäße Prioritätsrechte auf Schutz und Unterstützung seitens Frankreichs, da es staats- und zollrechtlich Frankreich einverleibt sei, während das Saargebiet nur zollrechtlich mit Frankreich verbunden wäre. Auf keinen Fall dürfte das Saargebiet Vergünstigungen erhalten, wenn Elsaß-Lothringen keine bekäme.

Im einzelnen traten folgende Wirtschaftsgruppen Elsaß-Lothringens mit besonderen Ansprüchen für Verlängerung der zollfreien Kontingente hervor.

Zunächst verlangte die eisenschaffende Industrie des alten Reichslandes eine Verlängerung der bisherigen Kontingente. Sie sah in ihnen die Möglichkeit, ihre überschüssige Eisenproduktion weiter in Deutschland abzusetzen, dieses dadurch in Abhängigkeit vom lothringischen Eisen bekommen und eine möglichst hohe Produktion aufrecht erhalten zu können. Den altfranzösischen Werken schien dieser Ausweg als der gangbarste zur Verhinderung eines scharfen Konkurrenzkampfes mit den elsaß-lothringischen Werken auf dem französischen Binnenmarkt. Doch war man sich klar, daß damit keine Dauerregelung geschaffen werden könnte. Auch hatte der Gedanke einer internationalen Eisenverständigung bei den altfranzösischen und lothringischen Industriellen schon Fuß gefaßt. Sie waren für eine Verlängerung der zollfreien Kontingente, soweit sie die eisenschaffende Industrie betrafen, für die Übergangszeit bis zur Eisenverständigung. Der Vertreter der Interessen der lothringischen Schwerindustrie war der Präsident der Metzer Handelskammer de Wendel. Er versuchte, auch England auf seine Seite zu ziehen, indem er darauf hinwies, daß bei Wegfall der Kontingente sich die elsaßlothringische Produktion auf den Weltmarkt werfen und damit England schädigen würde [1]).

Mit dem Beginn der privaten Eisenpaktverhandlungen ließ jedoch das Interesse der elsaß-lothringischen eisenschaffenden Industrie an den Kontingenten nach. Der Eisenpakt versprach eine bessere Lösung.

Das weitaus größte Interesse an der Beibehaltung der Kontingente hatte die elsaß-lothringische Textilindustrie. Die elsaß-lothringischen Textilkontingente, hauptsächlich für Baumwollgarne, Baumwollgewebe und Wollgewebe, hatten eine große Bresche in die auf diesem Gebiete starke deutsche Zollmauer geschlagen, durch die aber auch ein beträchtlicher Teil von Textilprodukten Altfrankreichs eingeströmt sein mußte, wie aus dem Interesse der Handelskammer Roubaix-Tourcoing und verschiedener altfranzösischer Kreise der Baumwoll- und Seidenindustrie hervorging. Die Möglichkeit, durch einen geringen Bearbeitungsprozeß (Dekatieren, Appretieren) in Elsaß-Lothringen die Ware zu einer elsaß-lothringischen zu machen, war gegeben.

Ein weiterer Interessent für die Beibehaltung der Kontingente war die elsässische Textilmaschinenindustrie. Auch sie war von der Vorkriegszeit her am deutschen Markt interessiert.

Schließlich sind noch die Kreise der altfranzösischen keramischen und Glasindustrie zu erwähnen, die in Verbindung mit der Sonderregelung für die saarländische Glas- und Keramindustrie auch den elsaß-lothringischen Zweigen dieser Industrien einen begünstigten Absatz nach Deutschland ermöglichen wollten, um einen Konkurrenzkampf auf dem französischen Binnenmarkt zu entgehen. Hierüber ist in einem anderen Zusammenhang schon gehandelt worden [2]).

---

[1]) Industrie- und Handels-Zeitung v. 17. X. 1924.

[2]) Vgl. Seite 48/51.

Die französische Regierung trat aus formalen Gründen für eine Verlängerung der Kontingente ein, indem sie darlegte, daß Elsaß-Lothringen die Kontingente nicht voll hätte ausnutzen können. Deutschland sei deshalb „moralisch" verpflichtet, der elsaß-lothringischen Wirtschaft die Kontingente noch ein paar Jahre weiter zu gewähren.

Hemmende Kräfte.

Die Parallele, die man in Frankreich zwischen Elsaß-Lothringen und dem Saargebiet zog, um damit eine Unterlage für die Forderung nach Verlängerung der Kontingente zu schaffen, konnte für Deutschland aus dem gleichen Grunde, nämlich aus der staatsrechtlichen Zugehörigkeit des Saargebietes zu Deutschland, Elsaß-Lothringens zu Frankreich, nicht annehmbar sein. Elsaß-Lothringen war für Deutschland ein Teil Frankreichs, dem ein Recht zu irgendwelcher Vergünstigung wegen seiner früheren Zugehörigkeit zu Deutschland nicht zuerkannt werden konnte. Dagegen war das Saargebiet für Deutschland in der Lage eines „Kriegsgefangenen", wie man es treffend bezeichnet hat, dem die Heimat nach Möglichkeit helfen wollte.

Der schärfsten Ablehnung begegneten die elsaß-lothringischen Kontingentsforderungen bei der deutschen Textilindustrie und dem deutschen Textilmaschinenbau, die beide 1924 unter der Stabilierungskrise schwer zu leiden hatten. Sie wandten gegen die Kontingente vor allem ein, daß Elsaß-Lothringen durch die Frankeninflation eine Dumping-Konkurrenz auf dem deutschen Markt ausübe, die man unmöglich noch durch Kontingentsvergünstigungen erleichtern dürfte. Als in der zweiten Oktoberhälfte 1924 Raynaldy eine Informationsreise durch Elsaß-Lothringen unternahm und ihm beim Besuch der verschiedenen Handelskammern immer wieder die Forderung nach Verlängerung der Kontingente entgegengehalten wurde, die er auch zu erfüllen versprach, wandte sich die öffentliche Meinung in Deutschland scharf gegen die Kontingente. Die sächsischen Handelskammern, in deren Bezirken sich die am meisten interessierten Gebiete der Textilindustrie und des Textilmaschinenbaus befanden, richteten einen dringenden Appell an die Reichsregierung, in keine Textilkontingente zu willigen [1]). Das Gleiche tat die Handelskammer München, die gegen die gefährliche Verbindung der elsaß-lothringischen Kontingente mit Räumungsfragen opponierte [2]).

Einen unerwartet scharfen Widerstand erfuhren jedoch die elsaß-lothringischen Kontingente, speziell die Textilkontingente, von englischer Seite [3]). Die englische Textilindustrie, vor allem die von Lancashire, war in der Nachkriegszeit in eine schwere Krise gekommen, die hauptsächlich durch den Verlust überseeischer Märkte, deren Bedarf durch Eigenproduktion der betr. Länder gedeckt wurde, hervorgerufen war. Auf dem deutschen Markt war die englische Textilindustrie in der Nachkriegszeit in großem Ausmaß durch Elsaß-Lothringen verdrängt worden [4]). Die deutsche Inflation hatte die Einfuhr beschränkt. 1924 lag die englische Einfuhr noch sehr niedrig. So war die Einfuhr englischer Wollgewebe nach Deutschland von 24 140 dz im Jahre 1913 auf 2 395 dz 1924 gesunken, die Einfuhr englischer Baumwollgewebe von 60 145 dz 1913 auf 42 602 dz 1924 [5]). Elsaß-Lothringen hatte sich durch sein Valuta-Dumping an die Stelle Englands eingeschoben. Die Opposition der englischen Textilindustrie gegen eine Verlängerung der elsaß-lothringischen Kontingente rief in Frankreich große Bestürzung hervor und blieb infolge der Nachdrücklichkeit, mit der England auftrat, nicht ohne Wirkung. Die deutsche Position wurde dadurch gestärkt.

Die „moralische" Verpflichtung Deutschlands zur Verlängerung der Kontingente wurde von ihm abgelehnt. Keineswegs konnte aus einer ungenügenden Ausnutzung der Kontingente ein Rechtsanspruch ihrer Verlängerung begründet werden. Sie waren als Übergangsbestimmungen zur Erleich-

---

[1]) Deutsche Wirtschaftszeitung, Nr. 42, v. 22. X. 1924, S. 785/6.

[2]) Industrie- und Handels-Zeitung v. 2. XI. 1924; Deutsche Wirtschaftszeitung, Nr. 46, v. 18. XI. 1924, S. 868/69.

[3]) Vgl. Industrie- und Handels-Zeitung v. 10. XII. 1924.

[4]) Berliner Börsen-Zeitung v. 4. X. 1924.

[5]) Quelle: Statistik des Deutschen Reichs: Band 318, I, S. 47; Band 330, I, S. 6. Vgl. Stat. Jahrbücher für das Deutsche Reich 1924/25, 1926.

terung der Eingliederung Elsaß-Lothringens in das französische Wirtschaftsgebiet gedacht worden. Nach Ansicht der deutschen Regierung hätte man innerhalb der fünf Jahre ein entsprechendes neues Absatzgebiet für Elsaß-Lothringen finden müssen.

Verlauf.

Schon auf der Londoner Konferenz versuchte Frankreich, eine Verlängerung der bisherigen zollfreien elsaß-lothringischen Kontingente auf weitere drei Jahre zu erreichen, wobei es mit der Ruhrräumung als Lockmittel spielte. In dem ersten Verhandlungsabschnitt traten die elsaß-lothringischen Kontingente sehr in den Vordergrund. Das Protokoll vom 12. X. 1924 enthielt einen Passus, der die Aufnahme von Verhandlungen über die Kontingente vorsah. Die Vereinbarungen vom 28. II. 1925 brachten für das abzuschließende Provisorium das deutsche Zugeständnis, für gewisse Waren eines elsaß-lothringischen Ausfuhrinteresses zollbegünstigte Kontingente gewähren zu wollen, vorausgesetzt, daß andere, von Deutschland die Meistbegünstigung genießende Länder nicht ähnliche Forderungen stellen würden. Der Zollsatz für die Kontingente sollte im allgemeinen die Hälfte desjenigen, der für den Verkehr mit Frankreich vereinbart würde, betragen. Wo keine derartigen vereinbarten Zollsätze vorliegen würden, sollte er auf die Hälfte des autonomen deutschen Zolles festgelegt werden. Was die durch eine ähnliche Forderung seitens eines dritten, von Deutschland meistbegünstigten Landes entstehenden Schwierigkeiten betraf, so vertrat Deutschland die Auffassung, daß es die Aufgabe Frankreichs wäre, diese Schwierigkeiten aus dem Wege zu räumen. In dem Waffenstillstand der Vereinbarungen vom 28. II. 1925 versprach Deutschland, während der Verhandlungspause Elsaß-Lothringen, wie übrigens auch das Saargebiet, gegenüber dem übrigen französischen Zollgebiet nicht benachteiligen zu wollen.

Die Vereinbarungen vom 28. II. 1925 hatten in der elsaß-lothringischen Frage somit ein Nachgeben Deutschlands gebracht. Zwar war von einer Verlängerung der inzwischen abgelaufenen zollfreien Kontingente nicht mehr die Rede, aber die oben dargelegte Formulierung hatte den Charakter der

Kontingente als einer Übergangsregelung, wie sie der Versailler Vertrag auffaßte, doch abgeschwächt, da man nicht mehr von einer Erleichterung der Umstellung der elsaß-lothringischen Wirtschaft, sondern von der Anerkennung eines elsaß-lothringischen Ausfuhrinteresses ausging. Allerdings bezogen sich die Bestimmungen der Vereinbarungen vom 28. II. 1925 hinsichtlich der elsaß-lothringischen Kontingente nur auf das Provisorium.

In den weiteren Verhandlungen traten die elsaß-lothringischen Kontingente mehr in den Hintergrund, obwohl die Franzosen noch verschiedene Einzelwünsche vorbrachten. Die deutsche Delegation behandelte die Frage dilatorisch. Zum letzten Mal tauchten die elsaß-lothringischen Kontingente in den Besprechungen der Delegationsführer Trendelenburg und Chaumet im September 1925 und in dem sich daran anschließenden Notenwechsel auf. Unter den Anlagelisten, die mit der französischen Note vom 27. X. 1925 überreicht wurden, befand sich auch eine Liste derjenigen elsaß-lothringischen Produkte, die während neun Monate im Rahmen von Kontingenten eine Vorzugsbehandlung genießen sollten. Es waren darin von wichtigen Warengruppen aufgestellt: Textilmaschinen, Uhren- und Brillengläser, Leder, Kunstleder, wasserdichte Mäntel, Petroleum, Zement, Hopfen. Die Textilindustrie war ausgefallen. Es blieb aber bei der bloßen Forderung in der Note. Frankreich suchte in den Verhandlungen auf den einzelnen Interessengebieten durch Berücksichtigung speziell elsaß-lothringischer Ausfuhrinteressen einen Ersatz zu finden.

3. Die Verhandlungen auf wichtigen Interessengebieten.

a) Landwirtschaft.

In den Verhandlungen auf den Spezialgebieten der Landwirtschaft: Weinbau, Obstbau und Gemüsebau stand das französische Ausfuhrbedürfnis für deren Produkte im Mittelpunkt.

aa) Weinbau.

Treibende Kräfte.

Einer der wichtigsten Faktoren in den deutsch-französischen Wirtschaftsverhandlungen war der französische Weinbau. Er hat nicht nur innerhalb der Verhandlungen seines eigenen Interessenbezirks eine entscheidende Rolle eingenommen, sondern es zeigte sich in den Verhandlungen, insbesondere in der Frage der Meistbegünstigung, an den mannigfachsten Stellen seine Wirkung.

Deutschland war für den französischen Wein jederzeit ein guter Abnehmer gewesen, sodaß schon aus diesem Grunde der französische Weinbau an der möglichst weiten Öffnung des deutschen Marktes interessiert war. In dem früher erwähnten, durch die Verengung des Weltmarktes und der trotzdem noch hohen Weltproduktion in Wein hervorgerufenen, scharfen Wettkampf der weinbautreibenden Länder um die bestehenden Märkte hatte Frankreich gegenüber Deutschland bis 1924 durch seine politische Macht eine Vorzugsstellung auf dem deutschen Markt erlangt. Diese französische Vormachtstellung war beim Beginn der Verhandlungen sehr bedroht, da die fortschreitende politische Konsolidierung Europas Frankreich die Anwendung machtpolitischer Mittel zur Erlangung wirtschaftlicher Vorteile nach und nach unmöglich machte, wie sie Frankreich noch 1922 gegenüber Deutschland angewandt hatte, andererseits Deutschland sich 1924/25 in Handelsvertragsverhandlungen mit Spanien und Italien, den beiden anderen großen Weinbauländern befand, die zusammen mit Frankreich schätzungsweise über 80% der Weltproduktion an Wein repräsentierten. Der Druck auf den deutschen Weinzoll war in der Zeit von 1924 bis etwa Mitte 1925 außerordentlich stark.

Der französische Weinbau hatte politisch eine große Stoßkraft. Mehr als die Hälfte der damaligen Kammerdeputierten waren Vertreter von Weinbaubezirken und hatten sich in dieser Hinsicht zum größten Teil überparteilich zusammengeschlossen.

Verstärkend wirkte die sehr gute Weinernte des Jahres 1924 in Frankreich auf die französischen Wünsche für weitgehende deutsche Zollherabsetzungen für Wein. Die Weinernten der folgenden Jahre waren allerdings weniger gut, doch minderte dies den Druck des französischen Weinbaues in keiner Weise herab. Er wurde vielmehr mit der Länge der

Zeit immer größer, zumal es den anderen Weinbauländern gelang, sich mit Deutschland über den Weinzoll zu verständigen.

Hemmende Kräfte.

Den Forderungen des französischen Weinbaues stellte sich naturgemäß der deutsche Weinbau gegenüber. Die wirtschaftliche Unterlegenheit des deutschen Weinbaues gegenüber dem französischen war schon oben skizziert worden. Dem deutschen Weinbau war infolgedessen ein Zollschutz zuzubilligen. Durch die niedrigen Sätze für Wein in dem deutsch-spanischen Handelsabkommen vom 25. VII. 1924 fühlte sich der deutsche Weinbau in seiner Existenz schwer bedroht und machte eine lebhafte Protestaktion gegen dieses Abkommen auf mit dem Erfolge, daß das deutsch-spanische Abkommen, trotz Mißbilligung seitens der mit ihm im allgemeinen zufriedenen Industrie, gekündigt wurde. Dieses deutsch-spanische Handelsabkommen spielte mit seinem Weinzoll in den Verhandlungen bis etwa Mitte 1925 eine große Rolle.

Das eigentliche Hemmungsmoment für die Gewährung von Zollherabsetzung und Meistbegünstigung in Wein lag jedoch deutscherseits auf taktischem Gebiet. Die deutsche Delegation sah mit Recht in dem Wein das wichtigste Kompensationsobjekt, zumal nachdem die Eisenfrage aus den offiziellen Verhandlungen ausgeschieden war. Sie wollte deshalb die Meistbegünstigung in Wein nicht eher aushandeln, als bis genügende französische Zugeständnisse vorlagen. Vor allem wollte sie den Druck des französischen Weinbaues für die Gewährung der französischen Meistbegünstigung an Deutschland ausnutzen. Sie war auch gegen die Weggabe der deutschen Weinkonzessionen in einem Provisorium, um sich diese wichtigen Druckmittel für den Handelsvertrag, auf dessen Abschluß dadurch gedrängt wurde, aufzusparen.

Verlauf.

Die Tarifverhandlungen im Dezember 1924 brachten in der Weinfrage keine Ergebnisse. In den Verhandlungen vom

21. III. bis zum 7. IV. 1925, in denen man gemäß den Vereinbarungen vom 28. II. 1925 über ein Provisorium verhandelte, spielte der Wein die Hauptrolle. Deutschland verweigerte in seiner Liste A aus taktischen Gründen Frankreich die Meistbegünstigung für Wein, während Frankreich die erwähnten spanischen Sätze verlangte. Man gelangte zu keiner Verständigung. In dem Protokoll vom 7. IV. 1925 wurde vereinbart, daß die neue deutsche Liste A keine wesentlichen französischen Ausfuhrartikel treffen sollte. Die deutsche Delegation machte hierzu einen Vorbehalt, von dem die französische Delegation Kenntnis nehmen wollte. Auf diesen Vorbehalt bezog sich der Notenwechsel vom 7. IV. 1925. Die deutsche Note erklärte, daß aus Gründen, die der französischen Delegation bekannt wären, Deutschland gegenwärtig nicht in der Lage wäre, Frankreich die Meistbegünstigung für Wein zu gewähren. Doch könnten diese Gründe bald hinfällig werden. Die französische Note vom gleichen Datum gab in etwas gewundener Form ihre Zustimmung, daß diese Regelung den Abmachungen des Protokolls vom 7. IV. 1925 entspräche. Die Gründe, auf die sich der Notenwechsel bezog, waren die Protestaktion des deutschen Weinbaues gegen das deutsch-spanische Handelsabkommen vom 25. VII. 1924 und dessen bevorstehende Kündigung.

In den weiteren Verhandlungen gelang es Deutschland, Frankreich lange Zeit die Meistbegünstigung in Wein vorzuenthalten. Dieser deutschen Taktik war auf dem Gebiete der Meistbegünstigungsverhandlungen der in jenem Zusammenhang erwähnte große Erfolg Ende 1925 vorbehalten. Als Deutschland auch für das Provisorium des Sommers 1926 auf seiner Verweigerung der Meistbegünstigung für Wein bestand, drohten die Verhandlungen über das Provisorium zu scheitern. Man fand schließlich einen Ausweg insofern, als Deutschland Frankreich neben Konzessionen in Likören, Obstwein, Obst, Gemüse für den Wein Kompensationen auf dem Textilgebiet gab.

Inzwischen wurde der Druck des französischen Weinbaues auf die französische Regierung immer größer, sodaß diese das Protokoll v. 16. II. 1927 nur unter einem Kündigungsvorbehalt unterzeichnete für den Fall, daß bestimmte Wünsche auf Änderung der bisherigen Regelung von Deutschland nicht berücksichtigt werden sollten. Diese Wünsche bezogen sich auf den Weinbau. Da die französische Regierung sich innerpolitisch so auf die Erfüllung dieser Wünsche festgelegt hatte, daß das ganze bisherige Vertragswerk in Scherben gegangen wäre, und da zudem der Druck des französischen Weinbaues auf seine Regierung in der Meistbegünstigungsfrage zum Erfolg geführt hatte, verstand sich Deutschland dazu, in dem Verlängerungsabkommen v. 31. III. 1927 Frankreich ein Weinkontingent von 70 000 dz gegen französische Zugeständnisse für den deutschen Maschinenbau, die Elektrotechnik und die Industrie der Schwerchemikalien zu geben.

Die Einfuhr von Wein und Most (incl. Obstwein u. a. weinähnlichen Getränken) aus Altfrankreich und Elsaß-Lothringen nach Deutschland sank von 364 663 dz 1924 auf 167 419 dz 1926. Die wenig ins Gewicht fallende Einfuhr aus Algerien zeigte die gleichen Tendenzen. 1927 brachte eine Zunahme der Weineinfuhr [1]).

bb) Obstbau.

Treibende Kräfte.

Wesentlich einfacher als beim Weinbau lagen die Verhältnisse hinsichtlich des Obstbaues. Das französische Ausfuhrbedürfnis war klar gegeben.

Hemmende Kräfte.

Ihm stellten sich auf deutscher Seite einmal taktische Erwägungen gegenüber, die die deutschen Obstzölle als Kompensationsobjekt verwenden wollten. Daneben stießen die französischen Zollwünsche auf Widerstand des deutschen Garten-

[1]) Quelle: Statistik des Deutschen Reichs: Band 318, II, S. 98, 121; Band 319, V, S. 100; Band 330 A, II, S. 2, 5; Band 330 B, V, S. 93; Band 339, II, S. 30, 32, 104; Band 351, II, S. 32, 34, 106. — Vgl. Monatliche Nachweise über den auswärtigen Handel Deutschlands, Jahrgänge 1924—1927. Stat. Jahrbücher für das Deutsche Reich 1924/25 bis 1927. Die angegebenen handelsstatistischen Zahlen betreffen hier wie auch sonst in der Arbeit stets den Spezialhandel.

baues, der für einige Produkte (z. B. Äpfel, Birnen, Pflaumen) mit Frankreich in unmittelbarer Konkurrenz auf dem deutschen Markte stand, andererseits durch den Import französischer Südfrüchte im Winter und Frühjahr eine Verdrängung seines Winterobstes befürchtete. In letzterem Punkte trafen sich seine, gegen Begünstigung des französischen Obstbaues gerichteten Bestrebungen mit denen der deutschen Konservenindustrie, die ihre Obstkonserven ebenfalls in jener Zeit hauptsächlich absetzte.

Verlauf.

Beim Beginn der Verhandlungen bestand für frisches Obst in Deutschland Zollfreiheit. Durch die Zolltarifrevision v. 17. VIII. 1925 wurden auch die Obstzölle wieder eingeführt. Das Frühgemüseprovisorium v. 12. II. 1926 brachte einige Konzessionen für Weintrauben, Apfelsinen, Mandeln und Datteln. Das Provisorium v. 5. VIII. 1926 erweiterte die Zugeständnisse für französisches Obst. Deutschland gab jedoch Frankreich die Meistbegünstigung für Äpfel nicht unbeschränkt. Die französischen Weinbauern drängten besonders auf raschen Abschluß des Provisoriums, um ihre Konzessionen für frische Tafeltrauben ausnutzen zu können.

Die Einfuhr in Obst und Südfrüchten aus Frankreich (einschließlich Elsaß-Lothringen) und seinen hierfür in erster Linie in Betracht kommenden Kolonien Algerien und Marokko (in der Statistik einschl. Tanger) nach Deutschland war in der Zeit der Verhandlungen von rund 796 000 dz im Jahre 1924 auf rund 340 000 dz im Jahre 1926 gesunken. Das Jahr 1927 brachte einen Aufschwung, ohne daß die Menge von 1913, die aus Altfrankreich und Algerien allein rund 2 666 000 dz betrug, erreicht wurde [1]).

---

[1]) Quelle: Statistik des Deutschen Reichs: Band 318, II, S. 98, 121; Band 319, V, S. 93 ff., 160 ff.; Band 330 A, II, S. 2, 5; Band 330 B, V, S. 89 ff.; Band 339, II, S. 30, 32, 104, 108; Band 351, II, S. 32, 34, 106, 110. — Vgl. Monatliche Nachweise über den auswärtigen Handel Deutschlands, Jahrgänge 1924—1927. Stat. Jahrbücher für das Deutsche Reich 1924/25 bis 1927.

cc) Gemüsebau.

Treibende Kräfte.

Das französische Ausfuhrbedürfnis für Gemüse (Küchengewächse, Frühgemüse) war stärker als das Ausfuhrbedürfnis des Obstbaues, konnte sich aber mit dem des Weinbaues an Stärke nicht vergleichen.

Hemmende Kräfte.

Auch diesem Bedürfnis setzte sich Deutschland in erster Linie aus verhandlungstaktischen Gründen entgegen, weil der Druck der französischen Gemüsebauern auf ihre Regierung für die Anwendung der Meistbegünstigung eine willkommene Unterstützung des in gleicher Richtung vorgehenden Weinbaues war. Als Deutschland die Meistbegünstigung grundsätzlich erreicht hatte, konnte es sich den Wünschen des französischen Gemüsebaues geneigter zeigen, zumal es ja immer noch das Pressionsmittel des Weinbaues besaß, welches unter dem Eindruck der Konzessionen für Obst und Gemüse noch mehr wirkte. Neben den taktischen Erwägungen auf deutscher Seite widerstanden der deutsche Gemüsebau und die deutsche Konservenindustrie größeren Konzessionen an Frankreich. Beide befürchteten ungünstige Auswirkungen auf den Absatz ihrer Produkte, die durch die französischen Waren, welche während der Frankeninflation auch ein Dumping ausüben konnten, vom deutschen Markt verdrängt werden könnten. Die deutsche Konservenindustrie wies besonders darauf hin, daß die Einfuhr des französischen frischen Frühgemüses gerade in die wichtigste Absatzzeit ihrer Gemüsekonserven falle, denen dadurch eine sehr gefährliche Konkurrenz erwachse.

Verlauf.

Die deutschen Zölle für Küchengewächse, 1924 noch aufgehoben, wurden mit der Zollrevision 1925 wieder eingeführt. Nach den großen Parlamentsdebatten in Frankreich Ende 1925 über die französische Handelspolitik war Deutschland bereit, dem französischen Gemüsebau für Frühgemüse in einem Provisorium, welches davon seinen Namen Frühgemüseprovisorium erhielt, für eine beschränkte Zeit größere Zugeständnisse zu machen. Das Frühgemüseprovisorium v. 12. II. 1926 sicherte dem französischen Gemüsebau ein Kontingent von 27 000 dz Frühgemüse, welches für drei Monate (1. III. 1926 — 31. V. 1926) seitens Deutschlands die Meistbegünstigung genießen sollte. Das Kontingent hatte schätzungsweise einen Wert von 1 Million RM [1]). Die 27 000 dz waren schon innerhalb von 14 Tagen aufgebraucht, fast ausschließlich von den Gemüsebauern Elsaß-Lothringens und der Bretagne, die von dem deutschen Markte nicht so entfernt waren wie die Gemüsebauern Südfrankreichs, die vor allem einerseits in jenen Debatten auf das Prinzip der Meistbegünstigung, andererseits auf das Frühgemüseabkommen gedrängt hatten [2]) und deren Gemüsesendungen an die deutsche Zollgrenze gelangten, als das Kontingent bereits erschöpft war. Die französische Regierung trat deshalb an die deutsche mit dem Wunsche heran, ihr für die Geltungsdauer des Frühgemüseprovisoriums noch ein weiteres Kontingent von 27 000 dz Frühgemüse gegen entsprechende französische Zugeständnisse zu geben. Dies geschah durch das Zusatzabkommen v. 8. IV. 1926. Auch dieses neue Kontingent wurde von dem deutschen Markt schnell aufgenommen, ohne nachteilige Wirkungen zu zeitigen. Das Frühgemüseprovisorium trug dem Saisoncharakter des französischen Exportinteresses Rechnung, daher auch sein unbestrittener Erfolg für Frankreich. In dem Provisorium v. 5. VIII. 1926 gewährte Deutschland dem französischen Gemüsebau weitgehend Meistbegünstigung. Eine Kontingentierung fand nicht statt.

Die Einfuhr französischen Gemüses (aus Altfrankreich und Elsaß-Lothringen) nach Deutschland während der Periode der Verhandlungen war größeren Schwankungen unterworfen. Von 71 944 dz im Jahre 1924 stieg sie auf 260 884 dz im folgenden Jahre, um 1926 ebenfalls von dem allgemeinen Rückgang der französischen Ausfuhr nicht verschont zu bleiben und auf 230 882 dz zurückzugehen. Mit der allgemeinen Belebung der

[1]) Denkschrift zum Frühgemüseprovisorium v. 12. II. 1926. Reichstagsdrucksachen. III. Wahlperiode. 1924/26. Nr. 1859. S. 12.

[2]) Denkschrift zum Zusatzabkommen v. 8. IV. 1926. Reichstagsdrucksachen. III. Wahlperiode. 1924/26. Nr. 2266. S. 6.

französischen Ausfuhr 1927 nahm auch der Export beträchtlich zu. Innerhalb der einzelnen Jahresausfuhren zeigen sich regelmäßig sehr große monatliche Schwankungen, die durch den Saisoncharakter der Produkte hervorgerufen werden. Besonders wichtig ist die Ausfuhr des Frühgemüses im Frühjahr [1]. Die Ausfuhr aus den französischen Kolonien war relativ gering.

b) Eisenschaffende Industrie.

Die Verhandlungen der eisenschaffenden Industrie zerfallen in zwei Hauptabschnitte, von denen der erste, vom Beginn der Verhandlungen bis zum Luxemburger Eisenpakt v. 16. VI. 1925 reichend, sich in erster Linie mit der Regelung der Ausfuhr der lothringischen, saarländischen und luxemburgischen eisenschaffenden Industrie nach Deutschland befaßte, während im zweiten Teil der Verhandlungen bis zum endgültigen Eisenpakt v. 30. IX. 1926 die Frage einer internationalen Rohstahlgemeinschaft in den Vordergrund gerückt war. Einleitend ist noch zu bemerken, daß die Verhandlungspartner das gestellte Problem als ein reines Absatzproblem der eisenschaffenden Industrie ansahen, als Erz-Kohle-Problem in der oben angedeuteten Form [2] wurde es am Anfang der Verhandlungen nur kurz, besonders von seiten der französischen Presse, betrachtet.

Treibende Kräfte.

Die deutsche eisenschaffende Industrie ging in den Verhandlungen ihres Interessengebietes auf eine Beschränkung der Einfuhr der französischen eisenschaffenden Industrie nach Deutschland aus. Die deutschen Eisenzölle bildeten für die Erreichung ihres Zieles das eine Mittel, welches aber infolge der Möglichkeit eines Valutadumpings seitens Frankreichs keinen genügenden Schutz bot. Die deutsche eisenschaffende

---

[1] Quelle: Statistik des Deutschen Reichs: Band 318, II, S. 98, 121; Band 330 A, II, S. 2, 5; Band 339, II, S. 30, 32; Band 351, II, S. 32, 34. — Vgl. Monatliche Nachweise über den auswärtigen Handel Deutschlands, Jahrgänge 1924—1927. Stat. Jahrbücher für das Deutsche Reich 1924/25 bis 1927.

[2] Vgl. Seite 28/30.

Industrie suchte deshalb durch eine private Verständigung mit der französischen eine Kontingentierung der französischen Einfuhr nach Deutschland zu erreichen. Im Anschluß an die deutsch-französische Verständigung war an eine internationale Eisenverständigung gedacht worden, die durch gemeinsame Produktionseinschränkungen dem scharfen Wettbewerb der Eisenindustrien der Welt Einhalt tun sollte. Die deutsche eisenschaffende Industrie befand sich, als sie sich zu einem derartigen Vorgehen anschickte, in einer Notlage. Ihre vor dem Kriege aktive Handelsbilanz wurde in der Nachkriegszeit zunehmend passiv. 1924 betrug die Gesamteinfuhr in Roheisen, Bruch und Abfällen nach Deutschland rund 312 000 t, von denen etwa 104 000 t auf Frankreich (einschließlich Elsaß-Lothringen) entfielen, die Einfuhr in Halbfabrikaten (Rohluppen, Röhren, Walzen, Stab- und Formeisen, Blech, Draht, Eisenbahnoberbaumaterial) betrug rund 990 000 t, davon 170 000 t von Frankreich (einschließlich Elsaß-Lothringen). Die Zahlen sind jedoch infolge der deutschen Zollverhältnisse an der Westgrenze ungenau. 1925 war die Gesamteinfuhr in Roheisen, Bruch, Abfällen auf 470 000 t gestiegen, der französische Anteil jedoch auf 72 000 t gesunken, die Gesamteinfuhr in Halbfabrikaten war auf 960 000 t gefallen, der französische Anteil daran auf 153 000 t [1]). Die Ausfuhr der deutschen eisenschaffenden Industrie nach Frankreich war relativ geringfügig.

Die französische eisenschaffende Industrie erhoffte von den Verhandlungen eine weitere Ermöglichung ihres Exportes nach Deutschland, für den seit dem 10. I. 1925 die zollfreien elsaß-lothringischen Kontingente wegfielen. Das Angewiesensein der französischen eisenschaffenden Industrie auf großen Export infolge eines nicht genügend aufnahmefähigen Binnenmarktes ist schon erörtert worden [2]). Hauptsächlich war die lothringische eisenschaffende Industrie am deutschen Markte

---

[1]) Quelle: Statistik des Deutschen Reichs: Band 317, S. 269; Band 318, II, S. 99, 122; Band 329, I, S. 2; Band 330, II, S. 3, 6. — Vgl. Monatliche Nachweise über den auswärtigen Handel Deutschlands, Jahrgänge 1924—1926. Stat. Jahrbücher für das Deutsche Reich 1924/25, 1926.

[2]) Vgl. Seite 26.

interessiert. Ihre alten Beziehungen mit der süddeutschen eisenverarbeitenden Industrie waren durch den Wegfall der Kontingente und durch die deutschen Eisenzölle erheblich getroffen und erhielten sich in erster Linie durch die Möglichkeit eines Valutadumpings. Das Bestreben der süddeutschen eisenverarbeitenden Industrie auf Erhaltung der alten Bezugsgebiete war der lothringischen Industrie wohl bekannt und konnte als eine Unterstützung ihrer Forderungen auf Einfuhrerleichterungen angesehen werden. Die schwierige Lage der deutschen eisenschaffenden Industrie, die sich am Beginn der Verhandlungen noch in ihrem Umstellungsprozeß befand, verstärkte die Stellung der französischen Konkurrenz.

Hemmende Kräfte.

Den privaten Verhandlungen der eisenschaffenden Industrie begegnete auf deutscher Seite Mißtrauen seitens der eisenverarbeitenden Industrie. Die deutsche eisenverarbeitende Industrie sah einmal in der Eisenfrage einen wichtigen deutschen Trumpf, der durch die privaten Verhandlungen ohne entsprechende Zugeständnisse für die deutsche Fabrikatenausfuhr nach Frankreich weggegeben zu werden schien. Diese Bedenken der deutschen eisenverarbeitenden Industrie wurden noch am Anfang der Verhandlungen durch eine Vereinbarung der deutschen eisenschaffenden und eisenverarbeitenden Industrie vom 18. XII. 1924 behoben. Auf Grund dieser Vereinbarung erklärte die deutsche eisenschaffende Industrie, nur dann zur Zulassung einer begrenzten Einfuhrmenge in französischem Roheisen und Halbzeug bereit zu sein, wenn die Wünsche der deutschen eisenverarbeitenden Industrie bezüglich der französischen Zölle in dem Handelsvertrage erfüllt sein würden.

Das zweite Bedenken der deutschen eisenverarbeitenden Industrie betraf die schon erörterte Eisenzollfrage [1]). Die deutsche eisenverarbeitende Industrie befürchtete durch die Eisenzölle eine Erhöhung der deutschen Inlandspreise in Eisen über das Niveau der Weltmarktpreise und damit eine so große Steigerung ihrer Produktionskosten, daß ihre Konkur-

[1]) Vgl. Seite 30/31.

renzfähigkeit auf dem Weltmarkt verloren gehen würde. Dieses Bedenken wurde noch verschärft, als in dem zweiten Abschnitt der Eisenverhandlungen die Kartellfrage im Mittelpunkt stand. Durch ein Eisenkartell war eine weitere Möglichkeit zu einer Eisenpreissteigerung gegeben. Es kam infolgedessen zu einem weiteren Abkommen (sogenannten Avi-Abkommen) zwischen der deutschen eisenschaffenden Industrie (vertreten durch die Vereinigten Stahlwerke, A.-G.) und der deutschen eisenverarbeitenden Industrie (vertreten durch die Arbeitsgemeinschaft der deutschen eisenverarbeitenden Industrie) vom 20. V. 1926[1]). Die deutsche eisenschaffende Industrie erklärte, daß das Ziel des Eisenpaktes nicht die Erhöhung der Inlandspreise in Eisen sei, womit jedoch kein Verzicht auf etwaige Konjunkturausnutzung ausgesprochen werden sollte. Hinsichtlich der süddeutschen eisenverarbeitenden Industrie wurde vereinbart, daß die von der deutschen eisenschaffenden Industrie übernommenen Einfuhrkontingente des Saargebietes, Lothringens und Luxemburgs von den Produzenten den deutschen Verkaufssyndikaten angedient, aber auf dem bisherigen, normalen Bezugsweg verkauft werden sollten. Die Preispolitik für Eisen sollte für Süddeutschland so gestaltet werden, daß sie etwa das Vorkriegsverhältnis zwischen norddeutschen und süddeutschen Eisenpreisen wieder herstellen würde. Die Ausfuhr der deutschen eisenverarbeitenden Industrie sollte durch den Eisenpakt in keiner Weise beeinträchtigt werden dürfen. Die Genehmigung des Eisenpaktes von der Reichsregierung sollte mit der Gewährung der französischen Meistbegünstigung de facto an die deutsche eisenverarbeitende Industrie in absehbarer Zeit verbunden werden. Unter diesen Voraussetzungen erklärte die deutsche eisenverarbeitende Industrie der eisenschaffenden keine Schwierigkeiten bereiten zu wollen und ihren Kampf gegen die deutschen Eisenzölle aufzugeben, die inzwischen durch die Zolltarifrevision vom 17. VIII. 1925 neu geregelt waren.

Ferner war, um die deutsche eisenverarbeitende Industrie vor einer Steigerung der deutschen Eisenpreise über den Weltmarktstand in gewisser Hinsicht zu schützen und um

[1]) Stahl und Eisen, Nr. 40 v. 7. X. 1926, S. 1383/84.

gleichzeitig ihre Exportfähigkeit zu heben, in einem besonderen Aviabkommen vereinbart worden, daß die Arbeitsgemeinschaft der deutschen eisenverarbeitenden Industrie Bescheinigungen über die Zahl der nachweislich ausgeführten Mengen Walzwerkserzeugnisse ausstellen konnte, die in Reichsmark den Unterschiedsbetrag zwischen Inlands- und Weltmarktpreisen anzugeben hatten. Diese Bescheinigungen konnten von den Abnehmern aus den Kreisen der eisenverarbeitenden Industrie bei ihren Aufträgen in Walzwerkserzeugnissen in Zahlung gegeben werden.

Ein Hemmnis für die privaten Verhandlungen der eisenschaffenden Industrie lag darin, daß im Gegensatz zu der straffen Kartellierung in Deutschland die Verbandsbildung in der französischen eisenschaffenden Industrie, die vor allem seit 1925 eine stärkere Tendenz zu Kartellgründungen aufwies, keine erheblichen Fortschritte erzielte.

Verlauf.

In dem ersten Abschnitt der Verhandlungen der eisenschaffenden Industrien Deutschlands und Frankreichs standen die Einfuhrkontingente für die französische eisenschaffende Industrie weitaus im Vordergrund. Da für diese Kontingente auch die Zollfrage herangezogen wurde, die Frage der eisenschaffenden Industrie überhaupt noch in enger Verbindung mit der Gesamtregelung der deutsch-französischen Wirtschaftsbeziehungen durch die allgemeinen Verhandlungen gedacht wurde, trugen die Verhandlungen in dieser ersten Epoche teils einen offiziellen, teils einen privaten Charakter.

Die Verhandlungen begannen mit den übrigen Einzelverhandlungen im November 1924. Die Vertreter der Interessengruppen beider Länder trafen sich im Büro des Comité des Forges, wobei sie mit Vertretern der anderen eisenschaffenden Länder Europas (England, Österreich, Tschechoslowakei, Belgien, Italien, Polen) Fühlung nahmen. Doch wollte man vor einer deutsch-französischen Eisenverständigung noch nicht an die Frage eines europäischen Eisenpaktes herangehen.

Neben diesen privaten Verhandlungen gingen die offiziellen Verhandlungen her, in denen Frankreich große Herabsetzung der deutschen Eisenzölle verlangte, Deutschland mit den Eisenzöllen des Regierungsentwurfes, der der deutschen Öffentlichkeit nicht bekannt war, operierte.

Nach mannigfachen Unterbrechungen und Vertagungen führten die privaten Verhandlungen der eisenschaffenden Industrien im Sommer 1925 zu einer zunächst grundsätzlichen Einigung zwischen Deutschland, dem Saargebiet, Frankreich und Luxemburg, welches als ehemaliges Zollvereinsmitglied mit altem Markt in Deutschland an den privaten Verhandlungen teilgenommen hatte, in dem sogenannten Luxemburger Eisenpakt vom 16. VI. 1925. Der Luxemburger Eisenpakt bezog sich auf die Einfuhr der französischen (lothringischen), saarländischen und luxemburgischen eisenschaffenden Industrie nach Deutschland, für die er ein jährliches Gesamteinfuhrkontingent von 1 750 000 t Eisen und Stahl vorsah, das sich wie folgt verteilen sollte:

Saargebiet	742 420 t
Frankreich	530 300 t
Luxemburg	427 280 t

Die an der Gesamtsumme von 1 750 000 t noch fehlenden 50 000 t waren Sonderkontingenten (z. B. für best. Röhren) vorbehalten (vgl. Seite 142).

Diese drei Gebiete verpflichteten sich, über ihre Kontingente hinaus weder Eisen noch Stahl nach Deutschland zu liefern. Für Luxemburg und Frankreich wurde die Zollfrage unberücksichtigt gelassen, d. h. der Export aus diesen Ländern sollte unter den autonomen deutschen Zoll fallen. Das Saargebiet sollte zollfreie Kontingente bekommen. Der Luxemburger Eisenpakt brachte den an der Einfuhr nach Deutschland beteiligten Ländern Kontingente, die zusammen die gesamte deutsche Einfuhr in Eisen und Stahl 1924 und 1925 weit übertrafen. Er stellte ein großes Zugeständnis seitens der deutschen eisenschaffenden Industrie dar.

Die Wirkungen des Luxemburger Eisenpaktes auf die deutsch-französischen Wirtschaftsverhandlungen zeigten sich einmal in dem Verzicht der französischen Regierung auf ihre anfänglich sehr hohen Forderungen auf Herabsetzung der deutschen Eisenzölle, da diese Forderungen von den französischen Interessenvertretern in den privaten Verhandlungen aufgegeben waren. Frankreich erklärte seine Zustimmung zu der Bindung der geltenden und, soweit Erhöhung beabsichtigt war, zu der Bindung der erhöhten deutschen Eisenzölle. Damit schieden zwar die Fragen der eisenschaffenden Industrie aus den offiziellen Verhandlungen nicht völlig aus, traten aber in den Hintergrund. Der Luxemburger Eisenpakt ermöglichte ferner das Zustandekommen des ersten Saarabkommens vom 11. VII. 1925.

Der Luxemburger Eisenpakt trat nie in Kraft, da der Handelsvertrag, an den er sich gebunden hatte, zunächst nicht zustande kam. Der Versuch, ihn für das Saargebiet teilweise in Anwendung zu setzen, scheiterte.

In dem zweiten Abschnitt der Verhandlungen über die eisenschaffende Industrie, der etwa Ende 1925 einsetzte, ergab sich eine völlig neue Situation. Die Kontingentsfrage trat in den Hintergrund. Sie spielte nur noch in den Verhandlungen über die eisenschaffende Industrie des Saargebietes eine Rolle, in denen auch die Zollbindung und Meistbegünstigung in Eisen behandelt wurden. In den allgemeinen deutsch-französischen Verhandlungen der eisenschaffenden Industrie behauptete die Kartellfrage den Vorrang. Es war dies daraus zu erklären, daß für die Kontingente in dem Luxemburger Eisenpakt zunächst eine grundsätzliche Einigung vorlag.

Der Charakter der Kartellverhandlungen, deren wesentlichster Punkt die Quotenfestsetzung war, brachte es mit sich, daß die Delegationen beider Regierungen aus den allgemeinen Verhandlungen, die einen rein privaten Charakter annahmen, schieden. Die Regierungen wurden jedoch fortlaufend informiert und waren auch auf dem Teilgebiete der Saar weiterhin offiziell tätig. Gleichzeitig fielen die privaten Eisenpaktverhandlungen zum größten Teil aus dem Rahmen der deutsch-französischen Wirtschaftsverhandlungen als Verhandlungen zur Regelung des beiderseitigen Güteraustausches heraus. Es traten dazu neben Deutschland und Frankreich Belgien mit Luxemburg als neue Verhandlungspartner auf. Der Beitritt weiterer Interessenten war möglich. Selbstverständlich liefen immer noch Beziehungen zu den deutsch-französischen Wirtschaftsverhandlungen hinüber und herüber. Von dem Einfluß auf die Saar war schon die Rede gewesen. Die Verständigung der deutschen eisenschaffenden und eisenverarbeitenden Industrie bildete ein weiteres Beziehungsmoment. Schließlich waren auch psychologische Einwirkungen unverkennbar. Der anfänglich gute Fortgang der deutsch-französischen Handelsvertragsverhandlungen in der ersten Zeit des Jahres 1926 übte einen günstigen Einfluß auf die teils in Düsseldorf, teils in Paris und Luxemburg geführten privaten Verhandlungen aus.

Als es sich herausstellte, daß die allgemeinen deutsch-französischen Wirtschaftsverhandlungen 1926 zu keinem endgültigen Abschluß kommen würden, ließ man in den Kreisen der eisenschaffenden Industrie den ursprünglichen Gedanken, den Eisenpakt gleichzeitig mit dem Handelsvertrag in Kraft zu setzen, fallen. Man schloß am 30. IX. 1926 die Internationale Rohstahlgemeinschaft ab, die an die Genehmigung der Regierungen gebunden wurde, worauf besonders Loucheur und de Brouckère stets gedrungen hatten. Die Genehmigung wurde erteilt. Die Kontingentsfrage wurde in dem am 4. XI. 1926 unterzeichneten Lothringer Kontingentsabkommen, abweichend vom Luxemburger Eisenpakt, geregelt. Damit waren die definitiven Ergebnisse der privaten Verhandlungen geschaffen. Die Saareisenfrage wurde von den Regierungen auf Grund der privaten Ergebnisse in dem Saarabkommen vom 6. XI. 1926 erledigt. Die endgültige Regelung der Zollbindung und der Meistbegünstigung brachte dann für die französische eisenschaffende Industrie das Handelsabkommen vom 17. VIII. 1927.

Die Einfuhr in Roheisen, Bruch, Abfällen aus Frankreich und Elsaß-Lothringen nach Deutschland betrug 1926 49 816,6 t (Gesamteinfuhr: 328 726 t), war also gegen 1924 und 1925 weiter zurückgegangen. Die gleichen Tendenzen wies die gesamtfranzösische Einfuhr in Halbfabrikaten (s. o.) nach Deutschland auf, die auf rund 89 330 t gesunken war (gesamte Einfuhr nach Deutschland: 910 571 t) [1]).

---

[1]) Quelle: Statistik des Deutschen Reiches, Band 339, I, S. 38. II, S. 31, 33.

c) Eisenverarbeitende Industrie.

aa) Maschinenbau und Elektrotechnik.

Treibende Kräfte.

Der deutsche Maschinenbau und die deutsche Elektrotechnik begannen unter erheblichen Schwierigkeiten seit Beginn der Verhandlungen auf eine Wiedergewinnung des französischen Marktes hinzuarbeiten. Sie stießen dabei auf den Widerstand der seit dem Kriege beträchtlich ausgebauten französischen und der englischen Maschinenbauindustrie und der amerikanischen Elektrotechnik, die den französischen Binnenmarkt fest in der Hand hatten. Die hohen französischen Generaltarifsätze, welche die deutsche Einfuhr zu tragen hatte, waren zwar durch das Fortschreiten der französischen Inflation einer zunehmenden Entwertung ausgesetzt, andererseits verringerte aber die Inflation die französische Kaufkraft und damit die Aufnahmefähigkeit des französischen Marktes. Der deutsche Maschinenbau und die deutsche Elektrotechnik konnten deshalb eine große Steigerung ihrer Exportmöglichkeiten nach Frankreich erst nach einer Stabilierung des Franken erwarten.

Die Absatzbedingungen dieser beiden Zweige der eisenverarbeitenden Industrie brachten es mit sich, daß neben der Frage der Zollherabsetzungen für das abzuschließende Abkommen auch dessen Geltungsdauer und die Anwendung von Zollbindungen von ausschlaggebender Bedeutung sein mußten. Ein großer Apparat war erst in Bewegung zu setzen, um den Markt zu bearbeiten. Die Lieferungsfristen erstreckten sich oft über ein halbes Jahr. Die betreffenden Waren besaßen keinen Saisoncharakter. Eine „gewisse Schwerbeweglichkeit des Ausfuhrhandels“ [1]) wurde dadurch hervorgerufen und verlangte von dem künftigen Abkommen längere Geltungsdauer, Zollbindungen und freie Gestaltung der Niederlassungsfrage und überhaupt des gesamten Handelsverkehrs im Auslande. Hier zeigte sich nun die große Schwierigkeit, die notwendigen Forderungen des Maschinenbaues und der Elektrotechnik mit

[1]) Wiedenfeld: Deutschlands handelspolitische Aufgaben. Sonderdruck aus der Leipziger Meßamtlichen Wirtschafts- und Exportzeitung, 1924, S. 3.

den unruhigen, sich vielfach überstürzenden wirtschaftlichen Verhältnissen der Nachkriegszeit in Einklang zu bringen. Es war angesichts dieser Sachlage unmöglich, Handelsabkommen von etwa zehnjähriger Dauer, wie in der Vorkriegszeit, die erst einer Zollbindung großen wirtschaftlichen Wert verleihen würden, abzuschließen [1]). Eine Bindung für so lange Zeit konnte für beide Vertragspartner große Schädigungen mit sich bringen. Man mußte deshalb, wollte man nicht kurzfristige Provisorien vereinbaren, das abzuschließende Handelsabkommen auf unbestimmte Zeit mit nicht allzu erschwerten Kündigungsbedingungen abschließen.

Die Beziehungen der deutschen eisenverarbeitenden Industrie zu den Verhandlungen über den Eisenpakt waren schon erwähnt worden [2]). Von dieser Seite aus gingen Einwirkungen auf Zollherabsetzung und Meistbegünstigung für die deutsche eisenverarbeitende Industrie in ihrer Gesamtheit über die deutsche und französische eisenschaffende Industrie bis zur französischen Regierung.

Von französischer Seite war dem Automobilbau sehr an einer weiteren Erschließung des deutschen Marktes durch Zollherabsetzungen und Meistbegünstigung gelegen. Er hatte mit Hilfe des Valutadumpings schon einen beträchtlichen Teil des deutschen Marktes für Personenautos mit seinem billigen Serienwagen erobert. Das französische Ausfuhrinteresse in Textilmaschinen, durch die elsaß-lothringische Textilmaschinenindustrie hervorgerufen, war weniger bedeutend.

Hemmende Kräfte.

Der französische Maschinenbau und die französische Elektrotechnik, welche von geringerer Bedeutung war, waren in den Verhandlungen darauf bedacht, sich ihren Binnenmarkt möglichst zu sichern. Größere Exportinteressen hatten sie, abgesehen von der Automobilindustrie und dem elsässischen Textilmaschinenbau, nicht zu vertreten. Sie waren gegenüber den deutschen Forderungen auf Zollherabsetzung, Zollbindung, Meistbegünstigung und Regelung für längere Zeit äußerst un-

---

[1]) Wiedenfeld: a. a. O., S. 3.

[2]) Vgl. Seite 104 ff.

nachgiebig. Es mochte dies aus der ausgesprochen protektionistischen Einstellung zu erklären sein, die gerade in ihren Kreisen heimisch war, wozu noch ein gewisses Unterlegenheitsgefühl gegenüber der älteren und besser organisierten deutschen Industrie trat. Junge Industrien, und die französische eisenverarbeitende Industrie war in ihrer Ausgestaltung noch jüngeren Datums, haben naturgemäß ein großes Schutzbedürfnis. Einer langfristigen Regelung stand die französische eisenverarbeitende Industrie zunächst ablehnend gegenüber. Sie trat am Anfang der Verhandlungen sehr entschieden dafür ein, kein Definitivum, sondern nur einen modus vivendi mit Deutschland abzuschließen, um jederzeit freie Hand zu haben [1]). Inwieweit die wirtschaftliche Abhängigkeit Frankreichs von den Vereinigten Staaten von Amerika die Widerstände gegen die deutschen Forderungen in der Elektrotechnik, in welcher Amerika auf dem französischen Markt eine Vormachtstellung einnahm, beeinflußt hat, muß dahingestellt bleiben.

Verlauf.

Die Verhandlungen über den Maschinenbau und die Elektrotechnik wurden im Dezember 1924 zunächst in Form von Sachverständigenbesprechungen aufgenommen. Dabei wurde deutscherseits gleich am Anfang der Zusammenhang mit den Verhandlungen der eisenschaffenden Industrie hergestellt. Die französischen Wünsche für eine Übernahme lothringischen Eisens und Stahls durch die deutsche eisenschaffende Industrie wurden mit den Forderungen der deutschen eisenverarbeitenden Industrie an Frankreich in der schon erwähnten Vereinbarung vom 18. XII. 1924 verknüpft [2]).

In den weiteren Verhandlungen spielten der Maschinenbau und die Elektrotechnik eine bedeutende Rolle, da die deutsche Delegation bemüht war, für das ursprünglich geplante Provisorium schon möglichst viele Konzessionen auf

[1]) Vgl. die Ausführungen von Gaston Japy in der Journée Industrielle v. 11. X. 1924. — Das Comité Mascuraud trat für ein Provisorium von einer Höchstdauer von einem Jahr als „loyalen Versuch" ein.

[2]) Vgl. Seite 104.

den Gebieten von Frankreich herauszuholen, dieses sehr an der Steigerung seines Automobilexportes interessiert war. Doch waren die beiderseitigen Wünsche und Forderungen noch weit auseinander. Als im Sommer 1925 die Verhandlungen unterbrochen wurden, waren die Gebiete des Maschinenbaues und der Elektrotechnik neben der Chemie diejenigen, auf denen noch die meisten Differenzen bestanden.

Das Frühgemüseabkommen vom 12. II. 1926 brachte dem deutschen Maschinenbau für landwirtschaftliche Maschinen geringfügige Konzessionen. Daß es gerade die Landmaschinenindustrie war, die von Frankreich zuerst berücksichtigt wurde, dürfte wohl damit zusammenhängen, daß auf dem Gebiete Frankreich nur eine kleine Industrie besaß und der französische Markt für die Landmaschinenkonzessionen beschränkt aufnahmefähig war. Die Liste B des Frühgemüseprovisoriums, die die Waren der deutschen Landmaschinenindustrie enthielt, brachte ihnen teils den Minimaltarif, teils prozentuale Abschläge. Zum Teil waren die Waren kontingentiert. Weil man die grundsätzlich vierteljährliche Geltungsdauer des Frühgemüseprovisoriums für den Maschinenbau als ungenügend ansah, da er erst den französischen Markt bearbeiten mußte, wurde in Art. 7, Abs. 3 des Abkommens vereinbart, daß die französischen Zollzugeständnisse auf Liste B einen Monat später (d. h. am 1. IV.) ihre dreimonatige Geltungsdauer beginnen sollten als die deutschen Zugeständnisse auf Liste A (Frühgemüse). Der eine Anlaufsmonat, während welchem aber die Vergünstigungen für Einreise und Niederlassung aus Art. 4 beiderseits schon wirksam waren, sollte der deutschen Landmaschinenindustrie Gelegenheit geben, den französischen Markt vorzubereiten. Das Zusatzabkommen v. 8. IV. 1926 brachte für die Geltungsdauer des Frühgemüseabkommens noch einige Konzessionen für den deutschen Maschinenbau von geringem Wert (prozentuale Abschläge, nur für ein Produkt Minimaltarif). Es war zu erwarten, daß der deutsche Maschinenbau in dem einzigen Anlaufsmonat in der Marktbereitung keine großen Erfolge erzielen konnte. Die Geltungsdauer der Abkommen fiel dazu noch in die Zeit der großen Frankenstürze, sodaß dem deutschen Export auch von dieser Seite große Schwierigkeiten entgegenstanden. Der Vorteil jener Abkommen lag auf Seiten Frankreichs.

Inzwischen hatten zwischen der deutschen eisenschaffenden und eisenverarbeitenden Industrie erneute Verhandlungen stattgefunden, die in dem Abkommen v. 20. V. 1926 ihren Abschluß fanden. Die deutsche eisenschaffende Industrie versprach, sich in dem abzuschließenden Eisenpakt ein besonderes Kündigungsrecht vorzubehalten, falls Frankreich nicht in absehbarer Zeit der deutschen eisenverarbeitenden Industrie die Meistbegünstigung de facto geben würde.

Das Provisorium v. 5. VIII. 1926 brachte größere Zugeständnisse. Es berücksichtigte vor allem den deutschen Maschinenbau, während die Elektrotechnik fast ganz ausgefallen war. Vom Maschinenbau waren u. a. folgende Produkte aufgeführt: Textilmaschinen, Maschinen der Papierverarbeitungsindustrie, landwirtschaftliche Maschinen, Werkzeugmaschinen, Dampfmaschinen. Zum überwiegenden Teil erhielten die deutschen Maschinen aber wiederum nur prozentuale Abschläge, berechnet in Prozenten vom Unterschied zwischen dem Minimaltarif und dem Generaltarif, die sich um etwa 70% bewegten. Ein Vorzug des Provisoriums v. 5. VIII. 1926 lag in seiner halbjährigen Geltungsdauer und der gleitenden Zollbindung seitens Frankreichs für diese Zeit, wodurch der deutsche Maschinenbau einmal Zeit zur Marktvorbereitung, andererseits Schutz gegen willkürliche Zollerhöhungen und die Möglichkeit sicherer Kalkulation erhielt.

Deutschland hatte sich im Provisorium v. 5. VIII. 1926 aber auch zu Konzessionen für den französischen Automobilbau verstehen müssen, dem es die Meistbegünstigung und zum Teil auch eigene vertragliche Zollsätze gab.

Das Zusatzabkommen v. 31. III. 1927 ergab zwar für den deutschen Maschinenbau und erstmalig auch für die deutsche Elektrotechnik größere französische Zugeständnisse, doch war die Laufzeit zu kurz, um sie voll ausnutzen zu können.

Die Ausfuhr des deutschen Maschinenbaues nach Frankreich (einschließlich Elsaß-Lothringen) stieg von 1924 bis 1926 stetig an. Sie belief sich in den wichtigeren Erzeugnissen

(Kessel, Teile und Zubehör von Maschinen; Textilmaschinen; Dampflokomotiven, Tender; Werkzeugmaschinen; landw. Maschinen; sonstige Maschinen [außer elektr.]) 1924 auf 77 863 dz (ohne Reparationssachlieferungen), 1925 auf 147 330 dz (einschließlich Reparationssachlieferungen), 1926 auf 214 030 dz (einschließlich Reparationssachlieferungen.)[1]) Parallel ging die Steigerung der Reparationssachlieferungen von 42 188 dz im Jahre 1925 auf 112 766 dz im Jahre 1926. Die deutsche Ausfuhr in elektrischen Maschinen und elektrotechnischen Erzeugnissen (ab 1925 einschl. Reparationssachlieferungen) stieg von 3 510 dz 1924 auf 5 434 dz 1925, hob sich 1926 auf 7 360 dz (Anteil der Reparationssachlieferungen: 1925 605 dz, 1926 2 397 dz)[2]). Die Steigerung des deutschen Exportes im Jahre 1926 ist einerseits von der faktischen Frankenstabilierung, andererseits von den Auswirkungen des Provisoriums vom 5. VIII. 1926 beeinflußt worden.

Der französische Automobilbau steigerte seine Ausfuhr nach Deutschland in Kraftfahrzeugen und Krafträdern von 8 028 dz im Jahre 1924 auf 17 978 dz im Jahre 1925, begünstigt durch die Frankeninflation, 1926 war ein Rückgang auf 8 372 dz zu verzeichnen (Ausfuhr aus Altfrankreich und Elsaß-Lothringen)[2]).

---

[1]) Quelle: Statistik des Deutschen Reichs: Band 318, II, S. 99, 122; Band 330 A, II, S. 3, 6; Band 339, II, S. 31, 33; Band 351, II, S. 33, 35. — Angaben über die Reparationssachlieferungen (aufgeteilt nach Ländern und innerhalb derselben nach Gruppen des Internationalen Verzeichnisses) im Statistischen Jahrbuch für das Deutsche Reich 1928, S. 334/5 (Angaben teilweise unvollständig, bes. für Elsaß-Lothringen). — Vgl. Monatliche Nachweise über den auswärtigen Handel Deutschlands, Jahrgänge 1924—1927. Stat. Jahrbücher für das Deutsche Reich 1924/25 bis 1928.

[2]) Quelle: Statistik des Deutschen Reichs: Band 318, II, S. 99, 122; Band 330 A, II, S. 3, 6; Band 339, II, S. 31, 33; Band 351, II, S. 33, 35. — Angaben über die Reparationssachlieferungen (aufgeteilt nach Ländern und innerhalb derselben nach Gruppen des Internationalen Verzeichnisses) im Statistischen Jahrbuch für das Deutsche Reich, 1928, S. 334/5 (Angaben teilweise unvollständig, bes. für Elsaß-Lothringen). — Vgl. Monatliche Nachweise über den auswärtigen Handel Deutschlands, Jahrg. 1924—1927. Stat. Jahrb. für das Deutsche Reich 1924/25 bis 1928.

bb) Kleineisenindustrie.

Über die Verhandlungen in der Kleineisenindustrie ist wenig Besonderes zu berichten.

Treibende Kräfte.

Treibende Kraft war das Ausfuhrbedürfnis der deutschen Kleineisenindustrie.

Hemmende Kräfte.

Hemmend wirkte das Schutzverlangen der französischen, jungen Kleineisenindustrie.

Verlauf.

Die ersten Ergebnisse brachte das Provisorium v. 5. VIII. 1926, die durch das Zusatzabkommen v. 31. III. 1927 ergänzt wurden. Im allgemeinen zeigte sich Frankreich entgegenkommender als beim Maschinenbau und der Elektrotechnik. Greifbare wirtschaftliche Erfolge für die deutsche Kleineisenindustrie waren erst seit 1927 gegeben, nachdem 1926 einen leichten Rückgang der Ausfuhr gebracht hatte. Immerhin blieb die Ausfuhr hinter dem Vorkriegsstand weit zurück. Ausfuhrzahlen für Messerschmiedewaren, Werkzeuge, landwirtschaftliche Geräte, sonstige Eisenwaren (Ausfuhr nach Frankreich einschließlich Elsaß-Lothringen) 1924: 21 182 dz, 1925: 51 174 dz, davon Reparationssachlieferungen 13 357 dz; 1926: 49 794 dz, davon Reparationssachlieferungen 12 750 dz [1]).

d) Chemische Industrie.

aa) Industrie der Schwerchemikalien.

Treibende Kräfte.

Die deutsche Industrie der Schwerchemikalien, die vor dem Kriege den französischen Markt beherrscht hatte und de-

---

[1]) Quelle: Statistik des Deutschen Reichs: Band 318, II, S. 99, 122; Band 330 A, II, S. 3, 6; Band 339, II, S. 31, 33; Band 351, II, S. 33, 35. — Angaben über die Reparationssachlieferungen (aufgeteilt nach Ländern und innerhalb derselben nach Gruppen des Internationalen Verzeichnisses) im Statistischen Jahrbuch für das Deutsche Reich, 1928, S. 334/5 (Angaben teilweise unvollständig, bes. für Elsaß-

ren schwierige Marktsituation in der Nachkriegszeit bereits erörtert worden ist, war sehr bemüht, sich in den Verhandlungen wieder einen freien Zugang zum französischen Markt zu schaffen. Sie war dabei durch ihre bekannte, in London übernommene Verpflichtung hinsichtlich der Teerfarben bis 1928 gebunden[1]).

Hemmende Kräfte.

Der Widerstand der französischen Industrie der Schwerchemikalien gegen irgendwelche Zugeständnisse für die deutsche war außerordentlich stark. Das Unterlegenheitsgefühl gegenüber Deutschland spielte dabei die Hauptrolle. Man suchte in privaten Verhandlungen seitens Frankreichs von der deutschen Industrie der Schwerchemikalien Garantien für einen Schutz des französischen Binnenmarktes zu erlangen. Die Mobilisierung der französischen, öffentlichen Meinung für Schutz der schweren chemischen Industrie im Interesse der nationalen Verteidigung wurde gleichfalls nicht verschmäht.

Verlauf.

Das Gebiet der Schwerchemikalien wurde zuerst im Dezember 1924 in privaten Verhandlungen durchgesprochen. Die Verhandlungen wurden aber bereits Mitte Dezember 1924 wieder abgebrochen, da die französischen Unterhändler über den Zolltarifentwurf Raynaldys (Kammerdrucksache 713) informiert waren und diesen als Basis der Besprechungen benutzen wollten. Die deutschen Unterhändler standen dadurch vor einer völlig neuen Situation, da sie ihre Forderungen auf dem alten Tarif aufgebaut hatten, und reisten nach Berlin zurück. Die offiziellen Verhandlungen des Jahres 1925 ergaben für die Chemie nichts. Private Verhandlungen, die teils in Paris, teils am Sitz der I.-G. Farben in Frankfurt a. M. geführt wurden, lieferten ebenfalls keine brauchbaren Resultate. Frankreich versuchte durch sein Teerfarbeneinfuhrverbot die deutsche chemische Industrie zu sehr weitgehenden Zugeständ-

---

Lothringen). — Vgl. Monatliche Nachweise über den auswärtigen Handel Deutschlands, Jahrg. 1924—1927. Stat. Jahrbücher für das Deutsche Reich 1924/25 bis 1928.

[1]) Vgl. Seite 34.

nissen zu zwingen. Der Gedanke eines deutsch-französischen Kapitalaustausches in der Schwerchemikalienindustrie wurde mehrfach erörtert, nachdem Frankreich ursprünglich ohne entsprechende Gegenleistung einen größeren Kapitalanteil an der deutschen chemischen Industrie verlangt hatte. Die französischen Unterhändler zeigten sich in der Chemie sehr unnachgiebig. Das Frühgemüseabkommen v. 12. II. 1926, das Zusatzabkommen v. 8. IV. 1926 und das Provisorium v. 5. VIII. 1926 brachten nur geringe Chemiekonzessionen Frankreichs. Erst das Zusatzabkommen v. 31. III. 1927 umfaßte einen größeren Teil der schweren Chemie, besaß aber einen geringen Wert durch seine kurze Laufzeit. Das wichtige Gebiet der Teerfarben war nicht einbezogen worden. Nachdem das Handelsabkommen v. 17. VIII. 1927 das Gebiet der schweren Chemie umfassend geregelt hatte, war auch den privaten Chemieverhandlungen in dem Farbenpakt vom Dezember 1927 ein Erfolg beschieden.

Die Ausfuhr der deutschen Industrie der Schwerchemikalien nach Frankreich in den Jahren 1924 bis 1927 war maßgeblich beeinflußt durch die verschiedenen französischen Einfuhrverbote. Charakteristisch war für sie ferner der große Anteil der Reparationssachlieferungen.

Die deutsche Ausfuhr in schwefelsaurem Ammoniak, die ohne Angabe von Reparationssachlieferungen 1924 2 497 dz betrug, vollzog sich fast gänzlich in Form von Reparationssachlieferungen (1925: 1 367 822 dz, davon Reparationssachlieferungen: 1 367 596 dz; 1926: 1 876 174 dz, davon Reparationssachlieferungen: 1 872 174 dz; 1927: 1 704 413 dz, davon Reparationssachlieferungen: 1 703 407 dz) [1]).

In Steinkohlenteer, -ölen und Derivaten, sonstigen chemischen Rohstoffen und Halbzeug, chemischen pharmaz. Erzeugnissen stieg die deutsche Ausfuhr von 92 493 dz (ohne Reparationssachlieferungen) 1924 auf 360 016 dz 1925 und 991 819 dz 1926. Die steigende Tendenz setzt sich dann 1927 fort. Der Anteil der Reparationssachlieferungen war sehr erheblich, er belief sich 1925 auf 191 640 dz, 1926 auf 751 829 dz [1]).

---

[1]) Quelle: Statistik des Deutschen Reichs: Band 318, II, S. 98/99.

bb) Industrie der Kleinchemikalien.

Treibende Kräfte.

Auf dem Gebiete der Kleinchemikalien lag auf französischer Seite in ätherischen Ölen, Seifen, Riechstoffen und sonstigen Kosmetika ein bedeutendes Exportinteresse nach Deutschland, auf deutscher Seite ein Ausfuhrinteresse der Industrie der Erd- und Metallfarben nach Frankreich vor.

Hemmende Kräfte.

Gegen die Forderungen Frankreichs auf Zollherabsetzungen für ätherische Öle, Seifen, Riechstoffe, sonstige Kosmetika trat die deutsche Konkurrenz auf, indem sie auf ihre infolge höherer Steuern und Reparationslasten ungünstiger gestalteten Produktionsbedingungen gegenüber Frankreich hinwies. Vor allem beklagte sie sich über den durch die Monopolverwaltung verteuerten Spiritus, der ihre Produktionskosten sehr erhöhe.

Verlauf.

Die Verhandlungen auf dem Gebiete der Kleinchemikalien brachten in dem Provisorium vom 5. VIII. 1926 die ersten Ergebnisse. In Liste A dieses Provisoriums gewährte Deutschland der französischen Kleinchemikalienindustrie für ätherische Öle, Seifen, Riechstoffe und wohlriechende Fette Zollherabsetzungen und die Meistbegünstigung. Die Zollherabsetzungen waren teilweise sehr beträchtlich. Man muß sich jedoch stets dabei die Zollerhöhungen der Nachkriegszeit auf diesem Gebiete, die eingangs erwähnt sind[1]), vor Augen halten. So wurde der autonome Zoll für äther- und weingeisthaltige

---

121/122; Band 330 A, II, S. 2/3, 5/6; Band 339, II, S. 30/31, 32/33; Band 351, II, S. 32/33, 34/35. — Angaben über die Reparationssachlieferungen (aufgeteilt nach Ländern und innerhalb derselben nach Gruppen des Internationalen Verzeichnisses) im Statistischen Jahrbuch für das Deutsche Reich, 1928, S. 334/5 (Angaben teilweise unvollständig, bes. für Elsaß-Lothringen). — Vgl. Monatliche Nachweise über den auswärtigen Handel Deutschlands, Jahrgänge 1924—1927. Stat. Jahrbücher für das Deutsche Reich 1924/25 bis 1928.

[1]) Vgl. S. 12.

Riechmittel, Schönheitsmittel, Kopf-, Mund- und Zahnwässer von 1 100 RM pro dz auf einen Vertragszoll von 375 RM herabgesetzt, der autonome Zoll für Zahnpasten, Zahnpulver, Zahnseifen von 300 RM pro dz auf einen Vertragszoll von 120 RM ermäßigt. Die deutsche kosmetische Industrie, besonders die sächsische, unternahm gegen diese Sätze eine fruchtlose Opposition [1]). Die deutsche Industrie der Erd- und Metallfarben, Lacke etc. erhielt im gleichen Abkommen auf Liste B für Lacke prozentuale Abschläge, für Schreibstifte den Minimaltarif. In dem Zusatzprovisorium vom 31. III. 1927 wurde für Deutschland eine weitere kleinere Konzession (für Ultramarin) seitens Frankreichs gemacht.

Die französische Parfümerien-, kosmetische und Seifen-Industrie führte 1924 3 826 dz (Seifen, Parfümerien etc.) nach Deutschland aus. 1925 sank ihre Ausfuhr auf 2 803 dz, 1926 erholte sie sich wieder und stieg auf 3 484 dz [2]). Die Zunahme hielt 1927 an.

In dem Güteraustausch in Farben, Firnissen und Lacken (nach dem Int. Verzeichnis) war schon vor dem Krieg mengenmäßig eine größere Ausfuhr aus Frankreich nach Deutschland als umgekehrt aus Deutschland nach Frankreich zu verzeichnen, doch war die Bilanz wertmäßig für Deutschland aktiv. Diese Erscheinung trat auch in der Nachkriegszeit wieder auf. Die deutsche Ausfuhr in den genannten Waren nach

---

[1]) Neue Leipziger Zeitung v. 17. VIII. 1926.

[2]) Summe der Mengenangaben für die französische Ausfuhr nach Deutschland der Statistischen Nummern 256, 354/358 (betr. Feinseifen, Terpineol, wohlriechende Fette, Salben, Pomaden, Kölnisches Wasser, Puder, Schminken usw.). Angaben für Elsaß-Lothringen z. T. nicht vorhanden. Teilweise fehlen in den Länderübersichten Einzelangaben über die Nummern 354—358, die dann unter der Rubrik „Sonstige Waren des Unterabschnittes 4 D (Nr. 347/358)“ aufgeführt sind. Die Abweichungen sind aber infolge der geringen Bedeutung der anderen mit zusammengefaßten Nummern für die französische Ausfuhr nach Deutschland nicht sehr beträchtlich. Berechnet auf Grund folgender Quellen: Statistik des Deutschen Reichs: Band 317, S. 40, 44; Band 318, II, S. 73, 107; Band 329, I, S. 45, 49, 50; Band 330 A, II, S. 22; Band 339, I, S. 85, 90; Band 351, I, S. 72, 77, 78. — Vgl. Monatliche Nachweise über den auswärtigen Handel Deutschlands, Jahrgänge 1924—1927.

Frankreich hatte in den Jahren 1924 bis 1926 eine ständige Zunahme zu verzeichnen gehabt. Sie stieg von rund 5 700 dz 1924 auf 24 600 dz 1926 (Anteil der Reparationssachlieferungen 1925: ½, 1926: ⅛)[1]). Die Aufwärtsbewegung in der Ausfuhr setzte sich 1927 fort.

e) Textilindustrie.

aa) Wollindustrie.

Treibende Kräfte.

In den Textilverhandlungen über die Wollindustrie war zunächst die altfranzösische Industrie an einer Beseitigung der in Deutschland bestehenden Einfuhrverbote und einer Herabsetzung der deutschen Zölle, speziell der Garnzölle, interessiert. Als sich im Verlaufe der Verhandlungen herausstellte, daß an eine Verlängerung der Kontingente für elsaß-lothringische Textilien nicht mehr zu denken war, drückte auch die elsaß-lothringische Wollindustrie in stärkerem Maße auf die deutschen Wollzölle. Ihr Kampf richtete sich gegen die Zölle für Wollgewebe (Wollmusselin, Wollcheviot).

Hemmende Kräfte.

Die französischen Forderungen begegneten dem Widerstand der deutschen Wollindustrie, vor allem der Kammgarnspinnerei, die sich auf dem deutschen Markte der Konkurrenz der Tschechoslowakei und Belgiens zu erwehren hatte, welche beiden Länder infolge besserer Produktionsbedingungen die Preise für Kammgarne in Deutschland drücken konnten. Den französischen Wünschen auf Zollherabsetzungen für

[1]) Quelle: Statistik des Deutschen Reichs: Band 318, II, S. 99, 122; Band 330 A, II, S. 3, 6; Band 339, II, S. 31, 33; Band 351, II, S. 33, 35. — Angaben über die Reparationssachlieferungen (aufgeteilt nach Ländern und innerhalb derselben nach Gruppen des Internationalen Verzeichnisses) im Statistischen Jahrbuch für das Deutsche Reich, 1928, S. 334/5 (Angaben teilweise unvollständig, bes. für Elsaß-Lothringen). — Vgl. Monatliche Nachweise über den auswärtigen Handel Deutschlands, Jahrg. 1924—1927. Stat. Jahrbücher für das Deutsche Reich 1924/25 bis 1928. (Die Gruppe „Farben, Firnisse und Lacke“ enthält auch Anilin- und andere Teerfarbstoffe!)

Wollgewebe stand die deutsche Wollweberei entgegen. Die Widerstände deutscherseits wurden dadurch noch verschärft, daß von Frankreich für das deutsche Ausfuhrbedürfnis in Wollwirkwaren keine brauchbaren Zugeständnisse zu erlangen waren.

Verlauf.

Die Verhandlungen in der Wollindustrie wurden im Winter 1924/25 aufgenommen. Private Verhandlungen im Frühjahr und Sommer 1925 führten zu keinem Ergebnis. In den Provisorien von 1926 wurde die Wollindustrie nicht behandelt. Man ließ die Frage offen und sparte sie sich für das Definitivum auf [1]).

Die Einfuhr in Wollgarnen (u. Garnen aus anderen Tierhaaren nach dem Int. Verzeichnis) aus Frankreich (einschließlich Elsaß-Lothringen) nach Deutschland stieg von 28 137 dz 1924 auf 38 970 dz 1925 und fiel 1926 leicht auf 34 774 dz. Die Einfuhr von Wollgeweben (und Geweben aus anderen Tierhaaren) fiel von 1924 unaufhaltsam von 33 788 dz auf 3 294 dz im Jahre 1926 [2]).

1927 brachte auf beiden Gebieten einen lebhaften Anstieg. Die Ausfuhr der deutschen Wollindustrie nach Frankreich war relativ geringfügig.

bb) Baumwollindustrie.

Treibende Kräfte.

Die Verhandlungslage der Baumwollindustrie ähnelte derjenigen der Wollindustrie. Dem Drängen der altfranzösischen Baumwollindustrie gesellte sich die elsaß-lothringische hinzu, deren Druck infolge der großen Bedeutung dieses Zweiges der Textilindustrie des alten Reichslandes stärker war als bei

[1]) Denkschrift zum Provisorium v. 5. VIII. 1926. Reichstagsdrucksachen. III. Wahlperiode. 1924/26. Nr. 2615. S. 103.

[2]) Quelle: Statistik des Deutschen Reichs: Band 318, II, S. 99, 122; Band 330 A, II, S. 3, 6; Band 339, II, S. 31, 33; Band 351, II. S. 33, 35. — Vgl. Monatliche Nachweise über den auswärtigen Handel Deutschlands, Jahrgänge 1924—1927. Stat. Jahrbücher für das Deutsche Reich 1924/25 bis 1927.

der Wollindustrie. Der Wegfall der elsaß-lothringischen Kontingente in den Verhandlungen mußte das Interesse Elsaß-Lothringens an den Verhandlungen über die Baumwollindustrie sehr erhöhen.

Hemmende Kräfte.

Der Widerstand gegen größere Konzessionen an Frankreich auf dem Gebiete der Baumwollindustrie wurde deutscherseits erst durch das französische Valutadumping und weiterhin durch die geringe Nachgiebigkeit Frankreichs für deutsche Baumwollwirkwaren verstärkt.

Verlauf.

Die Verhandlungen in der Baumwollindustrie verliefen, wenn man von der geringfügigen Konzession für Baumwollkonfektion deutscherseits in dem Provisorium vom 5. VIII. 1926 absieht, bis zum Handelsabkommen vom 17. VIII. 1927 resultatlos. Erst im Handelsabkommen vom 17. VIII. 1927 gelangte man zu einer umfassenden Regelung.

Die Einfuhr aus Frankreich (einschließl. Elsaß-Lothringen) nach Deutschland sank in Baumwollgarnen von 59 977 dz im Jahre 1924 unaufhaltsam auf 5 516 dz im Jahre 1926, in Baumwollgeweben von 177 131 dz 1924 auf 11 250 dz 1926. Der Rückschlag in der Einfuhr nach Deutschland zur Zeit des tiefsten Frankenstandes traf die französische Baumwollindustrie empfindlich. 1927 erfolgte dann ein außerordentlicher Aufschwung der französischen Einfuhr in Baumwollgarnen und Baumwollgeweben nach Deutschland [1]). Die Ausfuhr der deutschen Baumwollindustrie nach Frankreich trat sehr zurück.

---

[1]) Quelle: Statistik des Deutschen Reichs: Band 318, II, S. 99, 122; Band 330 A, II, S. 3, 6; Band 339, II, S. 31, 33; Band 351, II, S. 33, 35. — Vgl. Monatliche Nachweise über den auswärtigen Handel Deutschlands, Jahrgänge 1924—1927. Stat. Jahrbücher für das Deutsche Reich 1924/25 bis 1927.

cc) Seidenindustrie.

Treibende Kräfte.

Das Interesse der französischen Seidenindustrie an Erleichterungen ihrer Ausfuhr nach Deutschland war seit 1925 infolge der Einführung der hohen englischen Seidenzölle sehr gestiegen. Die deutschen Seidenzölle waren, wie oben dargelegt, von allen Textilzöllen am meisten erhöht.

Hemmende Kräfte.

Die deutsche Seidenindustrie widersetzte sich zwar den sehr weitgehenden französischen Wünschen auf Herabsetzung der deutschen Seidenzölle, war jedoch zu angemessenen Zugeständnissen bereit. Das deutsche Ausfuhrinteresse in Seidenwirkwaren vermochte sich in den Verhandlungen bis zum Handelsvertrag nicht zur Geltung zu bringen.

Verlauf.

Die Verhandlungen in der Seidenindustrie wurden im Winter 1924/25 mit Sachverständigenbesprechungen aufgenommen. Sie wurden dann im Frühjahr und Sommer 1925 in privaten Verhandlungen deutscher und französischer Seidenindustrieller weitergeführt. Das Ergebnis war der Abschluß von drei Abmachungen im Sommer 1925, die nach ihren Hauptunterhändlern genannt worden sind:

1. Abmachung zwischen Lange und Fougère über Seidenbandwaren,
2. Abmachung zwischen Deswatines und Charbin über Seidensamt, Seidenplüsch und Sealskin,
3. Abmachung zwischen Kotzenberg und Bernard über Seidenposamentierwaren.

Die privaten Unterhändler einigten sich in diesen Abkommen über ihre gegenseitigen Zollforderungen für die betreffenden Artikel.

Als bei den offiziellen Verhandlungen im Sommer 1926, die zum Abschluß des Augustprovisoriums führten, Deutschland die Meistbegünstigung für Wein verweigerte und dafür Kompensationen auf dem Textilgebiet anbot, wurden die Ergebnisse jener privaten Seidenverhandlungen von den Delegationen übernommen und gelangten damit in das Provisorium vom 5. VIII. 1926. Die französischen Seidenwaren erhielten durch Liste A des Provisoriums neben den vertraglichen Zollsätzen auch die Meistbegünstigung. Die deutschen Seidenwaren bekamen durch Liste B teils den Minimaltarif, teils Zwischentarife, für Samt und Plüsch (ex pos. 459 fr. Z.-T.) ein Kontingent.

Die Einfuhr in Rohseide und Florettseide sowie in Geweben aus Seide und Kunstseide aus Altfrankreich und Elsaß-Lothringen nach Deutschland zeigte von 1924 bis 1926 stark rückläufige Tendenzen (Rohseide und Florettseide 1924: 3 695 dz, 1926: 1 199 dz; Gewebe aus Seide und Kunstseide 1924: 3 445 dz, 1926: 875 dz). Die Einfuhr in Kunstseide und Florettseidengarnen stieg von 405 dz 1924 auf 1 015 dz im Jahre 1925, sank jedoch 1926 auf 740 dz. 1927 brachte dann einen allgemeinen Aufschwung [1]). Die deutsche Ausfuhr in Seidengarnen und Seidengeweben nach Frankreich war verhältnismäßig unbeträchtlich.

B.

Die Saarverhandlungen.

1. Allgemeiner Überblick.

Die Frage einer Sonderregelung des Warenaustausches zwischen Deutschland und dem Saargebiet wurde mit dem 10. I. 1925 brennend, als das Saargebiet dem französischen Zollgebiet voll und ganz einverleibt wurde. Die französische Presse hatte schon im Spätsommer und Herbst 1924 die Saarfrage lebhaft erörtert und auf der Londoner Konferenz versuchte die französische Delegation auch dieses Problem in die Diskussion zu ziehen. Nach Beginn der deutsch-französischen Wirtschaftsverhandlungen verstummten die Erörterungen

---

[1]) Quelle: Statistik des Deutschen Reichs: Band 318, II, S. 98/99, 121/122; Band 330 A, II, S. 2/3, 5/6; Band 339, II, S. 30/31, 32/33; Band 351, II, S. 32/33, 34/35. — Vgl. Monatliche Nachweise über den auswärtigen Handel Deutschlands, Jahrgänge 1924—1927. Stat. Jahrbücher für das Deutsche Reich 1924/25 bis 1927.

der Saarfrage in der französischen Presse. Diese Haltung befand sich ganz im Einklang mit der Stellung der französischen Regierung, insbesondere Raynaldys, die das Saarproblem geflissentlich ignorierte. Der Grund für diese merkwürdige Änderung seitens Frankreichs dürfte in taktischen Erwägungen zu suchen sein, indem es durch die mit der Zolleinverleibung entstehenden Schwierigkeiten in der Saarwirtschaft einen Druck auf Deutschland ausüben wollte. Daß Frankreich, vor allem Elsaß-Lothringen, an der Saarfrage nach wie vor stark interessiert war, ging aus gelegentlichen Äußerungen lothringischer Industriekreise zur Genüge hervor.

Inzwischen versuchte die Saarwirtschaft selbst sich bei der französischen Regierung Gehör zu verschaffen. Erst am 15. I. 1925 gelang es einer Saardelegation bei Raynaldy vorzusprechen. Der Schritt blieb erfolglos. Raynaldy erklärte, er habe den Eindruck, daß man übertreibe (dramatiser), man müsse erst die Wirkungen der Zolleinverleibung abwarten [1]).

Da wurde die Saarfrage durch die allgemeinen deutsch-französischen Wirtschaftsverhandlungen aufgerollt. Die Vereinbarungen vom 28. II. 1925 stellten einen ersten Erfolg für das Saargebiet dar. Die deutsche und die französische Delegation erklärten ihr Einverständnis, mit dem Abschluß des deutsch-französischen Provisoriums auch eine der Billigkeit entsprechenden Regelung des deutsch-saarländischen Warenverkehrs fertigzustellen. Infolgedessen wurde am 15. III. 1925 eine Unterkommission für die Saarzollfrage im Rahmen der deutsch-französischen Handelsvertragsverhandlungen eingesetzt, deren Leiter auf deutscher Seite von Friedberg (Vortragender Legationsrat im Auswärtigen Amt), auf französischer Seite Serruys waren. Am gleichen Tage hatten saarländische Wirtschaftskreise bei Serruys in Paris Schritte zu einer baldigen Lösung der Saarfrage unternommen [2]), deren Ergebnisse die Besprechungen zwischen Serruys und Vertretern der Saarwirtschaft am 22. und 23. III. 1925 in Saarbrücken waren.

Die Saarverhandlungen waren durch eine gewisse Para-

[1]) Saar-Wirtschaftszeitung, Nr. 4 v. 22. I. 1925.
[2]) Saar-Wirtschaftszeitung, Nr. 12 v. 19. III. 1925.

doxie ausgezeichnet, indem Frankreich infolge der Übernahme der Zollhoheit über das Saargebiet in ihnen die Interessen und Forderungen der Saarwirtschaft auf zollfreie Ausfuhr nach Deutschland vertrat, der Saarwirtschaft, die, wenn man von den überfremdeten Werken der eisenschaffenden und der Glasindustrie absieht, ihrem Charakter nach doch noch als überwiegend deutsch angesprochen werden konnte. Frankreich vertauschte damit die Rollen des Fordernden und Gebenden in den Verhandlungen, denn im Grunde war ja Deutschland der fordernde, Frankreich der gewährende Teil, Deutschland wollte im Interesse der Saarwirtschaft und ihrer künftigen Rückkehr nach Deutschland einen möglichst freien Warenaustausch mit dem Saargebiet, erschien aber äußerlich als der Gebende. Frankreich wäre zu dieser Rolle nicht bereit gewesen, wenn nicht die Wünsche der Saarwirtschaft zu einem beträchtlichen Teil in seinem eigenen, wohlverstandenen Interesse gelegen hätten. Diese Paradoxie erstreckte sich, wie oben bemerkt, auf die Forderungen der zollfreien Ausfuhr nach Deutschland.

Die Saarverhandlungen des Sommers 1925 kamen im Gegensatz zu den allgemeinen deutsch-französischen Wirtschaftsverhandlungen gut vorwärts. Fördernd wirkte auf sie das Zustandekommen des Luxemburger Eisenpaktes am 16. VI. 1925. Während man sich in den allgemeinen Verhandlungen mit dem Protokoll vom 11. VII. 1925 unverrichteter Dinge trennte, gelang es in den Saarverhandlungen zu dem Saarabkommen vom 11. VII. 1925 [1]) zu kommen. Es trat jedoch nie in Kraft, da die Verständigung zwischen der lothringischen und der saarländischen eisenschaffenden Industrie, an welche seine Ratifikation gebunden war, nicht zustande kam.

Die Verhandlungen über den Warenaustausch zwischen dem Saargebiet und Deutschland ruhten zunächst. Das Saargebiet blieb weiterhin seinem Schicksal überlassen. Durch Zollstundungen suchte Deutschland wenigstens für den saarländischen Absatz nach Deutschland autonom Erleichterungen zu verschaffen. Frankreich war über den „Skandal der Zoll-

[1]) RGBl. II, 1925, S. 823. Journal officiel du 9 août 1925.

stundungen" empört. Der saarländische Bezug aus Deutschland blieb ohne Erleichterung.

Das Frühgemüseprovisorium vom 12. II. 1926 und sein Zusatzabkommen vom 8. IV. 1926 brachten dem Saargebiet keine besonderen Vorteile. In den allgemeinen deutsch-französischen Wirtschaftsverhandlungen im Sommer 1926, die zum Abschluß des Provisoriums vom 5. VIII. 1926 führten, tauchte auch die Saarfrage wieder auf. Deutschland beabsichtigte, sie in einem Annex des Provisoriums zu regeln. Frankreich erklärte sich hierzu aus staatsrechtlichen Gründen außerstande. Es handelte sich nämlich nur um die Aufnahme eines Teiles des Saarabkommens vom 11. VII. 1925, in dem Frankreich auch für etliche deutsche Waren Zollfreiheit gewährt hatte. Diese Zollfreiheit erklärte die französische Regierung nicht auf Grund der ihr durch das Gesetz vom 29. VII. 1919 allgemein erteilten Vollmacht, sondern nur in Verbindung mit der Genehmigung des Saarabkommens vom 11. VII. 1925 durch das französische Parlament zugestehen zu können [1]), sodaß die Saarfrage zunächst im wesentlichen in einem Auszuge aus dem Saarabkommen vom 11. VII. 1925, welches bereits von dem französischen Parlament genehmigt worden war, geregelt wurde. Das Ergebnis der Verhandlungen, die von den Delegationen für die allgemeinen Handelsvertragsverhandlungen geführt wurden, war das Saarabkommen vom 5. VIII. 1926 [2]), welches die mit dem Eisenpakt zusammenhängenden Teile und die Erleichterungen für die deutsche Maschineneinfuhr nicht enthielt. Daneben brachte das allgemeine Provisorium vom 5. VIII. 1926 für die Saarwirtschaft nützliche Ergänzungen.

Nach dem endgültigen Zustandekommen des Eisenpaktes am 30. IX. 1926 ergab sich die Möglichkeit, gemäß den Bestimmungen des Abs. 1 des Zeichnungsprotokolls zum Saarabkommen vom 5. VIII. 1926 und der Zusatzerklärungen zum Provisorium vom 5. VIII. 1926 die Verhandlungen über eine Erweiterung der Saarregelung aufzunehmen. Diese Verhand-

---

[1]) Denkschrift zum Saarabkommen v. 5. VIII. 1926. Reichstagsdrucksachen, III. Wahlperiode. 1924/26. Nr. 2616. S. 18.

[2]) RGBl. II, 1926, S. 534. Journal officiel du 12 août 1926.

lungen wurden Ende Oktober und Anfang November 1926 zwischen Posse und Serruys in Berlin geführt und mit dem Berliner Saarabkommen vom 6. XI. 1926[1]) abgeschlossen. Das Saarabkommen vom 6. XI. 1926 enthielt in der Hauptsache die Regelung der Ausfuhr der saarländischen eisenschaffenden Industrie nach Deutschland, die der durch den Eisenpakt geschaffenen Lage angepaßt wurde, und die sogenannte Maschinenformel, welche die Lösung der Maschineneinfuhr ins Saargebiet enthielt. Die Dauer des Saarabkommens vom 6. XI. 1926 war mit der des Saarabkommens vom 5. VIII. 1926 und des allgemeinen Provisoriums vom 5. VIII. 1926 in Einklang gebracht worden. Alle drei Abkommen liefen am 31. III. 1927 ab, das Saarabkommen vom 5. VIII. 1926 lief 6 Monate, das vom 6. XI. 1926 4 Monate. Die gestundeten deutschen Zölle waren inzwischen niedergeschlagen worden.

In der Zwischenzeit waren auch Verhandlungen über den kleinen Grenzverkehr zwischen dem Saargebiet und Deutschland geführt worden. Diese Verhandlungen waren schon 1922 zwischen Deutschland, Frankreich und der Regierungskommission des Saargebietes aufgenommen worden. Sie wurden aber sehr bald abgebrochen und ruhten jahrelang. Erst im Frühjahr 1925 brachte die Verschlimmerung der Situation hinsichtlich des kleinen Grenzverkehrs durch die Zollabschnürung von Deutschland eine Wiederaufnahme der Verhandlungen, die von der sogenannten Grenzrechtskommission geführt wurden. Mit dem Protokoll vom 14. IX. 1926[2]) und den Protokollen vom 13. XI. 1926[3]) wurde diese Frage für das Saargebiet zwar im allgemeinen befriedigend erledigt, leider verzögerte sich aber das Inkrafttreten der Protokolle bis zum 1. VI. 1928 (Bekanntmachung vom 30. IV. 1928)[4]).

Die Saarabkommen vom 5. VIII. und 6. XI. 1926 waren mit dem allgemeinen Provisorium vom 5. VIII. 1926 durch das Protokoll vom 16. II. 1927 und das Zusatzabkommen vom 31. III. 1927 verlängert und zum Teil erweitert worden. Nach

[1]) RGBl. II, 1926, S. 639. Journal officiel du 29/30 novembre 1926.

[2]) RGBl. II, 1927, S. 19.

[3]) RGBl. II, 1927, S. 259.

[4]) RGBl. II, 1928, S. 372. Berichtigung: RGBl. II, 1928, S. 496.

Ablauf der verlängerten Abkommen trat eine kurze vertragslose Zeit ein. Für das Saargebiet wurde durch die Vereinbarung vom 30. VI. 1927[1]) der bisherige Zustand mit Wirkung ab 15. VII. 1927 wieder in Kraft gesetzt, sodaß nur 14 Tage eine autonome Regelung Platz griff. Die Verhandlungen über eine abschließende Regelung der Saarfrage wollte Deutschland ursprünglich mit denen über den Handelsvertrag verbinden. Frankreich legte aber die Bestimmung des Schlußprotokolls zum Saarabkommen vom 5. VIII. 1926, die hierfür in Frage kam, so aus, daß erst der Handelsvertrag zustande kommen müßte, ehe man über die Saarfrage verhandeln könnte. Dem Handelsabkommen vom 17. VIII. 1927 wurde ein Notenwechsel beigegeben[2]), in dem festgestellt wurde, daß die im Schlußprotokoll zum Saarabkommen vom 5. VIII. 1926 bestimmte Voraussetzung für eine abschließende Regelung der Saarfrage nunmehr erfüllt sei und die Verhandlungen möglichst bald aufgenommen werden sollten. Gleichzeitig sollte bis zum 31. X. 1927 von der Kündigungsmöglichkeit der verlängerten Saarabkommen kein Gebrauch gemacht werden.

Am 15. X. 1927 fand in Paris die erste Sitzung der neuen Saardelegationen statt. Die deutsche Delegation wurde von Weymann (Ministerialrat im Reichsfinanzministerium), die französische von Serruys geführt. Nach dieser Sitzung wurden die Verhandlungen vorläufig unterbrochen. Durch Notenwechsel vom 4. XI. 1927 wurde die bestehende Saarregelung bis zum 31. XII. 1927 verlängert. In der zweiten Novemberhälfte wurden die Verhandlungen wieder aufgenommen und im Februar 1928 beendet. Das Saarabkommen vom 23. II. 1928[3]) trat nunmehr an die Stelle der alten Abkommen. Es machten sich bei ihm wie beim Handelsabkommen vom 17. VIII. 1927 Bereinigungsverhandlungen nötig, die mit den allgemeinen Bereinigungsverhandlungen zusammen geführt und mit den Protokollen vom 20. VI. 1928[4]) abgeschlossen wurden.

---

[1]) RGBl. II, 1927, S. 466. Journal officiel du 14 juillet 1927.

[2]) Fünfter Notenwechsel v. 17. VIII. 1927. RGBl. II, 1927. S. 873.

[3]) RGBl. II, 1928, S. 57. Journal officiel du 29 mars 1928.

[4]) Deutscher Reichsanzeiger, 1928, Nr. 182 v. 6. VIII. 1928 (im nichtamtlichen Teil veröffentlicht). RGBl. II, 1929, S. 126.

2. Die Rahmenverhandlungen.

a) Die grundsätzliche Einstellung: das „Saarbedürfnis".

Die Verhandlungen über den Warenaustausch zwischen Deutschland und dem Saargebiet stellten die Handelspolitik vor eine neuartige Aufgabe, die mit den Formeln Meistbegünstigung oder Reziprozität nicht gelöst werden konnte, vielmehr eine eigene Formel erforderte, das sogenannte Saarbedürfnis. Darunter ist zu verstehen, daß die Verhandlungen und der abzuschließende Vertrag einzig und allein im Interesse der Saarwirtschaft unter Ausschaltung der Interessen deutscher und französischer Wirtschaftskreise und politischer Gruppen und unter Ablehnung des Gesichtspunktes eines gegenseitigen Ausgleichs von Vorteilen und Zugeständnissen stehen sollten, d. h. nur das Bedürfnis der Saarwirtschaft sollte Art und Umfang der Verhandlungen und des Vertrages bestimmen.

Treibende Kräfte.

Der Gedanke des Saarbedürfnisses als Basis der Verhandlungen wurde von der Saarwirtschaft, vertreten durch die Handelskammer Saarbrücken, aufgestellt. Das Saargebiet, staatsrechtlich zu Deutschland, zollrechtlich zu Frankreich gehörend, unter der Regierung des Völkerbundes für eine Übergangszeit von 15 Jahren, nach welcher sich erst sein Schicksal endgültig entscheiden wird, stehend, der Schauplatz des deutsch-französischen Interessenkampfes, befand sich für die Verhandlungen in einer höchst unglücklichen Lage. Hätte die Saarwirtschaft in dieser Situation ausgesprochen Partei ergriffen, so wären die Verhandlungen von vornherein so gut wie aussichtslos gewesen; denn hätte sich die Saarwirtschaft zu Frankreich geschlagen, so wäre für Deutschland, analog der Stellung Elsaß-Lothringens, jeder Grund zu einer Unterstützung des Saargebietes weggefallen, hätte sich die Saarwirtschaft in einer Frankreich herausfordernden Form für Deutschland erklärt, so hätte Frankreich sie ihrem Schicksal überlassen. Frankreich hätte schon Mittel gefunden, um die verschiedenen altfranzösischen Industrien, die Schutz ihres Binnenmarktes vor der Saar verlangten, vor einem Konkurrenzkampf mit der Saarindustrie zu bewahren. Eine einseitige Stellungnahme der gesamten Saarwirtschaft war überhaupt infolge ihrer durch die Überfremdung verschiedener Werke hervorgerufenen Zwiespältigkeit an sich schon unmöglich. Wollte die Saarwirtschaft ihre wirtschaftlichen Bedürfnisse zur Geltung bringen, so mußte sie sich bemühen, die Saarverhandlungen aus dem allgemeinen deutsch-französischen Interessenstreit nach Möglichkeit zu ziehen und ihnen einen neutralen Boden zu bereiten. Nur auf diese Weise konnte sie, die sich mit den gegebenen Verhältnissen zunächst abfinden mußte, sich ihre Lebensbedingungen verschaffen, die einerseits Erleichterungen der saarländischen Ausfuhr nach Deutschland, dem alten und wichtigsten Markt der Saarproduktion, andererseits erleichterten Bezug notwendiger Produktionsmittel aus Deutschland verlangten. Diesen neutralen Boden bildete das Saarbedürfnis als handelspolitische Formel in dem oben dargelegten Sinne.

Die Stellung der Saarwirtschaft wurde von der deutschen Regierung vom Beginn der Verhandlungen an in vollem Umfang anerkannt und in den Verhandlungen stets nachdrücklich, auch gegen Wirtschaftskreise des eigenen Landes, vertreten. Die Anerkennung des Saarbedürfnisses seitens Deutschlands lag zudem im deutschen Interesse, da es die Aufrechterhaltung der lebensnotwendigen Beziehungen zwischen der Saarwirtschaft und dem übrigen Deutschland bezwecken mußte.

Hemmende Kräfte.

Sehr schwer war es dagegen, Frankreich auf die rechtliche und tatsächliche Anerkennung des Saarbedürfnisses festzulegen. Die französische Politik in der Saarfrage, deren Endziel die Eingliederung des Saargebietes in Frankreich war, versuchte den deutschen Unterstützungswillen für die Saar im Interesse Frankreichs auszubeuten. Für diese Gesinnung brachte die Saar-Wirtschaftszeitung eine sehr bezeichnende Äußerung der Réforme Economique bei: La Sarre, du moins son régime économique, constitue pour nous une monnaie d'échange [1]).

Unhaltbar war der Einwand Frankreichs, das Saargebiet brauche keine Erleichterungen, es habe in Frankreich einen entsprechenden Markt zur Verfügung, angesichts der Tatsache, daß die altfranzösischen Wirtschaftskreise allgemein die Saarwirtschaft auf dem französischen Binnenmarkt nicht gerne sahen, die Erleichterung der saarländischen Ausfuhr nach Deutschland in gewissem Umfang wünschten und der innerfranzösische Markt weder als Abnehmer noch als Lieferant Deutschland ersetzen konnte.

Dasjenige Gebiet jedoch, welches sich vom Anfang der Verhandlungen bis zum letzten Saarabkommen vom 23. II. 1928 energisch gegen eine Bevorzugung der Saar und eine alleinige Berücksichtigung der Saarinteressen zur Wehr setzte, war Elsaß-Lothringen. Elsaß-Lothringen nahm hierbei eine Doppelstellung ein. Einmal war es gegen eine einseitige Bevorzugung der saarländischen Ausfuhr nach Deutschland, da es sich hinsichtlich seiner Marktinteressen in Deutschland in der gleichen Lage wie das Saargebiet befand und eine alleinige Berücksichtigung der Saarinteressen eine Benachteiligung Elsaß-Lothringens bedeuten würde. Andererseits war Elsaß-Lothringen auch gegen eine Begünstigung der deutschen Einfuhr nach dem Saargebiet, da dieses für das Reichsland inzwischen ein wichtiger Abnehmer geworden war, zumal ihm Luxemburg durch die belgisch-luxemburgische Zollunion zu einem großen Teil verloren gegangen war. Das Interesse, welches Elsaß-Lothringen am Saarmarkt hatte, kam besonders deutlich zum Ausdruck, als im Herbst 1926 in Auswirkung von Locarno und Thoiry die Lösung der Saarfrage in Form der Rückkehr zu Deutschland im Zusammenhang mit dem Räumungsproblem sehr in den Vordergrund der politischen Diskussion gerückt war [2]).

Schließlich bildeten auch verschiedene deutsche Wirtschaftskreise insofern einen hemmenden Faktor, als einige

---

[1]) Saar-Wirtschaftszeitung, Nr. 1 v. 9. I. 1926, S. 4.

[2]) Krause-Wichmann: Auf dem Wege zur Lösung der Saarfrage. Wirtschaftsdienst, Nr. 47 v. 26. XI. 1926, S. 1624/25.

von ihnen durch die Saarverhandlungen die volle Wiedererschließung des saarländischen Marktes erreichen wollten, andere sich aus Konkurrenzgründen gegen eine Begünstigung der Saar durch zollfreie Einfuhr, noch dazu bei mangelnder Gegenseitigkeit, wandten.

Verlauf.

Die Verhandlungen über das Saarbedürfnis hoben sich keineswegs so von den anderen Teilen der Saarverhandlungen ab, wie etwa auf dem Gebiete der allgemeinen deutsch-französischen Wirtschaftsverhandlungen die Verhandlungen über die Meistbegünstigung sich heraushoben, vielmehr waren sie sehr innig mit den Verhandlungen über die einzelnen Saarinteressengebiete verbunden. Ihre Herauslösung und selbständige Darstellung in vorliegender Arbeit stieß deshalb auf Schwierigkeiten. Trotzdem war eine gesonderte Behandlung der Verhandlungen über das Saarbedürfnis notwendig, da sie die Grundlage und den Schlüssel zum Verständnis der anderen Saarteilverhandlungen bildeten. Durch jene unselbständige Stellung der Verhandlungen über das Saarbedürfnis ist es zu erklären, daß in sämtlichen Saarabkommen keine zusammenfassende handelspolitische Formel für das Saarbedürfnis enthalten ist.

Innerhalb der Verhandlungen über das Saarbedürfnis waren zwei Teilgebiete zu unterscheiden. Das eine Teilgebiet betraf die grundsätzliche Anerkennung des Vorhandenseins eines Bedürfnisses der Saarwirtschaft nach handelspolitischen Erleichterungen, welche sich auf den deutsch-saarländischen Warenaustausch bezogen. Diese grundsätzliche offizielle Anerkennung ist zum ersten Mal in der Präambel zum Saarabkommen v. 11. VII. 1925, die inhaltlich in die folgenden Saarabkommen eingegangen ist, gegeben worden. Nur das Saarabkommen v. 6. XI. 1926, welches sich auf den Eisenpaktteil und die Maschinenformel bezog, enthielt eine diesbezügliche spezielle Präambel, die aber dem Sinn nach von den obigen nicht abweicht. Das Saarabkommen v. 30. VI. 1927 war nur ein Verlängerungsabkommen, seine Präambel nahm deshalb darauf Bezug.

Die Präambel des Saarabkommens v. 11. VII. 1925 erklärte als den Zweck des Abkommens, die zwischen Frankreich und dem Saargebiet bestehende Zollunion mit einigen abmildernden und angleichenden Bestimmungen zu versehen, „um hierdurch der Wirtschaft des Saargebietes in dem für sie erforderlichen Maße die Weiterversorgung mit Rohstoffen und die Belieferung mit der bisher aus Deutschland bezogenen Betriebsausrüstung zu ermöglichen und ihr als Gegenleistung die Erhaltung gewisser Absatzgebiete, die dieses Gebiet bisher in Deutschland besaß, zu gewährleisten".

Die Präambel erkannte damit das Vorhandensein eines Saarbedürfnisses an und umriß dessen wirtschaftlichen Inhalt. Die Formulierung „als Gegenleistung" könnte auf den Gedanken bringen, daß die Präambel auf den Standpunkt des Ausgleichs der Forderungen und Zugeständnisse stehe. Doch lehnte die deutsche Denkschrift zu diesem Saarabkommen dies ab[1]) und sowohl aus den Verhandlungen wie aus dem Abkommen selbst ging zur Genüge hervor, daß man mit der Formulierung keineswegs jenen Ausgleich gemeint habe.

Das Schlußprotokoll des Saarabkommens vom 11. VII. 1925 brachte ergänzend noch eine Ausschließlichkeitserklärung, nach welcher die Vergünstigungen, die Deutschland und Frankreich im Interesse der Saar gewährten, von keinem dritten Staate auf Grund der Meistbegünstigung in Anspruch genommen werden könnten. Falls dies doch geschehen sollte, war ein besonderes Verfahren vorgesehen, auf welches sich ein Eingehen erübrigt, da es nie in Wirksamkeit trat. Diese Ausschließlichkeitserklärung ging in die folgenden Saarabkommen über. Sie unterstrich den eigenartigen Charakter des Saarbedürfnisses.

Das zweite Teilgebiet umfaßte die Verhandlungen über das Saarbedürfnis im eigentlichen Sinne. Serruys versuchte im Anfang der Verhandlungen, das Stoffgebiet der Saarverhandlungen möglichst einzuschränken und die Hauptregelung der Saarfrage auf die Seite der allgemeinen deutsch-französischen Wirtschaftsverhandlungen zu legen. Eine Sonder-

---

[1]) Denkschrift zum Saarabkommen v. 11. VII. 1925. Reichstagsdrucksachen. III. Wahlperiode. 1924/25. Nr. 1212. S. 34.

lage des Saargebietes wollte er hinsichtlich der Ausfuhr nur für Glas und Keramik anerkennen, nicht aber für Eisen. Ferner verlangte er eine sehr genaue Prüfung hinsichtlich der Einfuhr deutscher Waren in das Saargebiet, damit für Frankreich kein „Loch im Osten" entstünde.

Auch im weiteren Verlaufe der Verhandlungen über das Saarbedürfnis behielt die Eisenfrage stets eine Sonderstellung. Ihr enger Zusammenhang mit den allgemeinen deutsch-französischen Wirtschaftsverhandlungen ist bereits erörtert worden. Doch gelang es den Franzosen mit ihrer starren Haltung darüber hinaus die Saareisenfrage in einer Weise mit anderen Teilen der Saarverhandlungen in Verbindung zu bringen, die dem Grundsatz des Saarbedürfnisses nicht entsprach.

Die Franzosen wollten weiterhin ein Saarkonsumenteninteresse, die Maschineneinfuhr aus Deutschland ausgenommen, nicht anerkennen. Diese Weigerung traf in erster Linie den Saarhandel, der sich überhaupt in den Saarverhandlungen schwer hatte zur Geltung bringen können.

Das erste Ergebnis der Verhandlungen in dem Saarabkommen v. 11. VII. 1925 zeigte noch eine wenig befriedigende Lösung. Es regelte zwar die Hauptgebiete Eisen, Maschinen, Keramik, Glas. Dem Saarhandel aber brachte es sehr wenig, da Frankreich, hauptsächlich in Vertretung der Absatzinteressen Elsaß-Lothringens, die Lieferung von Gegenständen des täglichen Bedarfs nach Möglichkeit ausschalten wollte. Doch wurden alle diese Zugeständnisse durch die Klausel in Frage gestellt, daß die Ratifikation des Abkommens erst nach der Auseinandersetzung der lothringischen und saarländischen eisenschaffenden Industrien stattfinden sollte. Damit war ein fremdes Element, der lothringische Interessenstandpunkt, in die Saarverhandlungen hineingetragen worden, das, weil eine Einigung der saarländischen und lothringischen eisenschaffenden Industrien nicht zustande kam, schließlich das Inkrafttreten des ganzen Saarabkommens vereitelte. Bemerkenswert ist hierbei die Stellung der Parlamente beider Länder. Die französische Kammer und der Senat nahmen noch am 11. VII. 1925 das Saarabkommen an, wobei jene Betonung des lothringischen Interesses die Annahme erleichterte [1]). Der deutsche

[1]) Vgl. Saar-Wirtschaftszeitung, Nr. 31 v. 30. VII. 1925. S. 503/07.

Reichstag nahm das Saarabkommen zwar ebenfalls an, gleichzeitig aber auch die sogenannte „Entschließung Dr. Hilferding". Diese Entschließung brachte einmal die Ratifikation des Saarabkommens mit einer befriedigenden Lösung des während der Waffenstillstandszeit erlassenen französischen Kohleneinfuhrverbotes zusammen und verlangte für die künftigen Verhandlungen die Wahrung der vollen Gegenseitigkeit. Damit brachte der Reichstag zwei neue, fremde Momente in die Verhandlungen. Machte man schon Frankreich Vorwürfe, daß es die Ratifikation des Saarabkommens mit der lothringisch-saarländischen Eisenverständigung, die doch immerhin noch mit dem Verhandlungsstoff in Beziehungen stand, verknüpfte, so durfte man nicht das Kohleneinfuhrverbot, welches ohne Zweifel einen Bruch des Waffenstillstandes darstellte, den vorliegenden Verhandlungen aber fernstand, in diese hereinziehen, zumal Deutschland die Mittel fehlen, einen Druck auf Frankreich hinsichtlich des Kohleneinfuhrverbotes auszuüben. Frankreich war, wie die folgende Haltung nach dem Scheitern des Saarabkommens zeigte, nicht in dem hohen Maße an dem Inkrafttreten der Saarabkommen interessiert wie Deutschland, weil man in diesen Zeiten wohl noch an die exportfördernde Kraft der französischen Währungsverhältnisse glaubte. Mit der anderen Forderung der vollen Gegenseitigkeit, die auf Berücksichtigung deutscher Interessenstandpunkte hinauslief, verlangte man gerade das Gegenteil, was das Saarbedürfnis in der obigen Formulierung erforderte.

Das Saarabkommen v. 5. VIII. 1926, ein Teilabkommen ohne den Eisenpaktteil und die Maschinenformel, wies den Grundsatz des Saarbedürfnisses insofern in reinerer Form auf, als der lothringische Interessenstandpunkt in ihm nicht zur Geltung kam. Das ergänzende Saarabkommen v. 6. XI. 1926 brachte in der Frage der Stellung der eisenschaffenden Industrie zum Saarbedürfnis einen Fortschritt, der durch das Zustandekommen des Eisenpaktes ermöglicht wurde. Es knüpfte die Beziehungen der saarländischen eisenschaffenden Industrie mit Deutschland wieder enger, zeigte aber insofern eine bedenkliche Seite, als es mit der Regelung für die eisenschaffende Industrie inhaltlich auch die Maschinenformel verband, die damit dem Schicksal des Eisenpaktes, der für dieses Abkommen in letzter Linie bestimmend war, unterworfen wurde. Es war dies ein Druckmittel Frankreichs, um Deutschland möglichst fest auf den Eisenpakt zu verpflichten. In den letzten Saarverhandlungen, die zum Abschluß des Saarabkommens v. 23. II. 1928 führten, trat die Einstellung Frankreichs sehr klar in Erscheinung, indem es mit der Kündigung des Eisenpaktes zugleich eine Generalrevision der gesamten Saarregelung verlangte. Es gelang, die weitgehenden französischen Forderungen abzuweisen, doch blieb vor allem die Beziehung der Maschinenformel und der Regelung für die saarländische eisenschaffende Industrie mit dem Schicksal des Eisenpaktes bestehen, sie wurde sehr genau geregelt. Dem Saarbedürfnis entsprach dies nicht.

b) Die grundsätzlichen Verhandlungen über zollrechtliche Fragen.

Da der Warenverkehr des Saargebietes mit Deutschland, soweit er in den Saarabkommen geregelt werden sollte, sich zum größten Teil in Form von Kontingenten vollziehen sollte, waren die Fragen der Verteilung der Kontingente und ihre Kontrolle sehr wichtig, zumal die Handelspolitik der Nachkriegszeit Zollschikanen im weitesten Sinne, zu denen sich in diesem Falle Gelegenheit geboten hätte, als handelspolitisches Mittel sehr in Aufnahme gebracht hatte.

Treibende Kräfte.

Die Saarwirtschaft, deren Vertretung die Handelskammer Saarbrücken übernommen hatte, war an der Mitbeteiligung an der Kontingentsverteilung und ihrer Kontrolle, namentlich im Hinblick auf die erwähnte Möglichkeit von Zollschikanen seitens Frankreichs, sehr interessiert. Es handelte sich sowohl um die Einfuhr- wie die Ausfuhrkontingente. In ihrem Verlangen nach Mitwirkung wurde die Saarwirtschaft von Deutschland unterstützt. Deutschland war zur Gewährung von Kontingenten für die saarländische Ausfuhr nach dem deutschen Zollgebiet nur insoweit bereit, als die Kontingente der ansässigen Saarwirtschaft zugute kamen. Es brachte das

Entgegenkommen im Vertrauen auf den deutschen Charakter des Saargebietes und mit Rücksicht auf seine künftige Wiedereinfügung in das deutsche Zollgebiet. Die Regierungskommission allein mit ihrer frankophilen Einstellung bot keine genügende Sicherheit für die Wahrung der saarländischen Interessen.

Hemmende Kräfte.

Dem Verlangen einer Beteiligung der Saarwirtschaft an der Kontingentsverteilung und Kontingentskontrolle stellte sich Frankreich zunächst gänzlich ablehnend gegenüber. Diese Haltung war vom französischen Standpunkt insofern verständlich, als Frankreich, in seiner Eigenschaft als Inhaber des Zollregimes im Saargebiet, sich für jene, zur Zollverwaltung gehörigen Fragen als allein zuständig ansah. Für die Aufstellung eines Verteilungsplans der Kontingente versuchte Frankreich die Chambre de commerce Franco-Sarroise maßgeblich heranzuziehen, stieß dabei jedoch auf so starken Widerstand seitens Deutschlands und der deutschorientierten Saarwirtschaft, daß es auf diese Forderung verzichten mußte. Ferner war Frankreich an einer genauen Beschränkung der Einfuhrkontingente auf das Saargebiet interessiert, um keine Bresche in seine Zollmauer schlagen zu lassen.

Verlauf.

Das Saarabkommen v. 11. VII. 1925 regelte bereits die Frage der Kontingentsverteilung und Kontingentskontrolle in einer Form [1]), die dann bis zum Saarabkommen v. 23. II. 1928 beibehalten wurde [2]), sodaß nach verhältnismäßig kurzen Verhandlungen bis zum ersten Saarabkommen das vorliegende Stoffgebiet erst in dem letzten Teil der Saarverhandlungen wieder lebhaft umstritten war. Die Regelung des Saarabkommens v. 11. VII. 1925 war in ihren Grundzügen folgende.

Die Leitung der Verteilung der Ein- und Ausfuhrkontingente auf die Beteiligten wurde der Regierungskommission übertragen, welche die Beteiligten zur Einreichung ihrer Vor-

---

[1]) Saarabkommen v. 11. VII. 1925, Art. IV.
[2]) Vgl. Saarabkommen v. 5. VIII. 1926, Art. IV.

schläge aufzufordern und auf Grund der eingereichten Vorschläge den Verteilungsplan festzustellen hatte, gegen welchen Einwendungen zulässig waren. Über die Einwendungen hatte eine dreigliedrige Kommission zu entscheiden, deren Mitglieder den berührten Interessen fernstehen mußten. Der Vorsitzende der Kommission wurde vom Landgerichtspräsidenten in Saarbrücken bestellt, wobei er, soweit möglich, aus den bei dem Landgericht vereidigten Sachverständigen entnommen werden sollte. Das zweite Mitglied wurde von der Regierungskommission ernannt. Das dritte Mitglied wurde von der Regierungskommission aus einer Liste von drei Personen gewählt, die ihr durch die öffentlich-rechtlich anerkannten Berufsvertretungen (Handelskammer, Landwirtschaftskammer, Handwerkskammer usw.) vorgelegt wurde. Die französischen Staatsgruben konnten im Bedarfsfalle für ihre Interessen einen Beisitzer erhalten. Der Ausschuß entschied nach Billigkeit.

Die Kontingentskontrolle wurde als reine Zollverwaltungsangelegenheit der beiden Länder behandelt. Die Kontrolle der Kontingente bei ihrer Ausfuhr vom Saargebiet nach Deutschland wurde durch den Delegierten des Reichswirtschaftsministeriums im Saargebiet ausgeübt, die für die Einfuhr von Deutschland ins Saargebiet durch den französischen Zolldirektor in Saarbrücken.

Mit der skizzierten Regelung war im allgemeinen eine Garantie für die ausschließliche Berücksichtigung der saarländischen Wirtschaftsinteressen in den berührten Kontingentsfragen, bes. in der Verteilungsfrage, gegeben.

3. Die Verhandlungen auf wichtigen Interessengebieten.

a) Eisenschaffende Industrie.

Die Verhandlungen auf dem Gebiete der eisenschaffenden Industrie des Saargebietes sind völlig von den privaten Eisenpaktverhandlungen, an denen die Saareisenindustrie beteiligt war, abhängig und treten damit zu einem großen Teil aus dem Rahmen der Saarverhandlungen und des Saarbedürfnisses, ja, auch der allgemeinen deutsch-französischen Wirtschaftsverhandlungen, heraus.

Treibende Kräfte.

Die Verhandlungen über die eisenschaffende Industrie des Saargebietes hatten zum Ziel, dieser Industrie ihren alten Markt, der vor allem in Süddeutschland lag, zu erhalten. Einen Ersatz konnte ihr Frankreich infolge seiner Überproduktion an Eisen nicht geben. Die eisenschaffende Industrie Altfrankreichs war deshalb unter gewissen Vorbehalten im Interesse Lothringens für eine Erleichterung der Saarausfuhr in Eisen nach Deutschland, jedoch sollte die Saareisenfrage im Zusammenhang mit der allgemeinen deutsch-französischen Eisenverständigung geregelt werden. Die eisenverarbeitende Industrie Süddeutschlands war an der Erhaltung der saarländischen Eisenausfuhr nach Deutschland interessiert, einmal, weil das Saargebiet ihr altes Bezugsgebiet war, zum anderen, um durch das saarländische Eisen eine Preiseinwirkung auf die deutsche eisenschaffende Industrie auszuüben und einer einseitigen Preispolitik von dieser Seite durch die Konkurrenz der Saar entgegenzuwirken.

Hemmende Kräfte.

Die elsaß-lothringische eisenschaffende Industrie, deren enge Beziehungen zum deutschen Markt durch den Versailler Vertrag zerrissen waren, befand sich, nachdem die elsaß-lothringischen Kontingente ihr noch für die Übergangszeit Absatzmöglichkeiten in Deutschland eröffnet hatten, mit dem 10. I. 1925 in der gleichen Lage der völligen Zollabtrennung von Deutschland wie die Saareisenindustrie. Die elsaß-lothringische eisenschaffende Industrie verlangte für die Verhandlungen Gleichstellung mit dem Saargebiet und Verhinderung einer einseitigen Begünstigung der Saar, ohne die rechtlichen und wirtschaftlichen Unterschiede in der Stellung des Saargebietes und des alten Reichslandes zu Deutschland irgendwie zu berücksichtigen. Als sie einsehen mußte, daß diese extreme Forderung keine Aussicht auf Erfolg haben würde, versuchte sie, gegen ihre Einwilligung zur Sondervergünstigung der Saar ein möglichst weites Entgegenkommen für ihre Interessen auf Kosten des Saargebietes herauszuholen. Die Kapitalüberfremdung der saarländischen eisenschaffenden Industrie durch Frankreich komplizierte die Stellung Elsaß-Lothringens.

Verlauf.

Die Verhandlungen über die Saareisenindustrie verliefen zunächst im Rahmen der allgemeinen privaten Verhandlungen der deutschen und französischen eisenschaffenden Industrie. Eine Sonderstellung der Saareisenindustrie wurde in den Saarverhandlungen anfangs von Serruys abgelehnt. Das erste Ergebnis der privaten Eisenverhandlungen war der sogenannte Luxemburger Eisenpakt v. 16. VI. 1925. In ihm wurde der Saareisenindustrie ein jährliches Gesamteinfuhrkontingent in Eisen und Stahl in Höhe von 742 420 t zugestanden. Der Luxemburger Eisenpakt räumte die Hauptschwierigkeit der Saarverhandlungen aus dem Wege, und Frankreich erklärte sich mit der Einbeziehung der Eisenfrage unter Vorbehalt eines Ausgleichs für Elsaß-Lothringen einverstanden. Die Saardelegationen entschlossen sich, nachdem feststand, daß man im Sommer 1925 zu einem allgemeinen Provisorium nicht gelangen würde, die Saarfrage in einem selbständigen Abkommen zu regeln, nachdem sie ursprünglich nur als Annex des Provisoriums gedacht war. Das Ergebnis war das Saarabkommen v. 11. VII. 1925.

Das Saarabkommen v. 11. VII. 1925 räumte der Saareisenindustrie das im Luxemburger Eisenpakt vorgesehene Gesamteinfuhrkontingent nach Deutschland ein, wobei sich eine geringe Abweichung ergab, insofern es auf 742 000 t festgesetzt wurde. Es erhielt Zollfreiheit. Es zerfiel in

53 000 t Roheisen,
53 000 t Blockstahl, Tiegelstahl, Knüppel,
636 000 t Blech, Röhren, Walzen, Draht und ähnliche Produkte.

Hierzu trat noch ein Sonderkontingent von 40 000 t Röhren (aus Pos. 778/779).

Auf der Grundlage der privaten Eisenverständigung hatte die französische Regierung, nachdem das Scheitern des allgemeinen Provisoriums feststand, in den offiziellen Saarverhandlungen versucht, im Interesse Elsaß-Lothringens eine Bindung der deutschen Eisenzölle, Freiheit von Ein- und Ausfuhrverboten und Meistbegünstigung auf dem Eisengebiete zu erlangen. Deutschland hatte im Schlußprotokoll zum Saarabkommen v. 11. VII. 1925 die Bindung seiner autonomen und vertraglichen Eisenzölle, sofern sie von der geplanten Tariferhöhung nicht betroffen wurden, erklärt. Die in dem Entwurf der deutschen Zolltarifnovelle aufgeführten Eisenzölle band Deutschland in den Sätzen des Entwurfs. Die Bindung galt für die Dauer des Saarabkommens. Ferner versprach Deutschland im Schlußprotokoll, für diese Waren keine neuen Einfuhrverbote zu erlassen und die bestehenden aufzuheben, sobald die Zolländerungen in Kraft getreten wären. Die Meistbegünstigung in Eisen gestand Deutschland Frankreich jedoch nicht zu, es gab aber der französischen Regierung das Recht, falls Deutschland dritten Staaten über die bisherigen vertraglichen Zollsätze weitergehende Zollherabsetzungen zugestehen würde, ohne sie Frankreich auf sein Verlangen einzuräumen, entweder die Saareisenkontingente (742 000 t aus dem Luxemburger Eisenpakt zuzüglich 40 000 t Röhrensonderkontingent) außer Kraft zu setzen oder das gesamte Saarabkommen mit 10tägiger Kündigungsfrist zu kündigen. Deutschland ging diese Verpflichtung ein, da für die 4monatige Geltungsdauer des Saarabkommens nicht damit zu rechnen war, daß jene Verbindlichkeit durch irgendwelche Abmachungen mit dritten Staaten praktisch werden könnte [1]). An sich stellte sie eine Belastung des Saarabkommens dar.

Nachteiliger als die bisher erwähnten Bestimmungen des Schlußprotokolls, mit denen Frankreich Deutschland für die künftigen Eisenverhandlungen festlegen wollte, war folgende Bestimmung. Frankreich sah in dem Saarabkommen ein großes Entgegenkommen seinerseits wegen der benachteiligten elsaß-lothringischen eisenschaffenden Industrie, deren Kontingent aus dem Luxemburger Eisenpakt vorläufig nur auf dem Papier stand. Um diese Benachteiligung etwas auszugleichen, wurde in das Schlußprotokoll die Klausel gebracht, daß die Ratifikation des Abkommens erst stattfinden sollte, wenn zwischen den eisenschaffenden Industrien Frankreichs (d. h. in

---

[1]) Denkschrift zum Saarabkommen v. 11. VII. 1925. Reichstagsdrucksachen. III. Wahlperiode. 1924/25. Nr. 1212. S. 36.

diesem Zusammenhang Lothringens) und des Saargebietes eine Abmachung unter Bedingungen zustande gekommen wäre, denen beide Regierungen ihre Zustimmung geben könnten. Es war dabei an eine Abmachung gedacht, in der die Saareisenindustrie wegen ihrer Vorzugsstellung der lothringischen eisenschaffenden Industrie eine Entschädigung zahlen sollte. Die Verhandlungen beider Industrien über die Höhe der Entschädigung wurden auch sehr bald aufgenommen, brachten aber kein Ergebnis. Lothringen verlangte nach verschiedenen Schwankungen eine Entschädigung von 6 bis 6,25 RM pro t zollfrei nach Deutschland eingeführten Saareisens, für einzelne Produkte noch höhere Sätze. Diesem Verlangen gegenüber befand sich die saarländische eisenschaffende Industrie in einer merkwürdigen Position. Die vom französischen Kapital überfremdeten Werke waren schließlich geneigt, Lothringen das Zugeständnis zu machen; denn da sie mit den lothringischen Werken kapitalmäßig mehr oder weniger stark zusammenhingen, wären ja die Entschädigungssummen ihnen in irgend einer Weise doch wieder zugute gekommen. Man könnte von einer Art internen Gewinnaustausches zwischen den exportbegünstigt produzierenden Saarwerken und den in dieser Hinsicht weniger begünstigten lothringischen Werken sprechen, der sich in aller Öffentlichkeit unter staatlicher Genehmigung vollziehen würde. Das deutsch gebliebene Werk Röchling hingegen konnte sich mit der lothringischen Forderung nicht einverstanden erklären, da für es die Entschädigung eine reine Abgabe gewesen wäre, die es den französisch gewordenen Saarwerken gegenüber in eine ungünstige Position gedrängt und seine Konkurrenzfähigkeit mit ihnen stark vermindert hätte. Da Lothringen von seinen Forderungen nicht abging, gleichzeitig in Deutschland sich wegen des französischen Kohleneinfuhrverbotes eine starke Stimmung gegen das Saarabkommen geltend machte, zerschlugen sich die Verhandlungen, und die Ratifizierung fand nie statt.

Deutschland stundete in der vertragslosen Zeit der saarländischen eisenschaffenden Industrie die Zölle. Das Saarabkommen v. 5. VIII. 1926 brachte im ersten Abschnitt des Zeichnungsprotokolls eine Erklärung der deutschen und der französischen Regierung, daß Änderungen und Ergänzungen der Saarregelung, soweit sie sich durch die Verhandlungen der eisenschaffenden Industrien beider Länder ergeben würden, vorgenommen werden sollten. Auch die Zusatzerklärungen zum Provisorium v. 5. VIII. 1926 enthielten einen ähnlichen Passus. Die Möglichkeit zu Ergänzungen waren gegeben durch das Zustandekommen des endgültigen Eisenpaktes am 30. IX. 1926. Er veränderte die Stellung der Saareisenindustrie insofern, als er deren Eintritt in die deutschen Verbände zur Voraussetzung hatte. Er berücksichtigte in seiner Quotenfestsetzung die Produktionskapazität der saarländischen eisenschaffenden Industrie zu etwa 83% [1]). Er brachte aber nichts über die Regelung der Ausfuhr der saarländischen eisenschaffenden Industrie nach Deutschland. Dies überließ er den Regierungsverhandlungen. Die Regierungen nahmen Ende Oktober 1926 die Verhandlungen in Berlin auf und beendeten sie am 6. XI. 1926 mit der Unterzeichnung des Berliner Saarabkommens. Das Berliner Saarabkommen hatte auch die Maschinenformel aufgenommen und sie mit der Regelung für die eisenschaffende Industrie und dadurch mit dem Eisenpakt zusammengekoppelt.

Das Berliner Saarabkommen brachte in seiner Liste B 1 ein jährliches, zollfreies Gesamtkontingent für die saarländische eisenschaffende Industrie (für Rohluppen, Knüppel, schmiedbares Eisen, Bandeisen, Blech, Draht, Röhren, Schienen) von 1 310 000 t. Das Kontingent stellte die Höchstgrenze für die zollfreie Ausfuhr der saarländischen eisenschaffenden Industrie nach Deutschland dar, enthielt aber nichts über die Höhe der Kontingente für die einzelnen Produkte. Eine Unterteilung des Gesamtkontingents der Liste B 1 auf die einzelnen Warengruppen erübrigte sich, da die Ausfuhr der saarländischen eisenschaffenden Industrie nach Deutschland durch ihren Beitritt zu den deutschen Verbänden und Verkaufsorganisationen der Eisenindustrie deren Produktions- und Absatzfestsetzungen unterlag. Die Liste B 1 führte noch ein

[1]) Schlenker: Die Eisenindustrie in der Welt unter besonderer Berücksichtigung des internationalen Eisenpaktes. Jena, 1927, S. 21.

jährliches, zollfreies Kontingent für Schrauben und Niete bestimmter Stärke in Höhe von 4200 t auf.

Die Liste B 2 ergänzte das Gesamtkontingent durch verschiedene Einzelkontingente für Eisen und Stahl, die zusammen jährlich 239 200 t betrugen. Auch für sie bestand Zollfreiheit. Erwähnenswert waren die Kontingente für Roheisen (30 000 t) und verschiedene Röhren (45 000 t). Hinsichtlich des Röhrenkontingentes der Liste B 2 wurden durch einen Notenwechsel, der dem Abkommen beigegeben wurde, Garantien geschaffen für den Fall, daß die privaten Vereinbarungen von Burbach (ARBED) und Buß (früher Mannesmann) mit den deutschen Verbänden (Röhrenverband, Gußröhrenverband) ein Ende nehmen sollten, wodurch dann gewisse Änderungen in der Höhe des Röhrenkontingentes stattzufinden hätten.

Die Ausnutzung der Kontingente war jedoch, ausgenommen das Roheisenkontingent, durch den Beitritt der saarländischen eisenschaffenden Industrie zur Internationalen Rohstahlgemeinschaft von den Produktionsquoten abhängig, die diese vierteljährlich festsetzte. Privatim war ferner vereinbart worden, daß die Jahresausfuhr der saarländischen eisenschaffenden Industrie nach Frankreich 500 000 t nicht überschreiten sollte.

Das Saarabkommen vom 6. XI. 1926 brachte in Nummer IX des Zeichnungsprotokolls die schon im Saarabkommen vom 11. VII. 1925 Frankreich gegebene Bindung der deutschen Eisenzölle und Freiheit von Einfuhrverboten und fügte neu die Meistbegünstigung hinsichtlich der Eisenzölle hinzu.

In den Jahren 1924—1926 war die Ausfuhr in Roheisen, Bruch und Abfällen aus dem Saargebiet nach Deutschland mehr und mehr gesunken (1924: 48 111,2 t, 1925: 28 869,4 t, 1926: 24 273,4 t), dagegen hatte die saarländische eisenschaffende Industrie ihren Export in Rohluppen, Röhren, Walzen, Stab- und Formeisen, Blech, Draht, Eisenbahnoberbaumaterial nach Deutschland in der gleichen Zeit steigern können (1924: 263 689,8 t, 1925: 413 098,7 t, 1926: 556 976,9 t) [1]).

---

[1]) Quelle: Statistik des Deutschen Reichs: Band 318, II, S. 160; Band 330 A, II, S. 9; Band 339, II, S. 35; Band 351, II, S. 37. — Vgl. Monatliche Nachweise über den auswärtigen Handel Deutsch-

b) Eisenverarbeitende Industrie.

Die folgende Darstellung beschäftigt sich mit der Regelung des deutschen Exportes in Maschinen, Apparaten, Werkzeugen und Ersatzteilen nach dem Saargebiet. Die Schwierigkeit dieser Verhandlungen lag darin, eine Formel zu finden, die zwar den deutschen Maschinenexport nach dem Saargebiet erleichterte, ihn aber zugleich auf das Saarbedürfnis begrenzte. Die Darstellung scheidet also die Verhandlungen zur Erleichterung der Ausfuhr der saarländischen eisenverarbeitenden Industrie nach Deutschland aus, da sie im Rahmen der Saarverhandlungen verhältnismäßig wenig bedeutend waren. Die saarländische eisenverarbeitende Industrie erhielt zwar schon im Saarabkommen v. 11. VII. 1925 einige Kontingente, doch war ein Teil von diesen unter das Globalkontingent der eisenschaffenden Industrie geraten, was Anlaß zu lebhaften Klagen gab. Bei der Aufstellung von Wunschlisten durch die Handelskammer Saarbrücken Ende 1925 bis Anfang 1926 für die weiteren Saarverhandlungen bildete die eisenverarbeitende Industrie das stärkste Kontingent der neu zu berücksichtigenden Firmen. Im Saarabkommen vom 6. XI. 1926 wurde dann den Ausfuhrbedürfnissen der saarländischen eisenverarbeitenden Industrie in Liste B 3 nach Möglichkeit entsprochen, allerdings damit auch diese Vergünstigung, wie das ganze Berliner Saarabkommen, an den Eisenpakt geknüpft, eine Bindung, die im endgültigen Saarabkommen vom 23. II. 1928 ebenfalls aufrecht erhalten ist.

Treibende Kräfte.

Das größte Interesse an der Ermöglichung einer deutschen Maschinenausfuhr nach dem Saargebiet hatte nicht in erster Linie die deutsche Maschinenbauindustrie, obwohl auch sie natürlich sich den Saarmarkt soweit als möglich erhalten wollte, als vielmehr die Saarwirtschaft selbst, die den Bezug deutscher Maschinen und Apparate zur Aufrechterhaltung des guten Ganges der Saarwirtschaft für notwendig erachtete.

---

lands, Jahrgänge 1924—1927. Stat. Jahrbücher für das Deutsche Reich 1924/25 bis 1927.

Analog lagen die Verhältnisse hinsichtlich der Versorgung der Saar mit Werkzeugen der deutschen Kleineisenindustrie.

Hemmende Kräfte.

Schwierigkeiten machte die französische eisenverarbeitende Industrie, die für die Produkte, die sie selbst herzustellen in der Lage war, eine begünstigte deutsche Maschineneinfuhr in das Saargebiet, womöglich zollfrei, verhindern wollte. Sie trachtete danach, sich ihren Binnenmarkt, zu dem seit dem 10. I. 1925 auch das Saargebiet gehörte, in erster Linie sich selbst vorzubehalten. Auch hier war es wieder Elsaß-Lothringen, welches den Saarmarkt Deutschland möglichst wenig öffnen wollte.

Hemmend wirkte die Verbindung der Frage der deutschen Maschineneinfuhr mit den Verhandlungen der eisenschaffenden Industrie, wie sie sich in den Saarverhandlungen immer schärfer herausbildete und von Frankreich vertreten wurde.

Die allgemeinen deutsch - französischen Wirtschaftsverhandlungen beeinflußten die Verhandlungen insofern, als Frankreich sich verschiedentlich bemühte, einzelne Gebiete für eine Sonderregelung der Saar auszuschalten und in die allgemeinen Verhandlungen herüberzuziehen.

Verlauf.

Die eigenartig gelagerten Verhältnisse der Nachfrage der Saarwirtschaft nach deutschen Maschinen, Apparaten, Werkzeugen und Ersatzteilen ließen die Anwendung des Kontingentierungssystems nicht rätlich erscheinen. Es handelte sich ja hauptsächlich um Maschinen und Apparate allergrößten Typs, sodaß sich die Möglichkeit hätte ergeben können, daß ein Kontingent durch einen Ersatzbau einer Hütte gleich nach Beginn der Kontingentsperiode erschöpft werden würde [1]), während andererseits sehr hohe Kontingente durch die Gefahr eines „Loches im Osten" für Frankreich unannehmbar gewesen wären. Die zu treffende Regelung mußte geschmeidig

---

[1]) Denkschrift zum Saarabkommen v. 11. VII. 1925. Reichstagsdrucksachen. III. Wahlperiode. 1924/25. Nr. 1212. S. 35.

sein, um sich den wechselnden Bedürfnissen anpassen zu können. Es war vor allem das Verdienst von Serruys, hierfür in der sogenannten Maschinenformel einen Ausweg gefunden zu haben. Die Maschinenformel wurde im Verlaufe der Verhandlungen modifiziert. Das erste Saarabkommen vom 11. VII. 1925 enthielt sie in Art. V in ihrer strengsten Form.

Maschinenformel des Saarabkommens vom 11. VII. 1925 (Art. V):

a) Berechtigung.

Berechtigt zur Inanspruchnahme der Maschinenformel sind industrielle oder landwirtschaftliche Unternehmungen, industrielle oder andere Laboratorien, öffentliche Betriebe und Kleingewerbetreibende, die am 10. I. 1925 seit mindestens zwei Jahren im Saargebiet bestanden haben.

b) Materielle Voraussetzungen.

Der Berechtigte muß die einzuführenden Maschinen, mechanischen Vorrichtungen, Apparate, Werkzeuge und Ersatzteile nur für seinen eigenen Gebrauch benötigen.

Maschinen, mechanische Vorrichtungen und Apparate müssen zur Einreihung in eine Gruppe oder Einheit von Maschinen, mechanischen Vorrichtungen und Apparaten deutschen Ursprungs bestimmt sein. Im voraus ist hierbei festzustellen, daß die Verwendung von französischen oder saarländischen Maschinen, mechanischen Vorrichtungen und Apparaten den guten Gang des Unternehmens oder die Sicherheit der Arbeiterschaft beeinträchtigen würde. Sind die Maschinen, mechanischen Vorrichtungen und Apparate nicht zu einer Einreihung in der oben dargelegten Art bestimmt, so muß die Einfuhr als wesentliche Notwendigkeit für die Aufrechterhaltung des Betriebes erscheinen. Diese Vorschriften finden auf Werkzeuge sinngemäße Anwendung.

Ersatzteile müssen zur Ausbesserung von Maschinen, mechanischen Vorrichtungen und Apparaten deutschen Ursprungs bestimmt sein. Sie können zum unmittelbaren Gebrauch oder auf Vorrat eingeführt werden, wenn eine Vorratshaltung wirtschaftlichen oder technischen Erfordernissen des betr. Unternehmens entspricht.

Es kommen nur solche Maschinen, mechanische Vorrichtungen, Apparate, Werkzeuge und Ersatzteile, die den erwähnten Voraussetzungen genügen, für die Maschinenformel in Betracht, die in der Liste C des Abkommens aufgeführt sind.

c) Durchführung.

Zur Einführung unter den Bedingungen der Maschinenformel ist ein Berechtigungsschein nötig, den jeder vom französischen Zolldirektor in Saarbrücken erhält, der den oben erwähnten Bestimmungen der Berechtigung und materiellen Voraussetzungen genügt. Der Berechtigungsschein verpflichtet den Berechtigten, die eingeführten Maschinen, Apparate usw. mindestens zwei Jahre lang vom Tage der Einfuhr in seinem Unternehmen zu behalten. Befreiung ist zulässig.

Die Einführung der zulässigen Maschinen, mechanischen Vorrichtungen, Apparate, Werkzeuge und Ersatzteile vollzieht sich gemäß Liste C teils zollfrei, teils unter einem verminderten Minimaltarif, teils zum Minimaltarif.

d) Kontrolle.

Die Leitung der Kontrolle hat der französische Zolldirektor in Saarbrücken.

e) Ausbesserungsverkehr.

Zollfreie Aus- und Einfuhr von Maschinen, mechanischen Vorrichtungen und Apparaten deutschen Ursprungs im Saargebiet zur Ausbesserung in Deutschland soll, falls sie notwendig erscheinen würde, gestattet sein.

Die eingehenden, einzelnen Bestimmungen verwaltungstechnischer Natur, die der Maschinenformel beigegeben wurden, können übergangen werden.

Ihre praktische Erprobung hatte die Maschinenformel in der skizzierten Fassung nicht gefunden, da das Saarabkommen vom 11. VII. 1925 nie in Kraft trat. Man kann es mit

Grund bezweifeln, daß die Maschinenformel in dieser, im Interesse der französischen eisenverarbeitenden Industrie so verklausulierten und erschwerenden Form wesentliche Erleichterungen für die Saarwirtschaft gebracht haben würde. Sie bot dem freien Ermessen und damit der Zollschikane zu großen Spielraum; denn die Entscheidung, ob die Nichteinstellung einer Maschine bestimmter Herkunft den guten Gang des Unternehmens oder die Sicherheit der Arbeiterschaft beeinträchtigen würde, oder ob nicht eine Maschine aus einem anderen Lande dasselbe leisten könnte, wäre in vielen Fällen sicher nicht mit einem klaren Ja oder Nein zu beantworten gewesen. Die Bedeutung der Maschinenformel des Saarabkommens vom 11. VII. 1925 für die weiteren Verhandlungen lag darin, überhaupt erst einmal eine Basis geschaffen und die grundsätzliche Anerkennung der engen Verbundenheit der deutschen mit der saarländischen Wirtschaft auf diesem Gebiete gebracht zu haben. Die vertragslose Zwischenzeit brachte der Saarwirtschaft für die Einfuhr deutscher Maschinen, mechanischer Vorrichtungen, Apparate, Werkzeuge und Ersatzteile keine Erleichterungen.

Das Saarabkommen vom 6. XI. 1926, das auf Grund des Eisenpaktes zustande gekommen war, brachte die Maschinenformel in abgeänderter Gestalt. Wichtig war, daß von nun ab die Maschinenformel mit dem Eisenpaktteil des Saarabkommens und damit mit dem Schicksal der Internationalen Rohstahlgemeinschaft fest verbunden wurde und mit deren Kündigung in Wegfall kommen konnte.

Die Maschinenformel des Saarabkommens vom 6. XI. 1926[1]) brachte gegenüber der oben erwähnten des Saarabkommens vom 11. VII. 1925 folgende wichtige Änderung. Bei den materiellen Voraussetzungen war die Bestimmung für die einzureihenden Maschinen, mechanischen Vorrichtungen und Apparate, daß die Verwendung saarländischer und französischer Maschinen, mechanischer Vorrichtungen und Apparate den guten Gang des Unternehmens oder die Sicherheit der Arbeiterschaft gefährden würde, gefallen. Auch war die Liste der Maschinenformel (Liste C 1) geringfügig erweitert

---

[1]) Saarabkommen v. 6. XI. 1926, Art. 3.

worden. Der Wegfall jener Bestimmung über den Nachweis der Gefährdung war ein großer Fortschritt, der geeignet war, der Maschinenformel die notwendige Elastizität zu geben. Er verringerte die Möglichkeiten der Zollschikane sehr beträchtlich.

Neben der Maschinenformel brachte das Saarabkommen vom 6. XI. 1926 aber, ebenfalls in dem oben erörterten Zusammenhang mit dem Eisenpakt, in der sogenannten Verwendungskontrolle, auch Verbleibskontrolle oder erweiterte Maschinenformel genannt, weitere Erleichterungen für die Einfuhr von Produkten der deutschen eisenverarbeitenden Industrie ins Saargebiet.

Verwendungskontrolle des Saarabkommens vom 6. XI. 1926 (Art. 4):

a) Berechtigung.

Die Berechtigung steht jedem im Saargebiet Ansässigen zu, nur Händler, die zum Zwecke des Weiterverkaufs einführen, haben nachzuweisen, daß sie am 10. I. 1925 seit mindestens zwei Jahren im Saargebiet ansässig waren. Wiederverkauf ist nur an Personen, die im Saargebiet ansässig sind, gestattet. Befreiungen sind möglich.

b) Materielle Voraussetzungen.

Es kommen nur diejenigen Produkte der deutschen eisenverarbeitenden Industrie in Betracht, die in Liste C 2 aufgeführt sind. Liste C 2 enthält z. B. Maschinen für Druckerei und Papierbearbeitung, Nähmaschinen für den Hausgebrauch, Telephonapparate, elektr. Installationsmaterial, Waagen, Schreib- und Rechenmaschinen, Kugellager.

c) Durchführung.

Die Berechtigten haben einen Berechtigungsschein vorzulegen und müssen sich verpflichten, die eingeführten Produkte zwei Jahre lang in ihrem Betriebe zu behalten. Bei Produkten, die von Händlern eingeführt sind, werden die zwei Jahre vom Kauf durch den Händler an gerechnet.

Die Einfuhr unterliegt, mit einer zollfreien Ausnahme, dem Minimaltarif und ist zum größten Teil kontingentiert.

d) Kontrolle.

Die Kontrolle untersteht gleichfalls dem französischen Zolldirektor in Saarbrücken.

Die Verwendungskontrolle berücksichtigte vor allem ein Teilinteresse des Saarhandels, für welchen sie in erster Linie gedacht war. Sie bildete eine wertvolle Ergänzung der Maschinenformel im Hinblick auf die Exportmöglichkeiten der deutschen eisenverarbeitenden Industrie in das Saargebiet, die durch das allgemeine Provisorium vom 31. III. 1927 noch auf kleineren Teilgebieten erweitert wurden.

Die Ausfuhr der deutschen eisenverarbeitenden Industrie [1]) nach dem Saargebiet hielt sich 1924 und 1925 auf einer gleichmäßigen Höhe von rund 110 000 dz, sank dann 1926 unter den Wirkungen der durch die Frankeninflation verminderten Kaufkraft auf rund 36 000 dz. 1927 stieg sie wieder an [2]). Die Wirkungen der Maschinenformel und der Verwendungskontrolle lassen sich aus dem vorhandenen Zahlenmaterial nicht feststellen.

c) Keramische und Glasindustrie.

Bei den Verhandlungen über die keramische und Glasindustrie des Saargebietes handelte es sich darum, diesen beiden Industriezweigen ihren alten Markt in Deutschland zu erhalten.

---

[1]) Es wurden folgende Gruppen des Internat. Stat. Verzeichnisses zugrunde gelegt: Dampflokomotiven, Tender; Textilmaschinen; Werkzeugmaschinen; landw. Maschinen; sonst. Maschinen (außer elektr.); elektr. Maschinen; elektrotechn. Erzeugnisse; Kessel, Teile und Zubehör von Maschinen; Messerschmiedewaren; Werkzeuge u. landw. Geräte, sonst. Eisenwaren; Kraftfahrzeuge.

[2]) Quelle: Statistik des Deutschen Reichs: Band 318, II, S. 160; Band 330, II, S. 9; Band 339, II, S. 35; Band 351, II, S. 37. — Vgl. Monatliche Nachweise über den auswärtigen Handel Deutschlands, Jahrgänge 1924—1927. Stat. Jahrbücher für das Deutsche Reich 1924/25 bis 1927.

aa) Keramische Industrie.

Treibende Kräfte.

Die treibende Kraft in den Verhandlungen war die saarländische keramische Industrie, deren Ausfuhrbedürfnis nach Deutschland oben dargelegt worden ist [1]. Daneben war auch, wie bereits erwähnt, die keramische Industrie Altfrankreichs daran interessiert, daß die gefährliche saarländische Konkurrenz ihre Produktion auf dem deutschen Markte unterbringen konnte.

Hemmende Kräfte.

Hemmende Kräfte von größerer Bedeutung waren nicht vorhanden. Gewiß wurde die elsaß-lothringische keramische Industrie, soweit sie früher ebenfalls für den deutschen Markt produziert hatte, durch die Bevorzugung des Saargebietes benachteiligt, zumal die Hoffnung auf eine Verlängerung der elsaß-lothringischen Kontingente sich im Verlaufe der Verhandlungen als trügerisch erwies. Stärker aber als der elsaß-lothringische Widerstand war der Wunsch der altfranzösischen Keramindustrie nach Schutz gegen die Saar. Auch manchen deutschen Fabriken, die sich inzwischen an die Stelle der saarländischen Werke auf dem deutschen Markte geschoben hatten, war natürlich eine Begünstigung des Saargebietes unangenehm. Doch dieser Faktor war unerheblich, das Saarbedürfnis schloß ihn aus.

Verlauf.

Das Saarabkommen vom 11. VII. 1925 sah in seiner Liste B für Steinzeug, Bodenplatten aus Ton, sonstige Tonwaren, Porzellan und Porzellanwaren ein jährliches Gesamtkontingent von 46 414 t vor, von dem jedoch nur ein Drittel infolge der viermonatigen Geltungsdauer des Abkommens in Wirksamkeit getreten wäre. Das Jahreskontingent von 46 414 t entsprach reichlich dem Jahresdurchschnitt der saarländischen Einfuhr nach dem übrigen Deutschland von 1911—1913 (ohne Elsaß-Lothringen) mit 45 579 t. Das Kontingent sollte zollfrei

---

[1] Vgl. Seite 48/50.

nach Deutschland eingehen, das Schicksal des Saarabkommens vom 11. VII. 1925 vereitelte aber sein Inkrafttreten. Deutschland half mit Zollstundungen.

Das Saarabkommen vom 5. VIII. 1926 nahm das Kontingent wieder auf, ließ aber das Teilkontingent von 180 t für Porzellan und Porzellanwaren fallen. Das keramische Kontingent wurde in Liste B des Saarabkommens vom 5. VIII. 1926 als Halbjahrskontingent von 23 117 t geführt. Auch dieses Kontingent war zollfrei.

Die Kontingente für Mauersteine und Dachziegel aus Ton sind in beiden obigen Aufstellungen nicht mit inbegriffen. Sie spielten in den Verhandlungen keine wichtige Rolle. Sie betrugen 40 000 t.

Unter dem Eindruck der Zollabschnürung war Anfang 1925 der Auftragsbestand der saarländischen Keramindustrie nach Deutschland um rund 50% zurückgegangen [1]). Doch besserte sich die Lage 1925 bald durch die französische Inflation, die einen weiteren Absatz nach Deutschland ermöglichte, der deutscherseits durch Zollstundungen gefördert wurde. Die Jahresausfuhr 1925 in Ton- und Porzellanwaren (außer Ziegeln) aus dem Saargebiet nach Deutschland betrug 22 905,9 t, war also gegenüber der durchschnittlichen Jahresausfuhr von 1922—1924 mit 13 068 t beträchtlich gestiegen. 1926 ging jedoch die Jahresausfuhr auf 20 980,3 t zurück, obwohl seit dem 21. VIII. 1926 durch das Saarabkommen vom 5. VIII. 1926 ein zollfreies Halbjahrskontingent von 23 117 t zugelassen war. Die Inflation brachte 1926 keine Exportsteigerung. Nach den einzelnen Monaten untersucht, war sogar in den Zeiten der französischen Frankenstürze im ersten Halbjahr 1926 ein Rückgang der Ausfuhr festzustellen, der erst seit August unter der Wirkung der stabileren Haltung des Franken und des Saarabkommens überwunden werden konnte. 1927, in welchem Jahr die bestehende Saarregelung mit 14tägiger Unterbrechung weiterlief, brachte eine Steigerung der Ausfuhr der keramischen saarländischen Industrie nach Deutschland auf 35 961,1 t, die aber immer noch unter der Kontingentsumme

---

[1]) Saar-Wirtschaftszeitung, Nr. 9 v. 26. II. 1925.

von 46 234 t pro Jahr weit zurückblieb[1]). Die Ausfuhr der elsaß-lothringischen Konkurrenz nach Deutschland zeigte die gleichen Erscheinungen: Rückgang 1926, Anstieg 1927, blieb aber sehr beträchtlich hinter der saarländischen zurück.

bb) Glasindustrie.

Treibende Kräfte.

Die Verhältnisse in der Glasindustrie glichen denen der keramischen Industrie. Auch in der Glasindustrie bestand ein dringendes Ausfuhrinteresse der saarländischen Glasproduzenten nach Deutschland. Die altfranzösische Glasindustrie war damit einverstanden, wenn sie durch zollfreie Kontingente die saarländische Glasindustrie im Wettbewerb um den französischen Markt loswerden konnte.

Hemmende Kräfte.

Hemmungsmächte von größerer Stärke waren nicht vorhanden. Die elsaß-lothringische Glasindustrie vermochte nicht auf die Verhandlungen nachhaltigen Einfluß auszuüben. Verschiedenen deutschen Firmen, die inzwischen den Ausfall der saarländischen Lieferung nach Deutschland ausgenutzt hatten, kamen die Wünsche der Glasindustrie des Saargebietes auf zollfreie Kontingente ungelegen. Dabei wurde die teilweise Umstellung der saarländischen Flaschenglasindustrie auf die Produktion von Sektflaschen in den späteren Verhandlungen von seiten der deutschen Konkurrenz verschiedentlich lästig empfunden. Doch schieden derartige Gedankengänge ebenso wie bei der Keramindustrie bei den unter dem Gesichtspunkte des Saarbedürfnisses geführten Verhandlungen aus.

Verlauf.

Die saarländische Glasindustrie erhielt in dem Saarabkommen vom 11. VII. 1925 in Liste B ein zollfreies Kon-

---

[1]) Quelle: Statistik des Deutschen Reichs: Bd. 318, II, S. 160; Bd. 330 A, II, S. 9; Bd. 339, II, S. 35; Bd. 351, II, S. 37. — Vgl. Monatliche Nachweise über den auswärtigen Handel Deutschlands, Jahrgänge 1924—1927. Stat. Jahrbücher für das Deutsche Reich 1924/25 bis 1927.

tingent in Hohlglas, Tafelglas, Spiegelglas und verschiedenen Glaswaren in einer Jahreshöhe von 23 775 t zugebilligt. Völlig ausgefallen war die Flaschenglasindustrie, die in den französischen Weinbaugebieten einen Ersatzmarkt zu finden sich bemühte und im Frühjahr 1925 bei den Verhandlungen der Ansicht gewesen war, das deutsche Absatzgebiet entbehren zu können[1]. Im Verlaufe des Jahres 1925 stellte sich jedoch diese Ansicht als ein großer Irrtum heraus. Die Flaschenglasindustrie mußte zu Produktionseinschränkungen, teilweise sogar zu Stillegungen schreiten.

Ende 1925 ging die Handelskammer Saarbrücken an die Neuaufstellung ihrer Wunschlisten für künftige Saarverhandlungen. Hierbei stellte die Flaschenglasindustrie das zweitstärkste Kontingent der neu zu berücksichtigenden Industriegruppen. Das Saarabkommen vom 5. VIII. 1926 brachte dann der Flaschenglasindustrie ein zollfreies Halbjahrskontingent von 6000 t. Die übrige Glasindustrie erhielt ihr altes Kontingent, welches jetzt als zollfreies Halbjahrskontingent von 11 887½ t geführt wurde. Das Saarabkommen vom 6. IX. 1926 brachte für Tafelgerät aus Glas ein zollfreies Ergänzungskontingent von 50 t jährlich.

Die unmittelbare Folge des 10. I. 1925 war ein Ausfall der Lieferungen nach Deutschland um 35—40% [2]. Die Gesamtausfuhr saarländischer Glaswaren nach Deutschland betrug im Jahre 1925 13 463,2 t, blieb damit um mehr als 10 000 t unter dem Kontingent des nicht in Kraft getretenen Saarabkommens vom 11. VII. 1925 zurück. Deutschland hatte in der vertragslosen Zeit auch der Glasindustrie Zollstundungen gewährt. 1926 stieg die Ausfuhr nach Deutschland auf 13 712,4 t, wobei die Wirkung des Saarabkommens vom 5. VIII. 1926 und der faktischen Frankenstabilierung deutlich erkennbar war. Die Ausfuhr in Tafelglas nach Deutsch-

[1] Saar-Wirtschaftszeitung, Nr. 2 v. 16. I. 1926. Niederschrift über die erste Vollsitzung der Handelskammer Saarbrücken am 8. I. 1926 (Punkt 5 der Tagesordnung betraf deutsch-französische Handelsvertragsverhandlungen und Saarzollfrage).

[2] Saar-Wirtschaftszeitung, Nr. 9 v. 26. II. 1925.

land schwankte beispielsweise in den Monaten Januar bis August 1926 zwischen 339,1 t und 756,9 t monatlich, um mit September auf 1394,7 t und bis Dezember auf 1657,5 t zu steigen. 1927 war die Ausfuhr saarländischer Glaswaren nach Deutschland auf 20 856,3 t gestiegen, hatte das Kontingent also noch nicht erreicht[1]). Das Saargebiet stand während dieser Zeit weitaus an erster Stelle der auswärtigen Glaslieferanten Deutschlands.

[1]) Quelle: Statistik des Deutschen Reichs: Band 318, II, S. 160; Band 330 A, II, S. 9; Band 339, II, S. 35; Band 351, II, S. 37. — Vgl. Monatliche Nachweise über den auswärtigen Handel Deutschlands, Jahrgänge 1924—1927. Stat. Jahrbücher für das Deutsche Reich 1924/25 bis 1927.

III. Teil.

Die Ergebnisse.

A.

Die rechtlichen Ergebnisse der allgemeinen deutsch-französischen Wirtschaftsverhandlungen.

1. Allgemeiner Überblick.

Die deutsch-französischen allgemeinen Wirtschaftsverhandlungen haben im Handelsabkommen vom 17. VIII. 1927 rechtlich einen deutschen Erfolg gebracht.

In der Meistbegünstigungsfrage liegt der bedeutsamste Erfolg für Deutschland, indem es als erster Staat seit dem Inkraftsein des Gesetzes vom 29. VII. 1919 mit Frankreich einen Handelsvertrag auf der Basis der allgemeinen, gegenseitigen Meistbegünstigung abgeschlossen hat. Die Tendenz der französischen Handelspolitik der Nachkriegszeit auf Verwirklichung des Grundsatzes der Reziprozität erlitt dadurch einen Rückschlag, der sich im weiteren Verlaufe zu einer völligen Neuorientierung der französischen Handelspolitik auswirken kann. Wichtige Ansätze hierzu sind vorhanden. So traten nach Abschluß des deutsch-französischen Handelsabkommens die Vereinigten Staaten von Amerika an Frankreich mit der Forderung der allgemeinen Meistbegünstigung heran. Zwischen beiden Staaten bestand eine autonome Regelung, nach welcher Frankreich im allgemeinen den alten Tarif von 1910 anwandte. Es gelang den Vereinigten Staaten, von Frankreich eine Behandlung zu erlangen, die im wesentlichen der Deutschlands auf Grund des Handelsabkommens entsprach. Der Charakter der autonomen Regelung ist jedoch beibehalten worden.

Auf zollrechtlichem Gebiete hat Deutschland als erster Staat nach dem Kriege von Frankreich in weitem Umfang Zollbindungen bekommen. Der gebundene neue Minimaltarif Frankreichs umfaßt schätzungsweise 70—75% des deutschen Ausfuhrinteresses [1]). Deutschland hat ebenfalls für den größten Teil des französischen Exportinteresses seine Vertragssätze gebunden. Desgleichen bewies Frankreich in der Nationalisierungsfrage und in der Frage der Wertberechnung bei Wertzöllen Entgegenkommen. Für die Niederlassung ist beiderseitige Meistbegünstigung, resp. Inländerbehandlung, erzielt worden.

Auf das Beschlagnahmerecht aus § 18 der Anlage II, Teil VIII (Reparationen) des Versailler Vertrages, welches einem normalen Handelsverkehr hemmend im Wege stand, hat Frankreich in Ziffer I der Zusatzerklärungen verzichtet. Dieser Verzicht ist mit der parlamentarischen Genehmigung des Handelsabkommens in beiden Ländern unabhängig vom weiteren Schicksal des Handelsabkommens gemäß dem 6. Notenwechsel vom 17. VIII. 1927 wirksam geworden. Auf die 26proz. Reparationsabgabe, die am Anfang der Verhandlungen eine gewisse Rolle gespielt hatte, hat das Handelsabkommen in Ziffer II der Zusatzerklärungen Bezug genommen und die Bereitwilligkeit beider Länder zu Verhandlungen über diese Frage erklärt, nachdem Frankreich dem deutschen Wunsch, das bisherige Einzelerhebungsverfahren durch ein Pauschalverfahren zu ersetzen, in dem Protokoll vom 27. IV. 1926 grundsätzlich stattgegeben hatte. In den Vereinbarungen vom 16. III. 1928 ist an die Stelle des bisherigen Einzelerhebungsverfahrens das Pauschalerhebungsverfahren unter Vermittelung der Reichsbank nach dem Muster des deutsch-englischen Abkommens vom 3. IV. 1925 getreten. Die ursprüngliche deutsche Forderung auf Aufhebung der Reparationsabgabe hat sich nicht verwirklichen lassen. Die eingangs erörterten volkswirtschaftlichen Nachteile der Reparationsabgabe bleiben bestehen.

---

[1]) Vgl. Reichstagsdrucksachen. III. Wahlperiode. 1924/27. Nr. 3651. Entwurf eines Gesetzes über das Handelsabkommen zwischen Deutschland und Frankreich. Denkschrift. S. 357.

Inzwischen ist das Erhebungsverfahren der Reparationsabgabe erneut abgeändert worden durch das Haager Abkommen v. 18. I. 1930 zwischen Deutschland und Frankreich, welches als Anlage X a der Vereinbarungen der Haager Konferenz vom Januar 1930 [1]) in die Gesamtregelung des Neuen Plans einbezogen worden ist. Die Bank für Internationalen Zahlungsausgleich ist zwischen Deutschland und Frankreich einschaltet worden und im übrigen die Reparationsabgabe der Neuregelung der ganzen Reparationsfragen im Neuen Plan angepaßt worden.

In der Kolonialfrage hat Deutschland, trotz grundsätzlicher Anerkennung der Meistbegünstigung als Basis seitens Frankreichs, seine Forderungen nicht restlos durchsetzen können. Das Niederlassungsrecht für Marokko ist ihm nicht zugestanden worden.

Ein Sonderregime für Elsaß-Lothringen findet nicht statt. Die Kontingentsfrage Elsaß-Lothringens hat in den letzten Teilen der Verhandlungen keine Rolle mehr gespielt.

Das Handelsabkommen v. 17. VIII. 1927 ist seit dem 6. IX. 1927 in Kraft. Bis zum 15. IV. 1928 war auf dem Zolltarifgebiete eine erste Übergangsregelung bis zur umfassenderen Meistbegünstigung in Kraft.

Was die zeitliche Geltung des Handelsabkommens betrifft, so ist es auf unbestimmte Zeit abgeschlossen. Die erste ordentliche Kündigung ist für den 30. VI. 1929 mit dreimonatiger Kündigungsfrist möglich [2]). Für die Zwischenzeit war eine außerordentliche Kündigung für beide Teile im Falle der Inkraftsetzung des neuen französischen Zolltarifs zugelassen worden, von der aber kein Gebrauch gemacht worden ist. Einzelne Klauseln für außerordentliche Kündigung werden im folgenden erörtert werden. Der Abschluß des Abkommens auf unbestimmte Zeit entspricht den schwierigen, noch nicht konsolidierten wirtschaftlichen Verhältnissen der Nachkriegszeit, denen mit einer Bindung auf lange Zeit nicht gedient worden wäre. Er ermöglicht eine größere Beweglichkeit in der Handelspolitik.

[1]) RGBl. II, 1930, S. 263.

[2]) Handelsabkommen v. 17. VIII. 1927, Art. 48, Abs. 2.

Für Streitigkeiten über die Ausführung des Handelsabkommens, die nicht auf diplomatischem Wege beigelegt werden können, ist ein Schiedsverfahren gemäß dem deutsch-französischen Schiedsabkommen v. 16. X. 1925 aus dem Locarnopakt vorgesehen [1]).

2. Meistbegünstigung.

Das Handelsabkommen v. 17. VIII. 1927 ist grundsätzlich auf der allgemeinen, gegenseitigen Meistbegünstigung aufgebaut. Diese tritt sofort mit dem Handelsabkommen in Kraft auf verschiedenen, nicht zolltariflichen Teilgebieten wie Handelsverkehr, Handelsgesellschaftsrecht, Vermögenserwerb, Konsulatswesen. Ausgenommen sind nach internationalem Brauch der kleine Grenzverkehr [2]), die Doppelbesteuerung u. v. a. (Art. 11). Die besondere Stellung der Kolonien, Niederlassungen, Protektorate und Mandatsgebiete zur Meistbegünstigungsfrage wird in einem anderen Zusammenhang behandelt, grundsätzlich ist auch für sie das Meistbegünstigungsprinzip zur Anwendung gelangt.

Auf dem Gebiete der Zolltarife unterliegt die Meistbegünstigung zeitlichen und inhaltlichen Beschränkungen. Frankreich wollte gewisse Diskriminierungen verschiedener deutscher Waren in einer Zwischenzeit noch vornehmen. Infolgedessen bestand auch Deutschland im Interesse der Gegenseitigkeit auf dem gleichen Recht, obwohl es zur Anwendung der allgemeinen Meistbegünstigung auf dem Zolltarifgebiete mit Inkrafttreten des Abkommens grundsätzlich bereit war [3]).

Für die Meistbegünstigung auf zolltarifarischem Gebiet hat das Handelsabkommen v. 17. VIII. 1927 drei Regelungen vorgesehen, welche sich einander abgelöst haben. Die erste Regelung betrifft die listenmäßige Meistbegünstigung, welche mit dem Handelsabkommen am 6. IX. 1927 in Kraft trat. Es

---

[1]) Handelsabkommen v. 17. VIII. 1927, Art. 47.

[2]) Vgl. das deutsch-französische Abkommen über den kleinen Grenzverkehr v. 25. IV. 1929 mit verschiedenen Notenwechseln. RGBl. II, 1930, S. 1133, 1206.

[3]) Denkschrift zum Handelsabkommen v. 17. VIII. 1927. Reichstagsdrucksachen. III. Wahlperiode. 1924/27. Nr. 3651. S. 358.

erhielten danach die Meistbegünstigung die in den Listen A und B des Handelsabkommens aufgeführten deutschen und die in den Listen E und F enthaltenen französischen Waren [1]. Die übrigen Waren fielen unter die eingangs erwähnten Diskriminierungen der Zwischenzeit, doch waren diese Ausnahmen gering, da auf Grund der Listen A und B schätzungsweise bereits 90% des tatsächlichen deutschen Ausfuhrinteresses nach Frankreich die Meistbegünstigung erhalten hatten [2] und für Frankreich sich ein ähnliches Resultat ergeben dürfte. Diese Regelung, die im Folgenden als erste Übergangszeit bezeichnet wird, war befristet, am 15. XII. 1928 mußte sie durch die definitive Regelung mit gegenseitiger, unbeschränkter Meistbegünstigung abgelöst werden [3]. Ihre Geltungsdauer sollte sich aber verkürzen, wenn Frankreich während dieser Zeit einen neuen Zolltarif einführen würde. Der Ausdruck „neuer Tarif" sollte dabei entweder einen vollständigen, alle Produktionszweige betreffenden Tarif oder eine zusammenfassende Neuregelung der Zollsätze der Hauptwarengruppen der Listen A und C des Handelsabkommens bedeuten [4]. In diesem Falle sollte einen Monat nach Inkrafttreten des neuen Tarifs Deutschland an Frankreich die Meistbegünstigung de jure geben, Frankreich an Deutschland die Meistbegünstigung de facto, d. h. Deutschland sollte sofort und bedingungslos die niedrigsten Zollsätze für alle Erzeugnisse erhalten, die es in das französische Zollgebiet ausgeführt habe oder bei denen eine gewisse Ausfuhr aus Deutschland nach irgend einem anderen Lande bestünde [5]. Man hatte diese Lösung deshalb eingeschaltet, weil man sicher annahm, daß die französische Zolltarifreform, besonders im Hinblick auf die bevorstehenden Neuwahlen der Kammer, vor dem 15. XII. 1928 erledigt werden würde, und man dann eine umfassende Meistbegünsti-

---

[1]) Handelsabkommen v. 17. VIII. 1927, Art. 1; 2; 8.

[2]) Denkschrift zum Handelsabkommen v. 17. VIII. 1927. Reichstagsdrucksachen. III. Wahlperiode. 1924/27. Nr. 3651. S. 359.

[3]) Handelsabkommen v. 17. VIII. 1927. Art. 6, Abs. VI.

[4]) Handelsabkommen v. 17. VIII. 1927. Zeichnungsprotokoll. Zu Art. 6, Abs. III.

[5]) Handelsabkommen v. 17. VIII. 1927. Art. 6, Abs. III, II. Zeichnungsprotokoll. Zu Art. 6, Abs. I.

gungsregelung nicht bis zum äußersten Termin hinausschieben wollte. Dieser vorgesehene Fall trat auch ein, da am 16. III. 1928 der Additif Douanier, der jene zusammenfassende Neuregelung der Zollsätze der Hauptwarengruppen der Listen A und C brachte, in Kraft gesetzt wurde. Am 16. IV. 1928 trat infolgedessen, weil von der vorgesehenen außerordentlichen Kündigungsmöglichkeit kein Gebrauch gemacht wurde, die zweite Übergangszeit (deutscherseits Meistbegünstigung de jure, französischerseits de facto) in Kraft. Für diese zweite Übergangszeit versuchte Frankreich, eine Liste derjenigen deutschen Waren aufzustellen, die nicht deutsche Exportartikel im Sinne von Handelsabkommen, Art. 6, Abs. III und Zeichnungsprotokoll. Zu Art. 6, Abs. I wären. Es sah jedoch von diesem Unternehmen, welches lediglich aus einem gewissen Formalismus zu erklären war, ab, als deutscher Widerstand sich fühlbar machte, indem vor allem Deutschland jede Mitwirkung an der Aufstellung einer solchen Liste strikt ablehnte und die Liste überhaupt für überflüssig erklärte. Am 15. XII. 1928 wurde die zweite Übergangszeit von der endgültigen Lösung ersetzt, in der beiderseitige unbeschränkte Meistbegünstigung herrscht. Das Handelsabkommen v. 17. VIII. 1927 fügt in Art. 6, Abs. VI die Worte de jure bei der von Deutschland gewährten Meistbegünstigung hinzu, läßt sie aber bei der französischen Meistbegünstigung weg. Doch geht sowohl aus dem Sinn des Art. 6, Abs. VI des Handelsabkommens wie aus der französischen Kammerdrucksache Nr. 2744 zum französisch-polnischen Handelsabkommen v. 24. IV. 1929 [1]) einwandfrei hervor, daß Deutschland, auch nach Auffassung der französischen Regierung, seitens Frankreichs die Meistbegünstigung de jure genießt. In praxi hat jedoch zwischen der zweiten Übergangszeit und der endgültigen Lösung kein Unterschied bestanden, sodaß sich auch die vorliegende Arbeit auf eine eingehendere Darstellung der zolltarifarischen Bestimmungen der ersten Übergangszeit be-

[1]) Annexe au procès-verbal de la séance du 17 janvier 1930. Projet de loi tendant à l'approbation de l'accord commercial signé le 24 avril 1929 entre la France et la République Polonaise. Doc. parl. No. 2744. Chambre des Députés. Quatorzième legislature. Session de 1930, pag. 2.

schränken und die zweite Übergangszeit mit der endgültigen Lösung zusammenfassen konnte.

So hoch auch die Gewährung der Meistbegünstigung de jure von Frankreich als deutscher Verhandlungserfolg zu werten ist, er darf jedoch nicht darüber täuschen, daß zwischen den beiderseits gewährten Meistbegünstigungen bedeutsame Unterschiede bestehen, insofern als Deutschland die Meistbegünstigung den französischen Erzeugnissen schlechthin gewährt, Frankreich aber, seinem Zollrecht entsprechend, nur den Boden- und Gewerbeerzeugnissen deutschen Ursprungs und deutscher Herkunft[1]). Es kommen hierfür die französischen Vorschriften über Nationalisierung (Ursprung) und Herkunft (droiture) in Betracht, welche sehr streng sind, während das deutsche Zollrecht auf beiden Gebieten eine sehr liberale Haltung einnimmt. Es ist im Handelsabkommen v. 17. VIII. 1927 in seinen Artikeln 17 und 18 und den dazugehörigen Bestimmungen des Zeichnungsprotokolls (mit einer Nationalisierungsliste) gelungen, zu einer annehmbaren Verständigung, soweit das französische Zollrecht dies zuließ, zu kommen, nachdem man sich schon im Provisorium v. 5. VIII. 1926 im Wesentlichen geeinigt hatte. Nachteilig bleiben die Vorschriften für den direkten Transport vor allem im Verkehr mit dem französischen Kolonialgebiet, insbesondere mit Indochina, da die jetzt beim Fehlen einer direkten Schiffsverbindung zwischen Deutschland und Indochina übliche Umladung der Güter in Singapore oder Hongkong als eine Unterbrechung des direkten Transportes angesehen wird, sodaß nicht mehr der deutsche Versandhafen, sondern der betreffende Umladehafen als Herkunftsort gilt, nach welchem sich dann die Verzollung richtet. Es ist zu hoffen, daß Frankreich, wie es auch in anderen Fällen, z. B. Neukaledonien, getan hat, Erleichterungen gewähren und die Umladung in Singapore oder Hongkong für den Verkehr mit Indochina nicht mehr als Durchbrechung des direkten Transportes ansehen wird.

Von den neuen Handelsverträgen, welche Frankreich

---

[1]) Vgl. hierzu Eichhorn: Einschränkung der Meistbegünstigungsklausel durch Zollvorschriften über Ursprung, Herkunft und direkten Transport. Saar-Wirtschaftszeitung, Nr. 51 v. 21. XII. 1929. S. 845 ff.

seit dem deutsch-französischen Handelsabkommen v. 17. VIII. 1927 abgeschlossen hat, hat Deutschland auf Grund seines Meistbegünstigungsrechtes in einigen Positionen günstigere Zollsätze erhalten, doch sind die so erlangten Vorteile von geringer Bedeutung. Es kommen vor allem in Frage das Handelsabkommen zwischen Frankreich und der belgisch-luxemburgischen Zollunion v. 23. II. 1928 mit Notenwechsel v. 27. VI. 1928 und Zusatzabkommen v. 28. III. 1929, das französisch-italienische Abkommen v. 7. III. 1928, das französisch-schweizerische Zusatzabkommen v. 21. I. 1928 zum Handelsabkommen v. 1906 mit Ergänzungsabkommen v. 11. III. 1928, ersetzt durch die Handelsübereinkunft v. 8. VII. 1929, das französisch-österreichische Handelsabkommen v. 16. V. 1928 und das französisch-tschechoslowakische Handelsabkommen v. 2. VII. 1928.

3. Die grundsätzlichen Ergebnisse in zollrechtlichen Fragen.

a) Zollbindung.

Das Handelsabkommen v. 17. VIII. 1927 weist die zwei Arten der Zollbindung, die absolute seitens Deutschlands und die gleitende seitens Frankreichs, auf.

Deutschland hat die in der Liste E des Handelsabkommens aufgeführten vertraglichen Zollsätze für französische Waren während der Dauer des Abkommens absolut gebunden. Es haben alle wichtigen französischen Ausfuhrwaren des Wein-, Obst- und Gemüsebaues, der Industrie der Kleinchemikalien, der Textilindustrie, um nur einige Gruppen zu nennen, Zollbindung dadurch bekommen. Die Zollbindung gilt vom Inkrafttreten des Abkommens an, also ab 6. IX. 1927. Die in der Liste F aufgeführten Waren des französischen Exportinteresses erhalten zwar von Anfang an die Meistbegünstigung, jedoch keine Zollbindungen. Diese Ausnahme ist im Interesse der Gegenseitigkeit für Deutschland unumgänglich gewesen, da Frankreich nur für einen Teil der Waren des deutschen Ausfuhrinteresses sich zu Zollbindungen bereit erklärt hat.

Frankreichs gleitende Zollbindung entspricht völlig der

schon erwähnten generellen Regelung des Bokanowski-Tarifs. Nur ist bemerkt, daß eine Senkung der vertraglich gebundenen Zollsätze unter den gegebenen Voraussetzungen bis zu der Untergrenze von 60% stattfinden m u ß, eine Erhöhung im entsprechenden Falle stattfinden k a n n. Die Berechnung der Veränderungen des Großhandelsindex haben dessen Stand im Juli 1927 zum Ausgang zu nehmen.

Bis jetzt ist noch keine Änderung der Zollsätze eingetreten.

Was den Umfang der französischen Zollbindung betrifft, so ist in einer besonderen Bindungsliste, der Liste D des Handelsabkommens, bestimmt, welche Waren des deutschen Exportinteresses aus den vorhergehenden Listen A—C gebundene Zollsätze erhalten. Die Waren, die Liste D von der Zollbindung ausnimmt, sind nur wenige, z. B. Wein, Kolonialwaren, Mineralöle, Zinn, Zink, Nickel und Waren aus ihnen, Wachstuch, Zeitungspapier, Schuhwerk, Möbel, Kraftwagen. Für letztere hat Frankreich in seinen neuen Automobilzöllen (Gesetz v. 17. IV. 1930)[1]) an die Stelle der bisherigen Wertverzollung einen bedeutend höheren Gewichtszoll gesetzt.

Doch wird der Umfang der Zollbindung Frankreichs zeitlich eingeschränkt. Die Waren der Liste B, die den Hauptteil des deutschen Exportinteresses berücksichtigt, erhalten den neuen Minimaltarif für die Geltungsdauer des Abkommens gebunden (über unbedeutende Ausnahmen s. o.) entsprechend den Waren des französischen Ausfuhrinteresses der oben erwähnten Liste E. Die Waren der Listen A und C erhielten Zollbindungen für ihre alten Minimaltarifsätze resp. Abschlagssätze vom Generaltarif nur für die Dauer der ersten Übergangszeit bis zum Eintritt der beiderseitigen Meistbegünstigung, während welcher Zeit die beiden Listen in Geltung waren. Nach Ablauf der ersten Übergangszeit haben die Waren der beiden Listen zwar die Meistbegünstigung erhalten, jedoch mit gewissen Ausnahmen keine Zollbindung. Sie sind also in ihrer Behandlung den Waren der eingangs behandelten deutschen Liste F gleichgestellt. Ausgenommen von dieser Regelung sind 7 Positionen der Liste A

[1]) Journal officiel du 18 avril 1930.

(Gestelle für Nähmaschinen, best. Maschinen und Apparate für die Metallbearbeitung, Druckwalzen aus Messing oder Kupfer, verschiedene Schrauben und Haushaltungsgeräte, Waren aus echtem Meerschaum und gewisse Gläser), die auch die neuen Minimaltarifsätze gebunden bekommen. Die deutsche Regierungsdenkschrift gibt an, daß die für die ganze Geltungsdauer des Abkommens gebundenen Sätze der Liste B und die 7 Positionen der Liste A ungefähr $^3/_4$ des deutschen Ausfuhrinteresses umfassen.

Ergänzend ist noch hinzuzufügen, daß das Zeichnungsprotokoll zu Art. 3 eine Höhe für die durch die Liste D von der Bindung ausgenommenen Halb- und Fertigfabrikate aus Zinn, Zink und Nickel bei der französischen Neutarifierung vorsieht, die für Halbfabrikate 15%, für Fertigfabrikate 18% beträgt, unter der Voraussetzung, daß vom Zeitpunkt der Neutarifierung die Sätze des deutschen Zolltarifs im Einvernehmen beider Regierungen im Wege eines billigen Ausgleichs erhöht werden.

Die deutsche absolute Zollbindung ist starr, nicht anpassungsfähig. Sie verdankt ihre Entstehung einer Zeit, die normale Wirtschaftsverhältnisse und eine gewisse Stabilität auszeichneten. Für die anormalen, lebhaft fluktuierenden Wirtschaftsverhältnisse der Nachkriegszeit ist dieses System weniger geeignet. Zwar kann einer etwaigen Inflation und der damit verbundenen Entwertung der Zölle durch ein Umstellen der Zölle auf Goldbasis begegnet werden, ohne daß damit die Zollbindung Änderungen nötig hätte. Aber gegenüber den mehr oder minder großen Schwankungen der Währungen und damit des Preisniveaus ist jene Form der Zollbindung machtlos. Diese Schwankungen können sich sehr nachteilig auf die betroffene Wirtschaft auswirken. Für das starre deutsche System gibt es, soweit die Nachteile durch Zölle aufgehoben werden können, keinen anderen Ausweg als Kündigung der betreffenden Handelsabkommen.

Dagegen ist das französische System der gleitenden Zollbindung an sich viel elastischer, anpassungsfähiger, aber auch umständlicher. Seine Anpassungsfähigkeit macht es für die gegenwärtigen Wirtschaftsverhältnisse geeigneter. Es ist ja auch unter dem Eindruck der anormalen Verhältnisse der Nachkriegszeit, insbesondere der Währungszerrüttung, entstanden. Die 20%-Grenze schaltet Zollabänderungen infolge unwesentlicher Schwankungen aus und gewährt in Verbindung mit der vierteljährlichen Feststellung der Zolländerungen eine gewisse Stabilität. Die vierteljährliche Festsetzung ist allerdings etwas umständlich, und ihre Verlängerung bis auf ein halbes Jahr würde bei beruhigteren Zeiten die Stabilität noch erhöhen, würde aber dabei von den Kündigungsfristen her bestimmt werden müssen. Wie man jedenfalls in der unruhigen Nachkriegszeit von den langjährigen Handelsverträgen der Zeit vor dem Kriege zu beweglicheren, kurz- oder gar unbefristeten, leicht kündbaren Handelsverträgen übergegangen ist, welche allein noch die absolute Zollbindung erträglich machen, so muß auch die gleitende Zollbindung als typische Zeiterscheinung in diesem Zusammenhang betrachtet werden. Mit zunehmender wirtschaftlicher Konsolidierung dürfte sie von selbst verschwinden und langfristigen Handelsverträgen mit absoluter Zollbindung Platz machen.

b) Ein- und Ausfuhrverbote.

Die Frage der Ein- und Ausfuhrverbote ist in Art. 12 des Handelsabkommens v. 17. VIII. 1927 geregelt worden. Deutschland und Frankreich verpflichten sich, den Warenaustausch zwischen ihren Zollgebieten durch keinerlei Ein- und Ausfuhrverbote zu beschränken. Ausnahmen sind aus folgenden Gründen zugelassen, wenn sie gleichzeitig auf alle Länder angewandt werden:

1. aus Gründen der öffentlichen Sicherheit,
2. aus militärischen Gründen,
3. aus Gründen eines Staatsmonopols oder ähnlicher Einrichtungen,
4. aus Gründen internationaler Abmachungen, an denen beide Länder in gleicher Weise beteiligt sind.

Dabei sind die Ausnahmen aus militärischen Gründen auf Waffen, Munition und Kriegsgerät und unter außerordentlichen Umständen auf jeden anderen Kriegsbedarf bezüglich.

Diese Regelung entspricht dem Art. 4 des Entwurfs des Comité Economique, der bereits oben erwähnt wurde [1]). Sie bedeutet eine Abkehr von den wirtschaftspolitischen Ein- und Ausfuhrverboten der Nachkriegszeit für den deutsch-französischen Warenverkehr und eine Wiederanknüpfung an die handelspolitische Übung der Zeit vor dem Weltkriege.

Über die Aufhebung der bestehenden Einfuhrverbote auf dem Gebiete der schweren Chemie wird im Zusammenhang mit der Regelung der Zollfragen dieses Gebietes gehandelt werden.

Das den Ein- und Ausfuhrverboten in vielem verwandte Kontingentierungssystem ist in beschränktem Maße von beiden Vertragspartnern für die erste Übergangszeit noch zur Anwendung gekommen, ohne große Bedeutung zu erlangen. Auf einige Kontingente wird im folgenden noch kurz zurückzukommen sein.

4. Niederlassung.

Der gesamte Komplex der Niederlassungsfragen ist im Handelsabkommen in einem gegenüber der Fassung des Provisoriums v. 5. VIII. 1926 erweiterten Statut geregelt [2]), welches jedoch grundsätzlich gegenüber der alten Regelung, teils Meistbegünstigung, teils Inländerbehandlung, nichts Neues bringt, sodaß sich im Rahmen der vorliegenden Arbeit ein weiteres Eingehen auf die besonders für das Internationale Privatrecht i. w. S. bedeutsamen Fragen erübrigt. Die Regelung entspricht der auch sonst in Handelsabkommen üb-

---

[1]) Vgl. S. 81. — Siehe RGBl. II, 1929, S. 649. RGBl. II, 1930, S. 20; 959. Der Entwurf wurde Grundlage des Internationalen Abkommens zur Abschaffung der Ein- und Ausfuhrverbote und -beschränkungen v. 8. XI. 1927 mit Ergänzungsabkommen v. 11. VII. 1928, das von Deutschland mitunterzeichnet wurde. Für Deutschland gegenwärtig (seit 1. VII. 1930) außer Kraft, da die Bedingungen des Pariser Protokolls v. 20. XII. 1929 über die Inkraftsetzung sich nicht erfüllt haben.

[2]) Handelsabkommen v. 17. VIII. 1927. Art. 19 (Handlungsreisende), Art. 20 (Warenproben und Muster), Art. 25 (Niederlassung von fremden Staatsangehörigen), Art. 26 (Niederlassung von fremden Gesellschaften).

lichen[1]). Sie hat die Bedingungen für einen normalen, ungehinderten Handelsverkehr geschaffen.

5. Kolonien, Niederlassungen, Protektorate und Mandatsgebiete.

Das Handelsabkommen findet auf Algerien de plano Anwendung[2]). Die Mandatsgebiete sind in das Handelsabkommen nicht einbezogen worden, da in ihnen Deutschland als Völkerbundsmitglied die einem solchen zustehenden Rechte (grundsätzlich Meistbegünstigung) genießt[3]). Indochina war zunächst ausgeschaltet worden[4]), um die französisch-japanischen Verhandlungen und die beabsichtigte Tarifreform in Indochina zuerst zum Abschluß kommen zu lassen. Die französisch-japanischen Verhandlungen wurden am 30. VIII. 1927 auf den Gebieten der Niederlassung und Schiffahrt mit Unterzeichnung eines Protokolls abgeschlossen. Der deutsch-indochinesische Warenverkehr ist in die vom Handelsabkommen v. 17. VIII. 1927 für assimilierte Kolonien vorgesehene Lösung durch Notenwechsel v. 10. VI. 1929[5]) einbezogen worden.

Auf zolltarifarischem Gebiet ist zwischen Deutschland und den assimilierten Kolonien eine Regelung angewandt worden, die derjenigen zwischen Deutschland und dem Mutterlande in ihren Grundzügen entspricht. Die in den Listen A und B aufgeführten deutschen Waren erhalten den Minimaltarif (gleichgültig, ob es der Tarif des Mutterlandes oder ein besonderer Tarif ist)[6]), die in der Liste C enthaltenen deutschen Waren bekamen für die erste Übergangszeit die gleichen prozentualen Abschläge vom Generaltarif (gleichzeitig, ob es der Tarif des Mutterlandes oder ein besonderer Tarif ist)[7]).

---

[1]) Denkschrift zum Handelsabkommen v. 17. VIII. 1927. Reichstagsdrucksachen. III. Wahlperiode. 1924/27. Nr. 3651. S. 362.

[2]) 4. Notenwechsel v. 17. VIII. 1927.

[3]) Zeichnungsprotokoll zum Handelsabkommen v. 17. VIII. 1927. Zu Art. 42, 43, 44.

[4]) Zeichnungsprotokoll z. Handelsabkommen v. 17. VIII. 1927. Zu Art. 42, 43, 44.

[5]) RGBl. II, 1929, S. 500. — Betr. Ratifikation: RGBl. II, 1929, S. 627.

[6]) Handelsabkommen v. 17. VIII. 1927, Art. 42, Abs. 1; 1.

[7]) Handelsabkommen v. 17. VIII. 1927, Art. 42, Abs. 1; 2.

Umgekehrt finden die deutschen Listen E und F im Verkehr mit den assimilierten Kolonien entsprechende Anwendung [1]). Nach Ablauf der ersten Übergangszeit setzte die Meistbegünstigungsregelung wie im Handelsverkehr zwischen Deutschland und dem Mutterlande ein [2]). Zwischen Deutschland und den nicht assimilierten Kolonien, Niederlassungen und den Protektoraten Tunis und Marokko herrscht sei Inkrafttreten des Handelsabkommens gegenseitige Meistbegünstigung [3]). Die Verhältnisse zwischen den assimilierten und nichtassimilierten Kolonien sind im Gesetz v. 13. IV. 1928 neu geordnet worden [4]). Danach sollen Gabon und Neukaledonien nichtassimilierte Kolonien werden. (Vgl. S. 15.) Für Gabon ist die neue Regelung schon in Kraft, für Neukaledonien steht sie noch aus.

Die Art. 4 (französische Zollbindung) und 12 (Ein- und Ausfuhrverbote) des Handelsabkommens sind auf die französischen Kolonien, Niederlassungen, Protektorate, und Mandatsgebiete nicht angewendet worden [5]), Deutschland hat durch seine Liste E jedoch vertraglich gebundene Zollsätze gegeben.

In der kolonialen Niederlassungsfrage hat Frankreich versprochen, die Zulassung deutscher Staatsangehöriger und Gesellschaften keiner nachteiligen Sonderbehandlung zu unterwerfen, den Zugelassenen hat es die Meistbegünstigung gewährleistet [6]). Eine gleiche Haltung hat Frankreich der tunesischen Regierung empfohlen. Für Marokko ist Deutschland die Niederlassung nicht zugestanden worden.

In der Schiffahrt erhält Deutschland in den französischen kolonialen Häfen die Meistbegünstigung [7]).

Angesichts der großen Widerstände, die bei den Ver-

---

[1]) Handelsabkommen v. 17. VIII. 1927, Art. 42, Abs. 2.

[2]) Handelsabkommen v. 17. VIII. 1927, Art. 43.

[3]) Handelsabkommen v. 17. VIII. 1927, Art. 42, Abs. 3 und 4. Bezüglich Tunis vgl. noch Art. 43.

[4]) Journal officiel du 21 avril 1928. — Ausführungsbestimmungen durch Dekret v. 2. Juli 1928 (Journal officiel du 3 juillet 1928).

[5]) Handelsabkommen v. 17. VIII. 1927, Art. 43.

[6]) Zeichnungsprotokoll z. Handelsabkommen v. 17. VIII. 1927. Zu Art. 42, 43, 44.

[7]) Handelsabkommen v. 17. VIII. 1927, Art. 44. Zeichnungsprotokoll. Zu 42 u. 44. Zu 44.

handlungen über die Kolonialfrage zu überwinden waren, stellt das von Deutschland Erreichte einen bedeutsamen Verhandlungserfolg dar, obwohl die Niederlassung für Marokko und die Anwendung der französischen Zollbindung und des Verbotes der Ein- und Ausfuhrverbote gemäß Art. 12 des Handelsabkommens nicht erlangt werden konnten und hinsichtlich der Meistbegünstigung auf zolltarifarischem Gebiet jene erörterten französischen Bestimmungen über Ursprung, Herkunft und direkten Transport[1]) gewisse Einschränkungen bedeuten. Der Warenverkehr zwischen Deutschland und dem französischen Kolonialreich hat sich seit 1927 intensiver gestaltet, jedoch kann man die Wirkungen des Handelsabkommens schwer erkennen. Eine umfängliche Bearbeitung und Erforschung der kolonialen Märkte sind erst nötig, die längere Zeiträume erfordern, um die durch das Handelsabkommen geschaffenen Grundlagen zur Wirkung kommen zu lassen.

B.

Die wirtschaftlichen Ergebnisse der allgemeinen deutsch-französischen Wirtschaftsverhandlungen.

1. Vorbemerkung.

Die folgende Betrachtung der wirtschaftlichen Ergebnisse der deutsch-französischen Wirtschaftsverhandlungen geht, dem Stoffgebiet der Verhandlungen entsprechend, überwiegend von der Seite der Zolltarife aus. Die zolltarifarische Regelung bildet die Grundlage für den internationalen Güteraustausch, dessen weitere Ausgestaltung von anderen Faktoren, wie Konjunkturbewegungen und Kapitalbeziehungen, vielfach entscheidend beeinflußt wird. Dennoch bilden die Zolltarife ein wesentliches Moment für seine Entwicklungsmöglichkeiten.

Es sind im Folgenden jährliche Überblicke für die Ausfuhr der behandelten Interessengebiete in den Jahren 1927 bis 1929 gegeben worden. Dabei ist zu beachten, daß für das erste Halbjahr 1927 die provisorische Regelung auf Grund

[1]) Vgl. Seite 165.

des Provisoriums v. 5. VIII. 1926 und seiner Verlängerungen in Kraft war, vom 1. VII. bis 5. IX. 1927 eine Zeit der autonomen Regelung bestand und ab 6. IX. 1927 die erste Übergangsregelung des Handelsabkommens einsetzte, die bis zum 15. IV. 1928 dauerte, und ferner der französische Additif Douanier v. 2. III. 1928 für einen Teil der deutschen Ausfuhr eine neue Zollbasis schuf.

Es sind in den folgenden Zahlenangaben nur die Warengruppen behandelt, die schon im II. Teil berücksichtigt worden sind. Als Quellen, die im Folgenden nicht nochmals angegeben sind, sind die Monatlichen Nachweise über den auswärtigen Handel Deutschlands, Jahrgänge 1927—1930, benutzt worden, ferner zur Nachprüfung der Zahlen die folgenden Bände der Statistik des Deutschen Reiches: Bd. 351, I, S. 72, 77, 78; 351, II, S. 32/37, 102/115, 134/135; Bd. 366, I, S. 72, 77; Bd. 366, II, S. 28/31; Bd. 383, I, S. 39, 42; zum Vergleich mit 1913 die Bände 318; 319; 330 A, B; 339; schließlich bez. der Angaben der Reparationssachlieferungen (aufgeteilt nach Ländern und nach Gruppen des Internationalen Verzeichnisses) die Statistischen Jahrbücher für das Deutsche Reich: 1928, S. 334/335; 1929, S. 228/231; 1930, S. 268/269. Die hier gemachten Angaben sind teilweise unvollständig. Die angeführten Quellen gelten auch für die Zahlenangaben des deutsch-saarländischen Güteraustausches. Es sind ferner wieder Mengenangaben gegeben worden, schon um für verschiedene gleichfalls mengenmäßig ausgedrückte Kontingente einen Vergleichsmaßstab zu haben, weiterhin aber auch, weil die Mengenzahlen angesichts der Währungsschwankungen (z. B. in Frankreich) eine bessere Vergleichsgrundlage geben als die Wertzahlen. Da die Angaben nur für bestimmte, fest umrissene Einzelgebiete gemacht sind, läßt sich das Vorgehen auch aus diesem Grunde rechtfertigen. Unter Frankreich ist grundsätzlich Altfrankreich mit Elsaß-Lothringen zu verstehen.

Am Schluß sei noch bemerkt, daß der Ausdruck „wirtschaftliche Ergebnisse" für die speziellen Verhandlungsresultate der einzelnen wirtschaftlichen Interessengebiete gebraucht wird, ohne damit den Rechtscharakter der erörterten Zolltarifbasis verkennen zu wollen.

2. Allgemeiner Überblick.

Zeigt das deutsch-französische Handelsabkommen v. 17. VIII. 1927 in seinen rechtlichen Ergebnissen einen unleugbaren deutschen Erfolg, so kann man über die wirtschaftlichen Ergebnisse ein Urteil noch nicht fällen, da hierzu längere Zeiträume, an denen man die Auswirkungen untersuchen könnte, zur Verfügung stehen müßten als die bisherige Dauer des Inkraftseins.

Deutschland gewährt Frankreich von Anfang an die Meistbegünstigung für seine wichtigen Exportinteressen auf dem Gebiete des Wein-, Obst- und Gemüsebaues, der Automobilindustrie, der Textilindustrie, des Textilmaschinenbaues, der Parfümerien-, kosmetischen und Seifenindustrie, der Glas- und Porzellanindustrie. Der größte Teil dieser Warengruppen genießt durch Liste E neben der Meistbegünstigung auch Zollbindungen, nur ein kleiner Teil, der in Liste F aufgeführt ist, erhält bloß die Meistbegünstigung.

Diejenigen französischen Waren, die nicht in den Listen E und F aufgeführt sind und infolgedessen für die erste Übergangszeit unter den autonomen deutschen Zoll fallen, sind von keinem besonderen französischen Ausfuhrinteresse.

Frankreich gewährt vom Inkrafttreten des Handelsabkommens an für den größten Teil des deutschen Ausfuhrinteresses, den die Denkschrift auf etwa 70—75% beziffert [1]), gemäß Liste B den neuen Minimaltarif, der überwiegend gebunden ist. Von dieser Regelung werden folgende deutsche Wirtschaftsgruppen betroffen: der größte Teil der Maschinenbauindustrie, die Elektrotechnik, fast die gesamte Kleineisenindustrie, die optische Industrie, die Spielwarenindustrie, die Porzellan- und Glasindustrie, die Wirkwarenindustrie, die Industrie der Steine und Erden, die Lederwarenindustrie, die Uhrenindustrie, die Schmuckwarenindustrie, der größte Teil der Industrie der Schwerchemikalien, der größte Teil der Kleinchemikalienindustrie.

Ein kleinerer Teil des deutschen Ausfuhrinteresses fiel für die erste Übergangszeit unter den alten französischen

[1]) Denkschrift zum Handelsabkommen v. 17. VIII. 1927. Reichstagsdrucksachen. III. Wahlperiode. 1924/27. Nr. 3651. S. 359/60.

Minimaltarif. Dieser Teil war in Liste A enthalten, und zwar waren es folgende Warengruppen: die Reste der Maschinenbauindustrie, der Kleineisenindustrie, der Industrie der Schwerchemikalien, die übrige Textilindustrie [1]), die Landwirtschaft, Holz, Bier, die Holzbearbeitungsindustrie, bei ihr auch Teile der Möbelindustrie, die hauptsächlichsten Gruppen der Musikinstrumentenindustrie, darunter der Bau von Streichinstrumenten und Klavieren.

Schließlich blieb noch eine Gruppe von deutschen Waren übrig, denen Frankreich für die erste Übergangszeit nur reine Abschläge vom Generaltarif, wozu es durch Dekret v. 6. X. 1926 ermächtigt war, und keine direkte Meistbegünstigung gewährte. Sie waren in Liste C aufgeführt. Die Liste C war dem Abkommen deshalb beigegeben worden, weil Frankreich für gewisse Warengruppen den neuen Minimaltarif nicht in den Verhandlungen mit Deutschland, sondern anderen, mehr interessierten Ländern, z. B. mit Belgien oder der Tschechoslowakei, vereinbaren wollte [2]). Andererseits wollte Deutschland auf den Gebieten, auf denen es sich mit Frankreich über den neuen Minimaltarif nicht verständigen konnte, keineswegs den Generaltarif zur Anwendung kommen lassen, sondern möglichst eine Verständigung auf einer annehmbaren mittleren Basis erzielen [2]). Die Liste C schwankte infolgedessen hinsichtlich ihres Umfanges in den Verhandlungen je nach der zustande gekommenen Einigung für Liste B. Als Ersatz für die Meistbegünstigung hatte sich die französische Regierung in Art. 3, Abs. 3 des Handelsabkommens verpflichtet, den in Liste C enthaltenen deutschen Waren die Gewähr einer ständigen Angleichung an die Behandlung derjenigen Konkurrenzländer zu geben, die in der Liste C bei den meisten Waren angegeben waren. Im einzelnen enthielt die Liste C folgende Warengruppen: feuerfeste Steine, Schuhwaren, den Rest der Möbelindustrie und des Musikinstrumentenbaues, vor allem die Blasinstrumente, Schwarzblech, Halb- und Fertigfabrikate aus Zinn, Zink und Nickel.

---

[1]) Durch Notenwechsel v. 27. X. 1927 wurde die Liste A bez. Velours und Plüsch aus Seide und Kunstseide berichtigend ergänzt.

[2]) Claussen: Die Bedeutung der Listen zum französischen Tarif. Deutsche Wirtschaftszeitung, Nr. 36 v. 8. IX. 1927, S. 843 f.

Für die deutschen Waren, die in den erwähnten französischen Listen nicht aufgeführt sind und demzufolge während der ersten Übergangszeit dem Generaltarif unterlagen, besteht kein wesentliches deutsches Ausfuhrinteresse.

Die erste Übergangszeit, während welcher die Listen A und C in Kraft waren, hat vom 6. IX. 1927 bis zum 15. IV. 1928 gedauert. Vom 16. IV. 1928 ist die Meistbegünstigung auf Grund des neuen französischen Minimaltarifs und sämtlicher deutscher Vertragssätze in Kraft (s. o. unter 2. Meistbegünstigung). Durch Notenwechsel v. 27. VI. 1929[1]) sind verschiedene kleinere Abänderungen, deren wichtigste sich auf einige Positionen der Liste E beziehen, getroffen worden.

Eine Sonderstellung nimmt die eisenschaffende Industrie ein. Sie hat sich in dem Eisenpakt v. 30. IX. 1926 und in dem Lothringer Kontingentsabkommen v. 4. XI. 1926 die Grundlagen für ihre deutsch-französischen Beziehungen gegeben. Das Handelsabkommen bringt ergänzend für die französische eisenschaffende Industrie in Liste E vertragliche Zollsätze und Zollbindungen.

Was die Auswirkung des deutsch-französischen Handelsabkommens v. 17. VIII. 1927 betrifft, so ist deren Beurteilung sehr erschwert[2]), da der Verlauf des deutsch-französischen Güteraustausches in den Jahren 1927 bis 1929 von den Konjunkturbewegungen in beiden Ländern, insbesondere von der deutschen Depression, sehr maßgeblich beeinflußt worden ist, die in vieler Hinsicht verschleiernd gewirkt haben. Ferner hat die günstige Wirtschaftslage, die Frankreich im Gegensatz zu der sonst in der Weltwirtschaft herrschenden Depression lange behalten konnte, der deutschen Ausfuhr größere Entfaltungsmöglichkeiten gegeben. Erst wenn längere Zeiträume vorliegen, wird es möglich sein, ein klares Bild über Möglichkeiten und Auswirkungen des deutsch-französischen Handelsverkehrs auf Grund des Handelsabkommens v. 17. VIII. 1927 zu gewinnen.

---

[1]) RGBl. II, 1929, S. 502. — Vorläufig in Kraft gesetzt auf Grund des Ermächtigungsgesetzes v. 3. VII. 1929 (RGBl. II, 1929, S. 501); Gesetz v. 24. XII. 1929 (RGBl. II, 1929, S. 761); RGBl. II, 1930, S. 2.

[2]) Vgl. Die Wirtschaft des Auslandes 1928. Berlin, 1929, S. 49.

3. Wichtige Interessengebiete.

a) Landwirtschaft.

Dem französischen Exportinteresse hinsichtlich des Wein-, Obst- und Gemüsebaues ist schon für die erste Übergangszeit weitgehend Rechnung getragen worden. Im allgemeinen hat Frankreich die bestehenden deutschen Vertragssätze zu eigenem Recht erhalten, d. h. bei Kündigung derjenigen Abkommen, in denen diese Sätze bisher niedergelegt waren, behält Frankreich auf Grund des Handelsabkommens sie weiter.

aa) Weinbau.

Französischer Wein und frischer Most von Trauben unterliegen bei ihrer Einfuhr den bisherigen deutschen Vertragssätzen (32 RM pro dz Rotwein, 45 RM pro dz Weißwein). Für die erste Übergangszeit war für die französische Weineinfuhr (in Faßwein) ein jährliches Kontingent von 360 000 dz (zollpflichtiges Gewicht) festgesetzt worden.

Die Sätze für Kognak und Schaumwein entsprechen denen, die Frankreich schon durch das Provisorium v. 5. VIII. 1926 und dessen Verlängerungen genossen hatte. Weiterhin sind dem französischen Exportbedürfnis in Likören und Obstweinen vertragliche Zollsätze auf Liste E zugestanden worden.

Die deutsche Einfuhr von französischem Wein und Most (nach dem Int. Stat. Verzeichnis, d. h. incl. Obstwein usw.) stieg von 304 498 dz 1927 auf 346 182 dz 1928, 1929 ging sie auf 298 123 dz zurück. Die direkte Einfuhr aus den nordafrikanischen Besitzungen war im Verhältnis dazu von geringer Bedeutung.

bb) Obstbau.

Der französische Obstbau hat zu seinen Konzessionen im Provisorium v. 5. VIII. 1926 Erweiterungen durch das Handelsabkommen bekommen. Dabei sind für Äpfel, Birnen, Quitten, Weintrauben gestaffelte Saisonzölle, d. h. Abstufungen der vertraglichen deutschen Sätze nach Zeitperioden, gewährt worden, z. B. Äpfel, unverpackt, unterliegen vom 25. IX. bis 31. XII. einem Vertragszoll von 2 RM pro dz, vom 1. I. bis 24. IX. einem Vertragszoll von 4,50 RM pro dz.

Es ist damit dem französischen Obstbau für seine Erntezeit und wichtigste Versandzeit ein niedrigerer Zollsatz zugestanden worden als für die übrige Zeit. Dabei fällt die französische Obsternte im allgemeinen mit der deutschen zeitlich zusammen, sodaß der französische Obstbau mit dem deutschen mit den niedrigsten Zollsätzen zur Erntezeit konkurrieren kann.

Für Südfrüchte hat Deutschland Frankreich die allgemeinen Vertragssätze gegeben. Frische Zitronen und Bananen gehen zollfrei ein.

Die deutsche Einfuhr von Obst und Südfrüchten aus Frankreich hielt sich in den Jahren 1927 und 1928 auf einer durchschnittlichen Höhe von rund 520 000 dz (1927: 519 714 dz, davon Südfrüchte 21 080 dz; 1928: 524 089 dz, davon Südfrüchte 21 230 dz), 1929 ging sie leicht zurück auf 512 620 dz, davon Südfrüchte 15 823 dz. Die direkte Einfuhr von Südfrüchten aus Algerien, Französisch-Marokko (in der Statistik einschl. Tanger) schwankte in der fraglichen Zeit um 12/13 000 dz jährlich.

cc) Gemüsebau.

Für den Gemüsebau lagen schon seit dem Frühgemüseprovisorium v. 12. II. 1926 gewisse Ergebnisse vor, die im Handelsabkommen nur noch ausgebaut zu werden brauchten. Dabei ist festzuhalten, daß durch die provisorischen Regelungen man ausdrücklich sich für das Definitivum nicht gebunden erklärt hatte.

Gleich der Regelung für den Obstbau ist der deutsche vertragliche Zoll für eine Reihe von Produkten ein gestaffelter Saisonzoll (so für Rhabarber, Tomaten, Blumenkohl, Rosenkohl, Rotkohl, Wirsingkohl, Knoblauch, Bohnen, Salat). Die niedrigsten Zollsätze sind dem französischen Gemüsebau jeweils zu seiner Erntezeit zugebilligt worden, d. h. vor allem im Winter und Frühjahr für das französische Frühgemüse. Teilweise trifft die französische Erntezeit mit der deutschen zusammen (z. B. bei Rhabarber, Tomaten, Bohnen). Frankreich hat durch die Meistbegünstigungssätze im Gemüse die Gleichstellung mit seinen Hauptkonkurrenten auf dem deutschen Markt in diesen Artikeln, mit den Niederlanden und mit Belgien, erreicht.

Die deutsche Einfuhr von Gemüse (Küchengewächse) aus Frankreich hielt sich 1927 und 1928 auf einer Höhe von rund 410 000 dz jährlich (1927: 410 599 dz, 1928: 408 655 dz). 1929 ging sie auf 362 955 dz zurück. Die Einfuhr aus den Kolonien fällt nicht ins Gewicht.

b) Eisenschaffende Industrie.

Die deutsch-französischen Wirtschaftsverhandlungen haben das Erz-Kohle-Problem nicht gelöst. Der Zusammenhang der Kohlenfrage mit den Fragen der eisenschaffenden Industrie ging in den Verhandlungen sehr bald verloren und wurde nicht wieder hergestellt. Erreicht wurde in den Verhandlungen eine Regelung der Beziehungen der eisenschaffenden Industrien untereinander, die durch den Eisenpakt, das Lothringer Kontingentsabkommen, die Saarabkommen und das Handelsabkommen geschaffen wurde.

Die Basis der endgültigen Regelung stellt der Eisenpakt v. 30. IX. 1926[1]) dar, der die Gründung der Internationalen Rohstahlgemeinschaft brachte. Der Name Eisenpakt könnte irreführen, da es sich nur um die Regelung der Stahlproduktion handelt. Die Internationale Rohstahlgemeinschaft, ein auf rund fünf Jahre (bis zum 1. IV. 1931) abgeschlossenes Produktionskartell, deren erste Unterzeichner die eisenschaffenden Industrien Deutschlands, des Saargebietes, Frankreichs, Belgiens und Luxemburgs waren, hat auf den deutsch-französischen Güteraustausch in der Stahlproduktion unmittelbar keinen Einfluß ausgeübt. Sie setzt die vierteljährlichen Produktionsquoten der einzelnen Vertragspartner fest, bei deren Überschreitung Strafgelder zu zahlen sind. Eine Normalquotenfestsetzung auf Grund der Stahlproduktion im ersten

[1]) Text des Eisenpakts (ohne die Quotenregelung) in: Stahl und Eisen, Nr. 42 v. 21. X. 1926, S. 1453/55.

Vierteljahr 1926 wurde als Grundlage benutzt, wodurch die deutsche eisenschaffende Industrie schlecht abgeschnitten hat, da sie infolge mißlicher Marktverhältnisse in dieser Periode eine eingeschränkte Produktion aufwies, während die französische eisenschaffende Industrie gut beschäftigt war. Die deutsche Produktionskapazität ist infolgedessen im Eisenpakt nur zu 78%, die französische zu 95% berücksichtigt worden[1]). Eine gewisse Ausgleichsmöglichkeit ist für Deutschland vorgesehen. Dennoch hat der Eisenpakt auf diese Weise der französischen eisenschaffenden Industrie indirekt die Möglichkeit zu Preisunterbietungen gegeben, da die deutsche eisenschaffende Industrie bei Besserung ihrer Marktverhältnisse sehr bald ihre Quote überschritt und erhebliche Strafgelder zahlen mußte, die der französischen Eisenindustrie zugute kamen. Mittelbar wirkt die Internationale Rohstahlgemeinschaft durch ihre Quotenfestsetzung selbstverständlich auf den deutsch-französischen Güteraustausch ein und setzt einem forcierten französischen Export nach Deutschland gewisse Schranken. Eine Preiskonvention und einen Länderschutz sieht sie nicht vor. Ihre Behandlung in vorliegender Arbeit kann nur eine skizzenhafte sein, da sie nach dem Gesagten zum größten Teil aus dem Rahmen der deutsch-französischen Wirtschaftsverhandlungen, wie sie eingangs bestimmt worden sind, heraustritt.

Das Lothringer Kontingentsabkommen vom 4. XI. 1926, welches die gleiche Laufzeit wie der Eisenpakt hat, hat dann die Regelung für den deutsch-französischen Warenaustausch in Walzwerkserzeugnissen gebracht. Es hat an die Stelle der ehemaligen starren Lösung des Luxemburger Eisenpaktes eine beweglichere gesetzt. Frankreich und Luxemburg sind nunmehr mit 6½% an dem deutschen Inlandsverbrauch in Walzwerkserzeugnissen im ersten Vierteljahr von 1926 beteiligt worden. Davon hat Frankreich 3,75% = 268 700 t erhalten. Die Kontingentsmenge ist beweglich, sie steigt und fällt anteilsmäßig mit dem deutschen Inlandsabsatz. Der deutsche Stahlwerksverband kann über das Kontingent hinaus

[1]) Schlenker: Die Eisenindustrie in der Welt unter besonderer Berücksichtigung des internationalen Eisenpaktes. Jena, 1927. S. 21.

von Frankreich noch Halbzeug kaufen, welches nicht auf das Kontingent angerechnet wird. Die deutsche Ausfuhr in Halbzeug nach Frankreich wird auf das Kontingent angerechnet, welches auf diese Weise eine Erhöhung erfährt. Dagegen werden die Einfuhrmengen etwaiger französischer Außenseiter vom Kontingent abgezogen. Die deutschen Eisenhandelsverbände übernehmen das Kontingent zum deutschen Inlandspreis. Die bisherigen Bezugswege sollen aber durch diese Übernahme nicht verschlossen werden.

Das Lothringer Kontingentsabkommen kann als vorteilhaft für die deutsche eisenschaffende Industrie angesehen werden. Es beruhigt den deutschen Binnenmarkt in Eisen und schützt durch die Übernahme zum Inlandspreis die deutsche eisenschaffende Industrie vor Preisunterbietungen, knüpft andererseits das französische Exportinteresse an die Entwicklung des deutschen Binnenmarktes. Das Handelsabkommen ergänzt das Lothringer Kontingentsabkommen von der Zollseite aus, indem es der französischen eisenschaffenden Industrie Vertragszollsätze, Zollbindung und Meistbegünstigung bringt.

Die französische Roheisenausfuhr (einschl. Bruch und Abfälle) nach Deutschland war von 126 830,3 t im Jahre 1927 auf 191 232,7 t 1928 gestiegen. 1929 erlebte sie einen großen Rückschlag auf 96 725,3 t, der auf die verminderte Aufnahmefähigkeit des deutschen Marktes infolge der ungünstigen Konjunkturverhältnisse zurückzuführen ist. Auch die Ausfuhr in Halbfabrikaten (Rohluppen, Röhren, Walzen, Stab- und Formeisen, Blech, Draht, Eisenbahnoberbaumaterial) aus Frankreich zeigt das gleiche Bild, ein Ansteigen von 320 601,3 t 1927 auf 337 283,3 t 1928, einen beträchtlichen Rückgang 1929 auf 203 635,3 t. In Röhren und Walzen und Eisenbahnoberbaumaterial war die Bilanz 1929 für Deutschland mengen- und wertmäßig sehr aktiv.

Die Lage der eisenschaffenden Industrie ist seit Sommer 1930 insofern erneut in den Vordergrund des Interesses gerückt worden, als sich die Internationale Rohstahlgemeinschaft in einer Krise befindet, indem vor allem von belgischer Seite durch Preisunterbietungen und Austritt aus dem Kartell (Forges de Clabecq) die Stellung der Internationalen Rohstahlgemeinschaft erschüttert und die Errichtung der geplanten Verkaufsverbände verhindert worden ist und die bereits bestehenden Verbände zum größten Teil wieder zerfallen sind, sodaß die Preise für Stabeisen, Bandeisen und Grobbleche und einige Zeit darauf auch für Halbzeug und Träger freigegeben werden mußten. Es ist nicht zu verkennen, daß die gegenwärtige Krise in der Weltwirtschaft die Internationale Rohstahlgemeinschaft in die Gefahr des völligen Zerfalls gebracht hat, die gerade für Deutschland angesichts der Bedeutung, die dem Eisenpakt auch für den deutsch-saarländischen Güteraustausch gemäß dem Saarabkommen vom 23. II. 1928 zukommt, sehr schwer wiegt.

c) Eisenverarbeitende Industrie.

aa) Maschinenbau und Elektrotechnik.

Dem deutschen Exportbedürfnis im Maschinenbau und in der Elektrotechnik ist schon für die erste Übergangsregelung weitgehend Rechnung getragen worden. Fast der gesamte Maschinenbau und die gesamte Elektrotechnik erhalten von Anfang an den neuen französischen Minimaltarif gebunden. Diese Waren befinden sich auf der Liste B. Es handelt sich hierbei um folgende, wichtige Warengruppen:

Dampfmaschinen, Schiffsmaschinen, Verbrennungs- und Explosionsmotore, Straßenmaschinen, Lokomotiven, Pumpen, hydraulische Maschinen, Textilmaschinen, Druckereimaschinen, Hilfsmaterial für Druckerei- und Papierindustrie, landwirtschaftliche Maschinen, Nähmaschinen, dynamoelektrische Maschinen, Werkzeugmaschinen (z. B. Hobelbänke, Maschinen für Müllerei, Bäckerei, keram. Industrie, Seifenfabrikation, Holzbearbeitung, Schuhfabrikation), Schreib- und Rechenmaschinen, Registrierkassen, Kessel, Rezipienten, Apparate zur Kälteerzeugung, Einzelteile von Maschinen und Apparaten. Die Aufzählung der Elektrotechnik erübrigt sich nach dem oben Gesagten. Der neue Minimaltarif ist überwiegend ein spezifischer Zoll, nur für einzelne Artikel, z. B. aus dem Gebiete der Elektrotechnik, bestehen Wertzölle. Für gasgefüllte, elektrische Glühlampen bestand für die erste Übergangszeit ein französisches, jährliches Einfuhrkontingent von 600 000 Stück.

Auf der Liste A befanden sich verschiedene Maschinen und Apparate für die Metallbearbeitung, die den bei Abschluß des Handelsabkommens gültigen alten Minimaltarif für die erste Übergangszeit gebunden erhielten. Sie gehören zu den sieben Positionen, deren Zollbindung auch nach Ablauf dieser Übergangszeit auf den neuen Minimaltarif ausgedehnt wird.

Dem französischen Exportbedürfnis auf dem Gebiete des Automobilbaues sind durch die Aufnahme der Automobile und Automobilteile auf Liste E seitens Deutschlands Meistbegünstigung, vertragliche Zollsätze und Zollbindung zugestanden worden. Schon im Provisorium vom 5. VIII. 1926 waren von Deutschland einige Konzessionen für den französischen Automobilbau gemacht worden, die vor allem die Meistbegünstigung für Automobile enthielten. Im Handelsabkommen hat sich zum Teil eine weitere Zollsenkung der bisherigen deutschen Vertragssätze auf diesem Gebiete notwendig gemacht.

Im Textilmaschinenbau Frankreichs nimmt vor allem Elsaß-Lothringen eine wichtige Stelle ein. Dem französischen Exportinteresse für Textilmaschinen ist durch Aufnahme der Textilmaschinen auf Liste E des Handelsabkommens Rechnung getragen worden. Sie genießen demgemäß die deutsche Meistbegünstigung, vertragliche Zollsätze und Zollbindung.

Der deutsche Maschinenbau konnte 1927 seinen Vorjahrsexport nach Frankreich nicht erreichen, er ging auf 175 206 dz zurück (Anteil der Rep.-Sachl. 82 425 dz; die berücksichtigten Warengruppen vgl. S. 115). In den Jahren 1928 und 1929 nahm er jedoch einen außerordentlichen Aufschwung auf 304 397 dz im Jahre 1928 (Anteil der Rep.-Sachl. 154 275 dz) und auf 706 905 dz im Jahre 1929 (Anteil der Rep.-Sachl. 445 427 dz). Die deutsche Ausfuhr in elektrotechnischen Erzeugnissen und elektrischen Maschinen, die auch hier zweckmäßiger Weise gesondert zusammengefaßt werden sollen, wies in den drei Jahren ständig steigende Tendenzen auf (1927: 13 985 dz, davon Rep.-Sachl. 1 426 dz; 1928: 64 760 dz, davon Rep.-Sachl. 52 820 dz; 1929: 118 345 dz, davon Rep.-Sachl. 83 954 dz).

Im einzelnen ist besonders interessant die deutsche Textilmaschinenausfuhr nach Frankreich zu verfolgen, die 1927 mit 28 171 dz (Rep.-Sachl. 18 530 dz) hinter der französischen Textilmaschinenausfuhr nach Deutschland mit 28 400 dz um ein Geringes zurückblieb, 1928 das Doppelte der französischen Ausfuhr ausmachte (deutsche Ausfuhr 63 053 dz, davon Rep.-Sachl. 42 593 dz; französische Ausfuhr 31 860 dz) und 1929 rund das Neunfache der französischen Ausfuhr nach Deutschland betrug (deutsche Ausfuhr 99 242 dz, davon Rep.-Sachl. 63 396 dz, französische Ausfuhr 11 161 dz).

Der französische Automobilexport nach Deutschland betrug 1927: 9 234 dz, 1928: 8 612 dz, 1929: 5 465 dz (Kraftfahrzeuge und Kraftfahrräder).

bb) Kleineisenindustrie.

Der größte Teil der Waren der deutschen Kleineisenindustrie ist auf die Liste B gekommen, der geringere Teil auf die Liste A. Die Liste B enthält unter anderem Werkzeuge, Nadeln, Klischees, Platten, Stempel, Messerschmiedewaren incl. Scheren, Schlösser, Schlüssel, Ketten, Schirmgestelle, Kaffeemühlen. Sie bekommen Zollbindung.

Auf der Liste A befanden sich Nadeln, soweit sie nicht schon in Liste B aufgeführt waren, Gestelle, Nägel, Schrauben, Schnallenzeug. Sie bekamen für die erste Übergangszeit den alten französischen Minimaltarif gebunden.

Die Ausfuhr der deutschen Kleineisenindustrie nach Frankreich in Messerschmiedewaren, Werkzeugen, landwirtschaftl. Geräten und sonst. Eisenwaren ist in den Jahren 1927 bis 1929 sehr gestiegen. (1927: 56 628 dz, davon Reparationssachlieferungen 22 056 dz; 1928: 119 019 dz, davon Reparationssachlieferung rund 56 920 dz; 1929: 582 545 dz, Reparationssachlieferungen rund 472 000 dz.) Die deutsche Kleineisenindustrie hat damit 1929 ihre Vorkriegsausfuhr nach Altfrankreich von 1913, die etwa 352 000 dz betrug, weit übertroffen.

d) Chemische Industrie.

aa) Industrie der Schwerchemikalien.

Der größte Teil der deutschen chemischen Erzeugnisse befindet sich auf Liste B, der übrige Teil auf Liste A des Handelsabkommens.

Auf Liste B befinden sich u. a. folgende wichtige Chemikalien: Ammoniumphosphat, Brom, Calziumcarbid, Kohlensäure, Fluoride, Jodide, Bariumkarbonat, Natriumbichromat. Sie unterliegen teilweise Wertzöllen, die bis zu einer Höhe von 25% (z. B. bei Ammoniumnitrat, anderen Chloralen und Chloralderivaten) gehen. Schon der Bokanowski-Tarif sah eine große Zahl von hohen Wertzöllen für die Chemie vor, die aus dem Schutzverlangen der französischen chemischen Industrie heraus entstanden waren. Die Liste B hat sich diesem Verlangen nicht verschließen können. Die Chemiepositionen der Liste B erhält Deutschland zollgebunden.

Auch die Steinkohlenteerfarben sind in die Liste B aufgenommen worden. Für sie bestand in Frankreich gemäß Gesetz vom 7. XI. 1919 Einfuhrverbot (in Form des Lizenzzwanges), das sich auch auf Pharmazeutika und bestimmte andere chemische Erzeugnisse erstreckte [1]). Da im Handelsabkommen der beiderseitige, generelle Verzicht auf die Anwendung von Ein- und Ausfuhrverboten ausgesprochen ist, hat sich auch die Aufhebung des Einfuhrverbotes für Steinkohlenteerfarben, Pharmazeutika etc. notwendig gemacht, wobei jedoch Frankreich auf eine Berücksichtigung des Londoner Chemieabkommens bestanden hat [2]). Infolgedessen bestimmt das Zeichnungsprotokoll zu Art. 12, daß das französische Einfuhrverbot mit dem Ablauf des Londoner Abkommens, spätestens am 15. VIII. 1928, gleichzeitig mit dem deutschen Bewilligungsverfahren für die Einfuhr französischer Farbstoffe erlöschen solle. Bis zu diesem Zeitpunkt soll für diejenigen deutschen Farbstoffe und Färbereihilfsprodukte das bisherige Verfahren in Kraft bleiben, soweit sie in der Liste des Zeichnungsprotokolls zu Art. 12 aufgeführt sind. Für die anderen von dem Einfuhrverbot seitens Frankreichs bisher betroffenen Waren, d. h. vor allem für die Pharmazeutika, tritt das bisherige Lizenzverfahren sofort mit Geltung des Handelsabkommens außer Kraft und wird Einfuhrfreiheit hergestellt.

Auf pharmazeutische Erzeugnisse bezieht sich der dritte Notenwechsel vom 17. VIII. 1927. Die Anmerkung zu dem

---

[1]) Vgl. Seite 17.
[2]) Vgl. Seite 34.

Art. 316, § 2 des französischen Zolltarifs verbietet im Einklang mit dem französischen Gesetz vom 19. IV. 1923 betr. pharmazeutische Erzeugnisse die Einfuhr der im Art. 316 aufgeführten Heilmittel aus Ländern, welche Frankreich für die Einfuhr französischer Heilmittel in ihre Zollgebiete nicht gleichwertige Vorteile geben. Auf deutschen Wunsch erklärt Frankreich, daß Deutschland für französische Heilmittel gleichwertige Zugeständnisse gemacht habe und die Bedingungen der Gegenseitigkeit erfüllt seien. Daher komme ein Verbot für die Einfuhr deutscher pharmazeutischer Erzeugnisse nicht in Frage.

Auf der Liste A befanden sich von bekannten Chemikalien folgende: Chlor, Chlorkalk, Tonerde, Kobaltsalze, Bleisulfat, Kaliumsulfat, Glyzerin, Weinsäure, Strychnin. Sie erhielten für die erste Übergangszeit den alten Minimaltarif gebunden.

Für künstliche Düngemittel (bes. Nitrate) ist durch das Zeichnungsprotokoll zu Art. 2 eine Sonderregelung geschaffen worden, indem Deutschland und Frankreich vereinbart haben, daß Deutschland von dem Termin an die Stellung eines meistbegünstigten Landes bekommen soll, wo diese Produkte Gegenstand einer neuen französischen Zolltarifmaßnahme, entweder des Minimal- oder des Generaltarifs, sein werden. Die französische Regierung hat sich im Zeichnungsprotokoll verpflichtet, für diese Erzeugnisse keinen höheren Zollsatz vorzuschlagen als 15% ad valorem. Sollte das französische Parlament höhere Zollsätze als 15% ad valorem oder spezifische Zölle, die über diese Belastung hinausgehen, beschließen, so hat Deutschland das Recht, sofort Verhandlungen zum Ausgleich dieses Nachteils für die deutsche Ausfuhr zu verlangen oder das Handelsabkommen mit zweimonatiger Frist zu kündigen.

Für die künstlichen Düngemittel ist noch der zweite Notenwechsel vom 17. VIII. 1927 heranzuziehen. Er betrifft zunächst natürliches, salpetersaures Natrium (Natrium-Nitrat). Für dieses Produkt sollen die oben erwähnten Kündigungsklauseln des Zeichnungsprotokolls unter denselben Bedingungen wirksam werden, sofern die neue französische Tarifierung die gegenwärtige Marktlage in Frankreich zu ungunsten der künstlichen Produkte gegenüber den natürlichen Produkten beeinflussen sollte.

Ferner gibt in dem oben erwähnten Notenwechsel Frankreich für den Fall, daß die französischen Zölle auf schwefelsaures Ammonium (Ammonium-Sulfat) wieder eingeführt werden sollten, „gern" die Zusicherung, daß Deutschland dann verlangen kann, daß eine neue Tarifierung innerhalb eines Zeitraumes von zwei Monaten vorgenommen wird, obwohl die Wiedereinführung der zur Zeit des Abschlusses des Handelsabkommens aufgehobenen Zölle für dieses Produkt nicht als eine Neutarifierung angesehen werden kann.

Die Ergebnisse des Handelsabkommens wurden in den seit seinem Abschluß wieder aufgenommenen privaten Chemieverhandlungen als Basis benutzt. Es gelang nunmehr zu einer Verständigung zu kommen, die in einem Farbenabkommen vom 14. XII. 1927 zwischen der I.-G. Farben und dem Comité des Industries Chimiques de France niedergelegt wurde.

Die beiderseitigen Regierungen waren fortlaufend über die Verhandlungen informiert worden. Außerhalb des Abkommens standen auf französischer Seite die Gruppen Poulenc und Mines de Rhône. Die Führung der Verhandlungen hatte auf der französischen Seite die Kuhlmann-Gruppe [1]).

Das Teerfarbenabkommen greift wie der Eisenpakt über die Regelung des deutsch-französischen Güteraustausches hinaus und läßt die Möglichkeit zu einem Beitritt anderer Länder offen. (Vgl. das deutsch-schweizerisch-französische Farbenabkommen vom April 1929.) Die veröffentlichten Communiqués, von denen das der I.-G. Farben dürftig, das des Comité des Industries Chimiques de France aufschlußreicher ist [2]), sind sehr allgemein gehalten, da es sich ja nicht wie beim Eisenpakt um einige wenige Produkte, sondern um hunderte handelt [3]).

Inhaltlich hat das Teerfarbenabkommen, soweit es sich aus den Communiqués übersehen läßt, die gegenwärtige Produktionsbasis zur Grundlage genommen und bezweckt Ausschaltung der gegenseitigen Konkurrenz, Festsetzung von

---

[1]) Vgl. Seite 35.

[2]) Die Communiqués sind abgedruckt in: Der Deutsche Oekonomist. Nr. 2187/88 v. 22. XII. 1927. S. 1538/39.

[3]) Der Deutsche Oekonomist, s. o.

Absatzquoten und gemeinsame Regelung des Absatzes, gegenseitigen Erfahrungsaustausch und ergänzende Unterstützung in der Versorgung des eigenen Marktes, volle Aufrechterhaltung der nationalen Selbständigkeit der Gesellschaften beider Länder. Die Einzelregelungen sind dann einem engeren Delegiertenrat übertragen worden, wodurch eine größere Beweglichkeit gewährleistet ist, als wenn man alles im Farbenpakt schematisch festgelegt hätte.

Für die deutsch-französischen Beziehungen auf dem Gebiete der Teerfarben ergibt sich aus dem Farbenpakt die Betonung der ergänzenden Lieferungen, für die Deutschland infolge seiner umfangreichen Teerfarbenproduktion in Frage kommt. Der weitere Ausbau des Farbenabkommens durch Einbeziehung anderer chemischer Industriezweige zu einem allgemeinen deutsch-französischen Chemiepakt, wie er schon beim Abschluß des Farbenabkommens vorgesehen wurde, dürfte die Regelung der Chemie im Handelsabkommen ihrer jetzt noch bestehenden Bedeutung berauben.

In schwefelsaurem Ammoniak ist die deutsche Ausfuhr nach Frankreich auch in den Jahren 1927 bis 1929 fast nur in Form der Reparationssachlieferungen gegangen (1927: 1 704 413 dz, davon Rep.-Sachl. 1 703 407 dz; 1928: 1 994 714 dz, davon Rep.-Sachl. 1 994 114 dz; 1929: 1 234 564 dz, davon Rep.-Sachl. 1 222 643 dz).

In Steinkohlenteer, -ölen und Derivaten, sonst. chemischen Rohstoffen und Halbzeugen, chem. und pharmazeutischen Erzeugnissen ist die deutsche Ausfuhr nach Frankreich 1927 bis 1929 sehr gestiegen. Auch bei diesen Warengruppen haben die Reparationssachlieferungen einen sehr wichtigen Anteil. (Ausfuhrzahlen 1927: 1 035 638 dz, davon Rep.-Sachl. 767 509 dz; 1928: 1 708 861 dz, davon Rep.-Sachl. 1 378 549 dz; 1929: 3 352 899 dz, davon Rep.-Sachl. 2 707 962 dz. Bez. Anilinfarben s. u.)

bb) Industrie der Kleinchemikalien.

Frankreich hat der deutschen Industrie der Erd- und Metallfarben folgende Zugeständnisse gemacht. Karmin befand sich auf Liste A und erhielt für die erste Übergangszeit den alten Minimaltarif gebunden. Der übrige Teil der Erd- und Metallfarben ist in Liste B aufgeführt. Auch er genießt Zollbindung. Auf Liste B befinden sich z. B. Ultramarin, Berlinerblau, Schweinfurtergrün, Ocker, Schwarz, Kölnische, Kasseler und Italienische Erde, Öl-, Wasser- und Druckfarben, sonstige nicht synthetische Farben, Lacke, Tinten, Schreibstifte. Dabei sind für verschiedene Farben (pos. 308 bis, ter, quater, 310) Wertzölle in Höhe von 15—20% festgesetzt.

Für die Frankreich interessierenden Zweige der Kleinchemikalien lagen größere Ergebnisse der Verhandlungen in dem Provisorium v. 5. VIII. 1926 vor, die durch das Handelsabkommen erweitert worden sind. Die deutschen Zugeständnisse sind in Liste E aufgeführt, die das Exportinteresse der französischen Parfümerien-, kosmetischen und Seifenindustrie berücksichtigt. Der vertragliche Zoll für äther- und weingeisthaltige Riechmittel (Parfümerien), Schönheitsmittel (Kosmetika), Zahn-, Mund- und Kopfwässer, der im Provisorium v. 5. VIII. 1926 bereits auf 350 RM pro dz herabgesetzt war, ist auf 300 RM gesenkt worden.

Die deutsche Ausfuhr nach Frankreich in Farben, Firnissen und Lacken setzte in den Jahren 1927 bis 1929 ihre Aufwärtsbewegung fort. (1927: rund 25 000 dz, davon Reparationssachlieferungen rund 3 790 dz; 1928: rund 35 600 dz, davon Reparationssachlieferungen rund 10 620 dz; 1929: rund 49 400 dz, davon Reparationssachlieferungen rund 12 300 dz. Die Gruppe „Farben, Firnisse und Lacke" enthält auch Anilin- u. a. Teerfarbstoffe.)

Die französische Parfümerien-, kosmetische und Seifenindustrie konnte 1927 ihren deutschen Export gegenüber 1926 heben (1927: 5 841 dz, Stat. Nummern 256, 354/8). 1928 brachte ihr einen Rückgang auf 5 304 dz, 1929 ein weiteres Absinken auf 5 277 dz.

e) Textilindustrie.

Das Gebiet der Textilindustrie ist, ausgenommen die Seidenkonzessionen und die geringfügige deutsche Baumwollkonzession des Provisoriums v. 5. VIII. 1926, erstmalig im Handelsabkommen umfassend geregelt worden. Der deutschen Textilindustrie kamen die im Handelsabkommen unvermeidlichen Herabsetzungen in den deutschen Textilzöllen außerordentlich hoch vor, sodaß sie verschiedentlich die irrige Meinung verbreiten konnte, die deutsche Textilindustrie habe das Handelsabkommen bezahlt.

aa) Wollindustrie.

Von den Erzeugnissen der deutschen Wollindustrie finden sich Wirkwaren auf Liste B und bekommen den neuen Minimaltarif, zu einem Teil ausgedrückt in einem Grundzoll mit Zuschlägen von 25—80%, und Zollbindungen. Posamentierwaren aus Wolle erhielten durch Liste C für die erste Übergangszeit Abschläge vom Generaltarif und Zollbindungen, Teppiche und Schals aus Wolle durch Liste A den alten Minimaltarif für die Übergangszeit gebunden.

Der französischen Wollindustrie sind für Kammgarn und Streichgarn im allgemeinen die Sätze zugebilligt worden, die Deutschland Belgien gegeben hat. Für Garn aller Art aus Wolle ist der autonome deutsche Zoll von 70 RM pro dz in einen Vertragssatz von 55 RM verwandelt. Größere Herabsetzungen haben sich die deutschen Zollsätze für Wollwebwaren gefallen lassen müssen. Bei den beiden für Elsaß-Lothringen wichtigen Erzeugnissen Wollmusselin und Wollcheviot ist der autonome deutsche Zoll von 285 RM pro dz für Wollmusseline auf einen Vertragszoll von 220 RM, der autonome Zoll von 335 RM pro dz für Wollcheviot auf einen Vertragszoll von 220 RM herabgesetzt worden. Die aufgeführten deutschen Konzessionen befinden sich auf Liste E.

Die Ausfuhr in Wollgarnen von Frankreich nach Deutschland erreichte 1927 die außerordentliche Höhe von 103 739 dz, die Ausfuhr in Wollgeweben war im gleichen Jahre auf 5 933 dz gestiegen. Angesichts dieses großen französischen Exportes machte sich hauptsächlich in der deutschen Kammgarnspinnerei und auch in der Streichgarnspinnerei eine Bewegung stärker geltend, die größeren Zollschutz verlangte und deshalb die Handelsabkommen mit Belgien und Frankreich mit ihren als zu niedrig betrachteten deutschen Vertragssätzen für beide Garnarten zu kündigen wünschte, ohne jedoch mit ihren Forderungen Erfolge zu erzielen. Angesichts der Tatsache, daß 1928 die französische Garnausfuhr auf 56 559 dz, 1929 weiter auf 48 395 dz sank, ist es unmöglich, den großen französischen Garnexport von 1927 allein auf das Handelsabkommen zurückzuführen, zumal Frankreich bis zum 5. IX. 1927 die autonomen deutschen Garnzölle zu tragen hatte. Es liegt vielmehr näher, die Ursachen in den Konjunkturverhältnissen der beiden Länder zu suchen, die insbesondere 1927 für Deutschland eine größere Aufnahmefähigkeit infolge günstiger Konjunktur brachten, in den folgenden Jahren aber eine immer stärker in die Depression übergehende Wirtschaft mit sinkender Kaufkraft zeigten. Die französische Ausfuhr in Wollgeweben stieg 1928 auf 10 132 dz und ging 1929 auf 7 614 dz zurück. Die kleine deutsche Ausfuhr in der Wollindustrie nach Frankreich konnte in den Jahren 1927 bis 1929 eine Steigerung in Wollgeweben aufweisen.

bb) Baumwollindustrie.

Die deutschen Baumwollwirkwaren sind in Liste B aufgeführt und genießen demzufolge den neuen Minimaltarif gebunden, zum Teil ausgedrückt in einem Grundzoll mit Zuschlägen von 18—80% für höherwertige Produkte. Das Zeichnungsprotokoll bringt zu Art. 2 unter dem Titel Wirkwaren aus Baumwolle eine Bestimmung, die eine Neutarifierung in bestimmter Frist ermöglicht, um eine angemessene Anwendung der festgelegten Sätze sicherzustellen oder deren Höhe, falls sich übermäßige Schwierigkeiten oder falsche Angaben herausstellen würden, zu gewährleisten. Die übrigen deutschen Baumwollwaren, z. B. Bandwaren, Tülle, Barchent, Damast, Posamentierwaren, erhielten durch die Liste A für die erste Übergangszeit den alten Minimaltarif gebunden. Nur Posamentierwaren aus Baumwolle und Kunstseide befanden sich auf Liste C und bekamen für diese Übergangszeit Abschläge vom Generaltarif.

Die deutschen Baumwollgarnzölle sind für die französischen Baumwollgarne des großen französischen Ausfuhrinteresses unter die bisherigen Vertragssätze gesenkt worden. Allerdings war für die wichtigsten Baumwollgarnsorten (aus

Pos. 440/2) für die erste Übergangszeit ein Jahreskontingent von 25 000 dz festgesetzt worden. Für Baumwollgewebe sind im allgemeinen die Sätze gegeben worden, die Deutschland der Schweiz zugestanden hatte. Nur bei einzelnen Posten des elsaß-lothringischen Ausfuhrinteresses sind weitere Zugeständnisse gemacht worden. Die deutschen Baumwollkonzessionen sind in Liste E aufgeführt, so auch die vertraglichen Sätze für Baumwollplüsch, -samt, -tüll, -spitzen, -stoffe.

Gleich der Wollindustrie erlebte die französische Baumwollindustrie 1927 einen überaus hohen Export nach Deutschland. Ihre Ausfuhr betrug 1927 in Baumwollgarnen 140 660 dz, in Baumwollgeweben 133 819 dz. 1928 ging die französische Ausfuhr schon zurück, zeigte aber immerhin noch eine beträchtliche Höhe (1928: 90 794 dz Baumwollgarne, 74 634 dz Baumwollgewebe). Diese außerordentlich hohen Ausfuhrquoten lösten von seiten der deutschen Baumwollindustrie eine sehr lebhafte Protestbewegung aus, die eine Kündigung des Handelsabkommens verlangte. Es ist jedoch auch hiergegen wie zu dem Vorgehen der deutschen Wollspinnereien einzuwenden, daß es nicht angeht, die großen französischen Textilexporte 1927 und auch noch in gewissem Umfang 1928 allein auf die Vertragszölle des Handelsabkommens zurückzuführen. Bis einschließlich 5. IX. 1927 fiel der französische Baumwollexport (mit der einzigen Ausnahme für einen Baumwollkonfektionsartikel aus dem Provisorium v. 5. VIII. 1926, der, mit kurzer Unterbrechung, einen Vertragszoll genoß) unter den autonomen deutschen Zoll. Die erste Übergangszeit brachte vom 6. IX. 1927 bis einschließlich 15. IV. 1928 das eingangs erwähnte Garnkontingent von 25 000 dz, die Mehreinfuhr dieser Garne fiel unter den autonomen deutschen Zoll. Für 1927 brachte vielmehr der Depressionszustand der französischen Wirtschaft einen Zwang zur Ausfuhrsteigerung und die deutsche Hochkonjunktur eine größere Aufnahmefähigkeit des deutschen Marktes [1]). Die 1928 einsetzende Besserung der französischen Konjunktur und die gleichzeitig mehr und mehr abbröckelnde deutsche Hochkonjunktur dürften dann den Rückgang in dem französischen Baumwollexport wesentlich

[1]) Die Wirtschaft des Auslandes 1900—1927. Berlin, 1928. S. 78.

mitbestimmt haben, der im Jahre 1929 bei völliger Depression des deutschen Wirtschaftslebens auf 28 404 dz Baumwollgarne und 17 323 dz Baumwollgewebe einen weiteren großen Rückschlag erhielt. Die Ausfuhr der deutschen Baumwollindustrie nach Frankreich ist in jenen Jahren gegenüber der französischen im Ganzen wenig beträchtlich gewesen, wies aber auf dem Gebiete des Strumpfexportes Erfolge auf, die zu Verhandlungen der deutschen und französischen Regierung Ende 1930 in Paris auf Grund der eingangs erwähnten Bestimmungen des Zeichnungsprotokolls zu Art. 2 führten. Französische interessierte Kreise griffen die deutsche Strumpfindustrie an und machten ihr Vorwürfe, daß sie durch Unterdeklaration bewußt ein Dumping getrieben und dadurch die französische Strumpfindustrie schwer geschädigt habe. Von seiten der deutschen Strumpfindustrie sind diese Behauptungen als irreführend und falsch zurückgewiesen worden. Die Verhandlungen sind vorläufig resultatlos verlaufen.

cc) Seidenindustrie.

Für die deutsche Seidenindustrie hat Frankreich in Liste B den deutschen Seidenwirkwaren den neuen Minimaltarif gebunden gewährt, teilweise (bei höherwertigen Produkten) ausgedrückt in einem Grundzoll mit Zuschlägen von 25—60%. Für die übrigen Seidenwaren ist im Zeichnungsprotokoll zu Art. 2 unter dem Titel Seidenwaren die Tarifierung im Zusammenhange mit dem französisch-italienischen Seidenabkommen v. 26. I. 1927 so geregelt, daß sie, soweit sie Gegenstand des erwähnten Abkommens sind, mit dessen Inkrafttreten unter den Minimaltarif fallen. Mit dem Inkrafttreten des Abkommens werden aber auch die deutschen vertraglichen Zölle für Seidensamt und Seidenplüsch erhöht. Das französisch-italienische Seidenabkommen versprach die französische Regierung gleichzeitig mit dem deutsch-französischen Handelsabkommen in der Kammer einzubringen, sodaß die deutschen Interessenten mit dem Inkrafttreten der französisch-italienischen Sätze für Oktober, spätestens November 1927 gerechnet hatten. Als dies nicht geschah, erhoben sie im Januar bei der Reichsregierung Vorstellungen, um sie zu Schritten gegenüber der französischen Regierung zu veranlassen [1]). Das französisch-italienische Seidenabkommen wurde schließlich am 23. II. 1928 zusammen mit dem deutsch-französischen Handelsabkommen und dem französisch-schweizerischen Handelsabkommen von der französischen Kammer ratifiziert.

Was die deutschen Konzessionen in der Seidenindustrie angeht, so mußte, weil Frankreich über eine große, auf Export eingestellte Seidenindustrie verfügt, deutscherseits vielfach ein weiterer Abbau der deutschen Vertragsseidenzölle stattfinden, wobei Deutschland hauptsächlich die Sätze, die es der Schweiz vertraglich zugebilligt hatte, mehrfach unterschritt, sodaß das Handelsabkommen auch auf die Seidenausfuhr der Schweiz nach Deutschland infolge der Meistbegünstigung größere Wirkungen ausüben dürfte. So ist z. B. der autonome Zoll für Seidentüll von 1 500 RM pro dz im Handelsabkommen durch einen Vertragszoll von 900 RM ersetzt worden. Deutschland hat seine Seidenkonzessionen auf Liste E gegeben. Über die Erhöhung der deutschen Vertragszölle für Seidensamt und Seidenplüsch im Zusammenhang mit dem Inkrafttreten des französisch-italienischen Seidenabkommens ist bereits oben gesprochen worden.

Die hochwertige Ausfuhr der französischen Seidenindustrie nach Deutschland fiel in Kunstseide und Florettseidengarn von 3 680 dz 1927 auf 3 482 dz 1928, stieg aber 1929 beträchtlich auf 6 315 dz, in Geweben nahm sie von Jahr zu Jahr zu (1927: 2 280 dz; 1928: 3 487 dz; 1929: 3 903 dz). Die deutsche Seidenausfuhr nach Frankreich wies in den drei fraglichen Jahren eine Zunahme auf, die sich in Garnen in langsamerem Maße vollzog als in Geweben, in welchen eine sprunghafte Aufwärtsbewegung festzustellen ist. Jedoch ist die Bilanz in Garnen wie Geweben wert- und mengenmäßig für Frankreich aktiv. Die Einflüsse der Konjunkturbewegungen zeigen sich auf dem Seidengebiet nicht in der Deutlichkeit wie bei den beiden anderen, oben erwähnten Textilzweigen.

---

[1]) Industrie- und Handels-Zeitung v. 5. I. 1928.

C.

Die Ergebnisse hinsichtlich des Saargebietes.

1. Allgemeiner Überblick.

Das Saarabkommen v. 23. II. 1928, die definitive Lösung, ist auf den bisherigen Saarabkommen aufgebaut worden, die im wesentlichen in eins zusammengezogen worden sind, allerdings unter verschiedenen Ergänzungen und Modifikationen.

Die rechtlichen Ergebnisse der vorhergehenden Saarabkommen sind in ihren Grundzügen in das neue Saarabkommen eingegangen. Als Kontingentsperiode ist das Kalenderhalbjahr genommen worden. Ein im ersten Halbjahr nicht ausgenutztes Kontingent kann für das zweite Halbjahr übernommen werden [1]. Diese Regelung ist hauptsächlich für Saisonartikel gedacht. Die Festsetzung der Kontingentsperiode auf ein Kalenderhalbjahr ist im Interesse der Saarwirtschaft geschehen, der immer an längeren Kontingentsperioden lag.

Die Laufzeit des Saarabkommens v. 23. II. 1928 ist in gleicher Form geregelt wie die des Handelsabkommens v. 17. VIII. 1927, das Saarabkommen ist auf unbestimmte Zeit abgeschlossen, auch die erste Kündigungsmöglichkeit tritt wie im Handelsabkommen für den 30. VI. 1929 mit dreimonatiger Kündigungsfrist ein [2]. Zum Schutze der Saarwirtschaft ist bestimmt worden, daß die Kündigungswirkung mit dem Ende eines Kalenderhalbjahres und damit mit dem Ablauf einer Kontingentsperiode zusammenfallen muß. Hinsichtlich der Kontingente ist das Abkommen seit dem 1. I. 1928 rückwirkend in Kraft [3]. Die Ratifikationsurkunden sind unter Unterzeichnung eines Protokolls am 29. III. 1928 in Paris ausgetauscht worden [4]. Vollwirksam ist das Saarabkommen seit dem 1. IV. 1928.

Die wirtschaftlichen Ergebnisse knüpfen ebenfalls an die der alten Saarabkommen an, welche sie erweitern. Neben den Hauptgruppen der eisenschaffenden und eisenverarbeitenden

---

[1] Saarabkommen v. 23. II. 1928, Art. 9.
[2] Saarabkommen v. 23. II. 1928, Art. 13, Abs. 3.
[3] Saarabkommen v. 23. II. 1928, Art. 13, Abs. 2.
[4] RGBl. II, 1928, S. 166.

Industrie (bei letzterer hat auch die saarländische eisenverarbeitende Industrie eingehende Berücksichtigung ihrer Exportinteressen gefunden), der Glasindustrie und der keramischen Industrie ist auch das Konsumenteninteresse und damit der Saarhandel zu gewisser Geltung gekommen, allerdings nach erheblichen Schwierigkeiten, da Frankreich für die deutsche Einfuhr von reinen Verbrauchsgütern ins Saargebiet keine größeren Zugeständnisse machen wollte, vielmehr die Ansicht vertrat, daß das Handelsabkommen hierfür schon Erleichterungen gebracht habe und genügen müsse. Die anderen Gebiete eines saarländischen Ausfuhrinteresses, wie z. B. die Tabakindustrie, haben ihre Vergünstigungen bekommen. Nur die saarländische Textilindustrie wurde in Liste B des Saarabkommens v. 23. II. 1928 leider nicht berücksichtigt, indem Frankreich hier der deutschen Bereitwilligkeit zu Zollvergünstigungen durch seinen Widerstand die Möglichkeit zu einem Entgegenkommen gegenüber der saarländischen Textilindustrie nahm. Die Ergebnisse des Saarabkommens sind ferner unter dem Gesichtspunkt des deutsch-französischen Handelsabkommens v. 17. VIII. 1927 zu beurteilen, welches auch der Saarwirtschaft sowohl für die Einfuhr als auch für die Ausfuhr mit seiner Meistbegünstigungsregelung Erleichterungen bringt. Da das deutsch-französische Handelsabkommen v. 17. VIII. 1927 der deutschen Ausfuhr nach dem französischen Zollgebiet — abgesehen von den Diskriminierungen der Übergangszeit — den Minimaltarif gebracht hat, hat sich Frankreich genötigt gesehen, wenn seine Zugeständnisse für die deutsche Ausfuhr nach dem Saargebiet eine besondere Erleichterung darstellen sollten, im Saarabkommen in vielen Fällen prozentuale Abschläge vom Minimaltarif und für einen kleinen Teil Zollfreiheit zu gewähren, allerdings nicht in dem von der Saarwirtschaft gewünschten Ausmaß, denn ein Teil der deutschen Ausfuhr hat nur den Minimaltarif erhalten. Von gewissen Ausnahmen, deren wichtigsten sich auf das Regime der Maschinenformel beziehen, abgesehen, vollzieht sich der deutsch-saarländische Güteraustausch, soweit er unter die Regelung des Saarabkommens fällt, wieder in Form von Kontingenten.

Offengelassen wurde die Frage der Ausfuhr von saarländischem Hüttenzement nach Deutschland unter gleichzeitiger Einfuhr von deutschem Spezialzement ins Saargebiet. In dem ersten Notenwechsel zum Saarabkommen v. 23. II. 1928 ist vereinbart worden, daß den zwischen den deutschen, französischen (und belgischen) Zementindustriellen schwebenden Verhandlungen nicht vorgegriffen werden solle. Dem Resultat dieser Verhandlungen solle im Einvernehmen der beiden Regierungen hinsichtlich des Saargebietes Rechnung getragen werden, d. h. die privaten Verhandlungsergebnisse sollten durch die Regierung übernommen werden. Dies ist geschehen durch den Notenwechsel v. 30. VI. 1930[1]), der eine Erweiterung des Saarabkommens v. 23. II. 1928 in einigen wichtigen Punkten gebracht hat, nachdem die langwierigen privaten Zementverhandlungen zu einem Ergebnis geführt hatten. Der Notenwechsel v. 30. VI. 1930 hat einmal den im Saarabkommen von Deutschland gewährten Mehlzoll der neuen Regelung der deutschen Gleitzölle für Mehl angepaßt, in Zement Deutschland ein freies Kontingent von 60 000 t, der Saarwirtschaft ein zollfreies Kontingent von 150 000 t gebracht, ferner der Saarwirtschaft für die Ausfuhr von Benzol (und verwandten leichten Steinkohlenteerölen) ein zollbegünstigtes Kontingent von 32 000 t und verschiedene andere Erleichterungen gegeben. Dabei sind analog zur Regelung der Eisenfrage, die Zementkontingente an das Bestehen der privaten Abmachungen geknüpft worden. Angesichts der Krise, in der sich die deutschen Zementverbände befinden, drohen von dieser Seite den Abmachungen gewisse Gefahren.

Insgesamt hat das Saarabkommen v. 23. II. 1928 mit dem Notenwechsel v. 30. VI. 1930, dessen Ratifizierung noch aussteht, der schwierigen handelspolitischen Lage des Saargebietes, so weit es in den Verhandlungen möglich war, Rechnung zu tragen versucht. Die Lösung der Krise in der Saarwirtschaft kann aber von ihm nicht erwartet werden, da für diese, wie eingangs erwähnt[2]), noch andere, außerhalb des Gebietes der Saarverhandlungen liegende Faktoren mitbestimmend sind. Nur die völlige Wiedereingliederung des Saar-

[1]) RGBl. II, 1930, S. 983.
[2]) Vgl. Seite 41 ff.

gebietes in das Deutsche Reich kann jene Krise beseitigen.

Das Problem der Rückgliederung des Saargebietes wurde auch in der Zeit seit Abschluß des Saarabkommens immer wieder, insbesondere mit den Diskussionen über die Räumung der besetzten Gebiete, von den verschiedensten Seiten lebhaft erörtert, bis dann auf der 1. Haager Konferenz im Sommer 1929 in einem Briefwechsel zwischen Stresemann und Briand vom 30. VIII. 1929 ein pactum de contrahendo zwecks Einleitung alsbaldiger Verhandlungen zur Regelung der Saarfrage, die ohne Verzug durchgeführt werden sollten, abgeschlossen wurde. Die Verhandlungen sollten rein wirtschaftspolitische Verhandlungen sein und sich nicht auf politische Fragen (wie die des Völkerbundmandats) erstrecken. Am 21. XI. 1929 wurden die Verhandlungen, die schon eher beginnen sollten, in Paris endlich eröffnet. Leiter der deutschen Delegation war von Simson, Staatssekretär a. D., Leiter der franz. Delegation Pernot, Minister für öffentliche Arbeiten. Man bildete im Verlaufe der Verhandlungen drei Unterkommissionen (für die Grubenfrage, für Zollfragen, für juristische Fragen). Um Ostern 1930 wurden als Grundlagen für die erste Unterkommission festgesetzt die Prüfung der Aufrechterhaltung von Pachtverträgen und der Frage des Rückkaufsrechtes der Gruben, für die zweite Unterkommission die Prüfung einer Aufrechterhaltung des französischen Zollregimes bis 1935 und der zollrechtlichen Übergangsregelung. Die dritte Unterkommission, die juristische Fragen erledigen sollte, hat nur ein paar ergebnislose Sitzungen abgehalten. Die Verhandlungen scheiterten daran, daß man in der Grubenkommission zu keiner Einigung gelangte, vielmehr die beiderseitigen Auffassungen unüberbrückbar blieben. Deutschland wollte das Eigentum an den Gruben ohne irgendwelche lästigen, die freie Verfügung hindernden Rechte zurückübertragen haben, während Frankreich das Ausbeutungsrecht an den zu übertragenden Gruben nur einer Grubenausbeutungskommission, an der die französische Mitbeteiligung sichergestellt werden sollte, zugestehen wollte. Da diese Gegensätze nicht ausgeglichen werden konnten, wurden die Verhandlungen am 7. VII. 1930 unter Veröffentlichung eines gemeinsamen Communiqués suspendiert, um den Regierungen Zeit zur Prüfung des Verhandlungsstandes zu geben. Von dieser Prüfung soll es dann abhängen, ob die Verhandlungen zu dem in Aussicht genommenen Zeitpunkt (Oktober 1930) wieder aufgenommen werden. Doch sind die Verhandlungen im Oktober 1930 nicht wieder aufgenommen worden, ruhen vielmehr weiter. Für Deutschland kann seiner ganzen Haltung nach eine erfolgversprechende Wiederaufnahme der Verhandlungen erst erfolgen, wenn Frankreich in der Grubenfrage von seiner dargelegten Forderung abgeht.

Damit ist das Schicksal des Saargebietes wieder ungewiß geworden, ein schwer zu ertragender Zustand für seine hochentwickelte Wirtschaft, die sich einstweilen weiter mit dem Saarabkommen v. 23. II. 1928 begnügen muß.

2. Das Saarbedürfnis.

Das Saarabkommen v. 23. II. 1928 ruht, wie alle vorhergehenden Saarabkommen, auf dem Grundsatz des Saarbedürfnisses. Die Präambel enthält wieder die grundsätzliche Anerkennung der Notwendigkeit handelspolitischer Erleichterungen für den deutsch-saarländischen Warenaustausch.

In wirtschaftlicher Hinsicht hat man dieser Notwendigkeit durch eine reichere Ausgestaltung der Listen Rechnung zu tragen versucht, wobei auch das Konsumenteninteresse, welches durch den Saarhandel vertreten wurde, mehr berücksichtigt worden ist. Man kann sagen, daß auf dem Gebiete der Glas- und keramischen Industrie die handelspolitische Forderung des Saarbedürfnisses weitgehend zur Geltung gelangt ist.

Störend wirkt nur das Hereinziehen des Eisenpaktes, der nicht nur für die Regelung für die eisenschaffende Industrie, sondern auch für die eisenverarbeitende Industrie (Maschinenformel usw.) und wichtige andere Teile der deutschen Ausfuhr nach dem Saargebiet als Grundlage angesehen worden ist. Der elsaß-lothringische Interessenstandpunkt, denn um ihn handelt es sich bei dieser Verbindung mit dem Eisenpakt in erster Linie, hat damit noch in dem endgültigen Saarabkommen seinen durchkreuzenden Einfluß zum Nachteil des Saarbedürfnisses geltend gemacht.

3. Die grundsätzlichen Ergebnisse in zollrechtlichen Fragen.

Im allgemeinen ist in der Frage der Kontingentsverteilung und Kontingentskontrolle die schon behandelte Regelung beibehalten worden [1]). Eine wichtige Änderung ist jedoch in der Zusammensetzung des Ausschusses eingetreten, der über Einwendungen wegen der Verteilung der Kontingente zu entscheiden hat. Der Vorsitzende dieses Ausschusses ist nunmehr der Landgerichtspräsident von Saarbrücken, neben dem zwei Beisitzer fungieren, über deren Ernennung sich Frankreich mit Deutschland verständigt, die aber aus dem Richterstande eines dritten Landes genommen werden sollen [2]). Damit ist die bisher vorgesehene Vertretung der Saarwirtschaft weggefallen, für die Saarwirtschaft ein unleugbarer Rückschritt. Auch die Regierungskommission besitzt kein Ernennungsrecht für einen Beisitzer mehr, sodaß nunmehr alle Stellen, die mit der Aufstellung des Verteilungsplanes für die Kontingente zu tun haben, nicht mehr in dem Einspruchsausschuß sitzen.

4. Wichtige Interessengebiete.

a) Eisenschaffende Industrie.

Die Verhandlungsergebnisse auf dem Gebiete der eisenschaffenden Industrie, wie sie im Saarabkommen v. 6. XI. 1926 niedergelegt waren [3]), sind in ihren Grundzügen in das neue Saarabkommen vom 23. II. 1928 übernommen worden. Zu großen Änderungen lag auch kein Grund vor, da bereits das Berliner Saarabkommen auf dem Eisenpakte fußte. So ist die Liste B 1 des Berliner Saarabkommens völlig unverändert in das Saarabkommen v. 23. II. 1928 übernommen worden (als Liste B 1). Die Liste B 2 des Saarabkommens v. 6. XI. 1926 ist in ihren wichtigen Kontingenten nicht geändert worden. Nur einige Kontingente für bestimmte Röhren und nicht schmiedbaren Guß sind teils erhöht, teils neu hinzugefügt

[1]) Saarabkommen v. 23. II. 1928, Art. 8. — Vgl. Seite 139/140.

[2]) Saarabkommen v. 23. II. 1928, Art. 8, 1. Verteilung der Kontingente. Abs. 6. — Man hat als Beisitzer einen Holländer und einen Schweizer gewählt.

[3]) Vgl. Seite 145/146.

und in einer Ausnahme herabgesetzt worden. Insgesamt haben diese Änderungen die neue Liste B 2 auf 278 600 t erhöht.

Da die französische eisenschaffende Industrie bei der Quotenregelung des Eisenpaktes, wie oben dargelegt[1]), sehr gut abgeschnitten hatte, lag ihr daran, Deutschland möglichst fest an den Eisenpakt zu binden und eine vorzeitige Kündigung unmöglich zu machen. Das wirksamste Mittel bedeutete für sie bei der großen Bedeutung, die Deutschland der Saarregelung im Interesse der Rückkehr des Saargebietes zum Reich beimaß, eine enge Verknüpfung des Eisenpaktes mit dem Saarabkommen. Wenn die Voraussetzungen der Art. 4 und 5 (d. h. der Eisenpakt) in Wegfall gekommen sein sollten, können Deutschland wie Frankreich die Kündigung der von diesem Artikel betroffenen Regelung mit einer Frist von zwei Monaten aussprechen, die dann u. a. auch die Listen B 1 und B 2 außer Kraft setzt[2]). Ausgleichsverhandlungen sind vorgesehen. Da von dieser Kündigung auch die Maschinenformel, die Verwendungskontrolle, die Vergünstigungen für die weiterverarbeitende Eisenindustrie des Saargebietes (Liste B 3) mit geringen Ausnahmen (Liste X) und ein Teil der deutschen Einfuhr ins Saargebiet der Liste A (die Lebensmittel, Gegenstände des täglichen Bedarfs, versch. Chemikalien, Lacke usw. aufführt), sofern durch Liste Y eine Ausnahme gemacht worden ist, betroffen werden, stellt sie eine außerordentliche Belastung der deutschen eisenschaffenden Industrie dar und schränkt ihre Bewegungsfreiheit gegenüber dem Eisenpakt sehr ein. Die Belastung ist um so gefährlicher, als es durchaus möglich ist, daß durch das Vorgehen und die Forderungen von Außenseitern aus dritten Staaten oder auch von Mitgliedern der Internationalen Rohstahlgemeinschaft aus Staaten, die an der Saarfrage unmittelbar nicht interessiert sind, eine Sprengung der Internationalen Rohstahlgemeinschaft und damit die Gefahr einer Kündigung der betreffenden Teile des Saarabkommens seitens Frankreichs herbeigeführt werden kann, die dann der Saarwirtschaft einen sehr wesentlichen Teil der durch das Saarabkommen ge-

---

[1]) Vgl. Seite 181.

[2]) Saarabkommen v. 23. II. 1928. Art. 13, Abs. 4.

schaffenen Erleichterungen nehmen würde. Gerade im gegenwärtigen Zeitpunkt, in dem sich die Internationale Rohstahlgemeinschaft in einer Krise befindet, sind solche Bedenken sehr ernst zu nehmen.

Die Ausfuhr der saarländischen eisenschaffenden Industrie nach Deutschland in Roheisen, Bruch, Abfällen belief sich 1927 auf 36 935,1 t, 1928 auf 30 285,6 t, 1929 auf 24 537,4 t. Das im Saarabkommen gewährte Roheisenkontingent betrug, wie schon in der früheren Regelung, 30 000 t. Die Ausfuhr in Eisenhalbzeug (Rohluppen), Röhren und Walzen, Stab- und Formeisen, Blech und Draht, Eisenbahnoberbaumaterial, die von der Quotenfestsetzung der Internationalen Rohstahlgemeinschaft mitbeeinflußt wurde, sank von 962 951,9 t im Jahre 1927 auf 783 855,9 t im Jahre 1928 und 703 090,4 t im Jahre 1929, blieb also in den drei Jahren hinter der im Saarabkommen festgesetzten Kontingentsmenge weit zurück.

Für die eisenschaffende Industrie des Saargebietes war das Jahr 1929 im allgemeinen günstig verlaufen, wenngleich sie das ganze Jahr mit den Kohlenlieferungen sowohl mengen- wie sortenmäßig Schwierigkeiten hatte [1]). Die Preispolitik der französischen Grubenverwaltung brachte der Saareisenindustrie weiterhin schwere Benachteiligungen. Für die in Lothringen verlorenen Hochöfen [2]) hatte die Saareisenindustrie inzwischen Ersatz in neu errichteten Hochöfen im Saargebiet gefunden, sodaß sie wieder über eine eigene Roheisenerzeugung, die sich in erster Linie auf die lothringische Minette stützte, verfügte. Diese Umstellung konnte sich 1929 voll auswirken und der Saareisenindustrie eine Produktion über den Vorkriegsumfang in Roheisen und Rohstahl erstmalig ermöglichen. Mit dem Jahre 1930 setzten jedoch die Einwirkungen der Depression in Deutschland stärker ein und verminderten die Absatzmöglichkeiten der Saareisenindustrie auf dem deutschen Markt beträchtlich. Zwar konnte sie, wie schon 1929, auf dem verhältnismäßig noch aufnahmefähigen französischen Markt einen Teil ihrer Produktion unterbringen,

---

[1]) Martin, Die Saarwirtschaft im Jahre 1929. Saar-Wirtschaftszeitung, Nr. 1 v. 4. 1. 1930. S. 5.

[2]) Vgl. Seite 44/45.

solange die französischen Werke am Export stärker interessiert waren. Aber es waren ihr hierbei einerseits durch das auf den privaten Eisenabmachungen beruhende Kontingent von 500 000 t Schranken gezogen [1]), andererseits durch das allmähliche Sichzurückziehen der französischen Werke auf den innerfranzösischen Markt infolge der Krise in der Internationalen Rohstahlgemeinschaft und der damit in Zusammenhang stehenden Freigabe der Verkaufspreise für Stabeisen, Bandeisen und Grobbleche, Halbzeug und Träger. Es kam noch hinzu, daß die französische Grubenverwaltung nicht der Marktlage entsprechend die Kohlenpreise gesenkt hätte, sondern der Saar Preisaufschläge, welche für die innerfranzösischen Gebiete nicht in Anwendung kamen, auferlegte.

Die Überfremdung der saarländischen Eisenindustrie durch das französische Kapital war inzwischen lange zum Stillstand gekommen [2]). Verschiedene, bereits überfremdet gewesene Werke sind wieder in deutsche Hände zurückgelangt.

b) Eisenverarbeitende Industrie.

Inhaltlich sind die Vorschriften über die Maschinenformel (Art. 5 des Saarabkommens vom 23. II. 1928) und über die Verwendungskontrolle (Art. 6 des Saarabkommens vom 23. II. 1928) von der schon behandelten Regelung des Saarabkommens vom 6. XI. 1926 nicht verschieden. Nur die auf sie bezüglichen Listen sind verbessert worden. Es handelt sich um die Listen C 1 und C 2 des neuen Saarabkommens. Allerdings ist dabei in der auf die Maschinenformel sich beziehenden Liste C 1 das Kontingentssystem öfters zur Anwendung gekommen, welches der ursprünglichen Regelung der Maschinenformel, nicht aber der Verwendungskontrolle, fremd war.

Es ist jedoch bei der Beurteilung des Wertes der Maschinenformel und der Verwendungskontrolle des Saarabkommens vom 23. II. 1928 notwendig, auf die schon erwähnte Verbindung mit dem Eisenpakt hinzuweisen. Wenn die gegebene Voraussetzung für den Art. 5 (d. h. der Eisen-

---

[1]) Vgl. Seite 146.
[2]) Vgl. Seite 45.

pakt) nicht mehr vorhanden ist, ist die Kündigung der betreffenden Teile des Saarabkommens möglich, die dann die Listen C 1 und C 2 in Fortfall bringt, sofern nicht die darin enthaltenen Waren in einer Liste X aufgeführt sind. Die Liste X, in Liste (C 1) und Liste (C 2) zerfallend, enthält einen geringen Teil der in den Listen C 1 und C 2 aufgeführten Waren, sodaß das Regime der Maschinenformel und Verwendungskontrolle nicht völlig wegfällt. Ausgleichsverhandlungen im Kündigungsfalle sind vorgesehen. Im Zeichnungsprotokoll wird zu Art. 13, 4 noch darauf verwiesen, daß die Verbindung mit dem Eisenpakt derjenigen entspräche, die schon durch das Saarabkommen vom 6. XI. 1926 gegeben gewesen wäre.

Die deutsche eisenverarbeitende Industrie hatte 1927 ihre Ausfuhr nach dem Saargebiet (Warengruppen s. o.) [1]) nach dem Rückschlag von 1926 wieder auf rund 108 700 dz heben können, womit sie den Jahresausfuhren von 1924 und 1925 etwa gleichkam, 1928 konnte sie ihre Ausfuhr auf rund 157 200 dz steigern. 1929 nahm die Ausfuhr weiter zu, sie betrug rund 195 000 dz. An der Steigerung waren die Kleineisenindustrie und im Jahre 1928 auch die Elektrotechnik am meisten beteiligt.

c) Keramische und Glasindustrie.

aa) Keramische Industrie.

Das Saarabkommen vom 23. II. 1928 bringt der keramischen Industrie des Saargebietes in Liste B ein zollfreies Jahreskontingent für Steinzeug, Steingut, Platten und ähnliche Tonwaren, Porzellan und Porzellanwaren von 68 910 t. Dabei sind wie bisher die Kontingente für Mauersteine, Dachziegel, Klinker, welche ebenfalls sehr erhöht waren, nicht mit berücksichtigt. Das Kontingent übertrifft die durchschnittliche Jahresausfuhr der saarländischen keramischen Industrie nach Deutschland in den Jahren 1911—1913 um rund 50% [2]), das bisherige, nie voll ausgenutzte Kontingent um mehr als 45% [3]).

---

[1]) Vgl. Seite 153.
[2]) Vgl. Seite 48.
[3]) Vgl. Seite 155/156.

Das Kontingent trägt somit einer Steigerung der Ausfuhr saarländischer Keramprodukte nach Deutschland in weitem Umfang Rechnung. Die Ausfuhr des Saargebietes in Ton- und Porzellanwaren (nach dem Internat. Verzeichnis; ausgenommen dabei Ziegel usw.) nach Deutschland betrug 1927 35 961,1 t, 1928 40 402,2 t, lag also beträchtlich unter der Kontingentsmenge. 1929 brachte einen Rückgang der Ausfuhr auf 33 310,2 t, dessen Gründe in der Depression der deutschen Volkswirtschaft und der dadurch außerordentlich gesunkenen Aufnahmefähigkeit des deutschen Marktes zu suchen sind. Die Absatzeinbuße der saarländischen keramischen Industrie in den ersten neun Monaten des Jahres 1929 wird auf rund 4 Millionen Reichsmark geschätzt [1]). Jedoch war das Saargebiet für Deutschland der wichtigste Lieferant in Ton- und Porzellanwaren geblieben.

bb) Glasindustrie.

Das Saarabkommen vom 23. II. 1928 hat der saarländischen Glasindustrie in Liste B ein jährliches, zollfreies Gesamtkontingent für Hohlglas, Flaschenglas, Tafelglas, Spiegelglas und verschiedene Artikel aus Glas in Höhe von 43 620,5 t gebracht. Es ist wie bei dem Kontingent der keramischen Industrie eine Steigerung der Kontingentsmenge größeren Umfangs festzustellen. Die bisher in Kraft befindlichen Glaskontingente aus dem Saarabkommen vom 5. VIII. 1926 und 6. XI. 1926 betrugen zusammen nur 35 875 t jährlich, sind aber nie voll ausgenutzt worden. Eine Steigerung der saarländischen Glasausfuhr nach Deutschland ist durch das endgültige Kontingent erleichtert. Die saarländische Glasausfuhr belief sich 1927 auf 20 856,3 t, 1928 23 222,2 t. Sie blieb damit um rund 50% unter der Kontingentssumme. 1929 brachte einen Rückgang der saarländischen Glasausfuhr nach Deutschland auf 19 820,7 t, der auf die geringe Aufnahmefähigkeit Deutschlands, vor allem infolge des Daniederliegens des Baumarktes, zurückzuführen ist. Die Absatzeinbuße der saarländischen Glasindustrie in den

[1]) Martin, Die Saarwirtschaft im Jahre 1929. Saar-Wirtschaftszeitung, Nr. 1 v. 4. I. 1930, S. 5.

ersten 9 Monaten des Jahres 1929 wird auf etwa 800 000 RM. veranschlagt [1]). Mengenmäßig stand das Saargebiet weiterhin an der Spitze der Glaslieferanten Deutschlands, wertmäßig wurde es jedoch von der Tschechoslowakei stets übertroffen.

Schluß.

Die deutsch-französischen Wirtschaftsverhandlungen als Typus.

Es wurde schon in der Einleitung bemerkt, daß die vorliegende Arbeit den eigenartigen Typus der deutsch-französischen Wirtschaftsverhandlungen, wie er sich in der Verknüpfung von Verhandlungen der Regierungen und solchen der Privatwirtschaft zeigt, herausstellen wollte. Diese Eigentümlichkeit, die bei den deutsch-französischen Wirtschaftsverhandlungen zum ersten Mal sehr ausgeprägt in Erscheinung trat, hat sich in der Folgezeit auch bei anderen Verhandlungen herausgebildet. Es sei in diesem Zusammenhang nur auf die deutsch-österreichischen und die deutsch-polnischen Wirtschaftsverhandlungen hingewiesen. In den letzten deutsch-österreichischen Verhandlungen unterbrachen Ende Oktober 1928 die beiden Regierungen ihre Verhandlungen und ließen zunächst die beiderseitigen Interessengruppen privatim verhandeln, um auf diese Weise die Grundlage für die weiteren Regierungsverhandlungen zu schaffen. In den deutsch-polnischen Verhandlungen ist auf die Kompromißformel der eisenschaffenden Industrien (Anfang Januar 1929) zu verweisen, nachdem durch den deutsch-polnischen Holzvertrag für dieses Gebiet bereits das Resultat privater Verhandlungen vorlag.

In einfacheren, übersehbaren Wirtschaftsverhältnissen konnten die Regierungen sich miteinander über die Regelung ihrer Handelsbeziehungen verständigen. Die zunehmende Kompliziertheit der Wirtschaft machte die Heranziehung der interessierten Wirtschaftskreise unentbehrlich. In der Gegenwart

---

[1]) Martin, Die Saarwirtschaft im Jahre 1929. Saar-Wirtschaftszeitung, Nr. 1 v. 4. I. 1930. S. 5.

ist deren Mitwirkung immer mehr zu einem selbständigen Mithandeln geworden. Die Wirtschaftskreise beraten und unterstützen nicht nur die Regierungen, sondern setzen, wie z. B. in den deutsch-französischen Seidenabkommen von 1925, selbst im wesentlichen die Zollsätze fest, die dann durch Regierung und Parlament nur ihre Rechtsgültigkeit erhalten. Dabei setzen sich die großen, kapitalmächtigen, konzentrierten Industrien vermöge der ihnen innewohnenden Stoßkraft zuerst durch und kommen zu eigenen Verhandlungen (eisenschaffende Industrie, Industrie der Schwerchemikalien), während die vielen kleineren, isoliert dastehenden Industrien (Feinmechanik, Optik, Musikinstrumentenbau, Kleinchemikalienindustrie usw.) nach wie vor auf die Vertretung ihrer Interessen durch den Staat angewiesen sind. Es handelt sich bei diesen kleineren Industrien meist um hochqualifizierte Fertigindustrien, die für den Export sehr wichtig sind. Dagegen überwiegt in der ersteren Gruppe die schwere Industrie, die mehr Halbfabrikate herstellt.

Die moderne Demokratie gibt den mächtigen Industriegruppen die Möglichkeit zu direkter Beeinflussung des Staates in ihrem Interesse. Dem Staate erwächst angesichts dieser Sachlage die bedeutungsvolle Aufgabe, das Überwiegen eines einseitigen Interessenstandpunktes auf Kosten der übrigen Wirtschaftskreise zu verhindern zu suchen, die Einzelinteressen auszugleichen und das Gesamtinteresse zu wahren. Die Demokratie selbst ermöglicht an sich eine Reaktion gegen einseitige, wirtschaftliche Interessenpolitik und damit einen Ausgleich.

Es ist ferner bei der großen Bedeutung der privaten Verhandlungen in dem Rahmen der deutsch-französischen Wirtschaftsverhandlungen zu beachten, daß ein wichtiger Grund für die Erfolge jener Verhandlungen darauf zurückzuführen ist, daß die Interessenvertreter der einzelnen Wirtschaftszweige in erster Linie ihre Interessenstandpunkte berücksichtigten und viel weniger von den psychischen Momenten der Nachkriegszeit gehemmt waren als die Vertreter der Regierungen, die immer genötigt waren, die allgemeine politische Lage, die Parlamentsmehrheiten und die Stimmungen ihrer Länder mehr oder weniger in Betracht zu ziehen. Ganz waren von diesen Momenten auch die privaten Verhandlungen nicht unabhängig. Diese psychische Seite war aber gerade bei den deutsch-französischen Wirtschaftsverhandlungen sehr bedeutungsvoll.

Bibliographischer Anhang.

I.

Frankreich.

1. Allgemeine Literatur zur Frankreichkunde.

P. Vidal de la Blache, Tableau de la géographie de la France. Paris, 1903. — P. Vidal de la Blache, La France. Paris, 1908. — Fritz Röpke, Von Gambetta bis Clemenceau. Fünfzig Jahre französische Politik und Geschichte. Stuttgart und Berlin, 1922. — Kurt Glaser, Frankreich und seine Einrichtungen. Grundzüge einer Landeskunde. Bielefeld und Leipzig, 1923. — E. Scheu, Frankreich. Jedermanns Bücherei. Breslau, 1923. — André Waltz, Le problème de la population française. Paris, 1924. — Gaëtan Pirou, Les doctrines économiques en France depuis 1870. Paris, 1925. — Otto Grautoff, Das gegenwärtige Frankreich. Halberstadt, 1926. — H. Harmsen, Bevölkerungsprobleme Frankreichs. Berlin, 1927. — E. v. Hippel, Der französische Staat der Gegenwart. Jedermanns Bücherei. Breslau, 1928. — Rudolf Meerwarth, Betrachtungen über Frankreichs Bevölkerungsentwicklung. Deutsch-französische Rundschau, Band I, Heft 5 (Maiheft 1928), S. 399 ff. — René Gillouin, Trois crises: le malaise alsacien, la querelle de l'Action française, le nouveau ralliement. Paris 1929. — Handbuch der Frankreichkunde. 2 Teile, I. Teil, 2. Auflage, Frankfurt a. M., 1930, II. Teil, Frankfurt a. M., 1930. (Handbücher der Auslandskunde, Bd. 3 u. 4.) — Ernst Robert Curtius und Arnold Bergsträßer, Frankreich. 2 Bände. Stuttgart, 1930. 1. Die französische Kultur. Eine Einführung von Ernst Robert Curtius. 2. Staat und Wirtschaft Frankreichs. Von Arnold Bergsträßer.

2. Literatur für Rechtsfragen.

André Lebon, Das Verfassungsrecht der französischen Republik. Tübingen, 1908. — Gaston Jèze, Das Verwaltungsrecht der französischen Republik. Tübingen, 1913. — Otto Koellreutter u. Hans Gmelin, Ausländisches Staatsrecht. Berlin, 1923. — L. Duguit, Traité de droit constitutionnel. 5 vol. Paris, 1921—1925. — *Zollrechtliche Literatur.* Pallain, Les douanes françaises. Paris, 1912. — Famechon, Législation des droits de douane. Poitiers. 1912. — Fritz Eichhorn, Der Begriff des zollpflichtigen Wertes im französischen Zollrecht. Deutsche Wirtschafts-Zeitung, Nr. 45 v. 11. XI. 1925, S. 1075 ff. — E. Lecuyer, Cours de contentieux des douanes.

Poitiers, 1927. — P. Boulet, Cours de législation et réglementation douanière. Poitiers, 1928. Supplément. Poitiers, 1930. — P. Damiani, Notes sur la protection douanière et les caractères généraux du regime douanier français. Paris, 1930. — Recueil méthodique des lois et réglements sur la procédure contentieuse des douanes. — Notes explicatives du tableau des droits. Paris, 1921. — Zollhandbücher für den Welthandel. Herausgegeben in Verbindung mit dem Deutschen Industrie- und Handelstag und dem Reichsverband der Deutschen Industrie: Frankreich und das Saargebiet. Bearbeitet von Fritz Eichhorn. 1. Auflage, Berlin, 1924. 2. Auflage, Berlin, 1929. (Bearbeitet von Fritz Eichhorn und R. Martin.) Nachtrag, Berlin, 1930. — *Steuerrechtliche Literatur.* Macaigne, Code pratique des impôts. Paris, 1921. — Haas et Monteux, Les impôts en France. Paris, 1921. — Emmanuel Besson. Traité pratique de l'impôt sur le chiffre des affaires. Paris, 1921. — Gardes, L'impôt sur le chiffre des affaires. Poitiers, 1924. — Scholz, Grundriß des französischen Steuerrechts. Berlin, 1925.

3. Allgemeine Literatur zur französischen Volkswirtschaft und Wirtschaftspolitik.

Für Literatur über den Wiederaufbau vgl. Hans Sveistrup, Die Schuldenlast des Weltkrieges. Quellen- und Literatur-Nachweis. Berlin, 1929. (S. u.) — Edmond Théry, Le progrès économique de la France. 7e. éd. Paris, 1909. — Frankreichs Wirtschaftsleben und Handelsbeziehungen zu Deutschland. Gutachten der Handelskammer Frankfurt a. M., 1916. — Paul Arndt, Die Kapitalkraft Frankreichs. Weltwirtschaftliches Archiv, Band VII, 1916. — George Renard, Les répercussions économiques de la guerre actuelle sur la France. Paris, 1917. — André Lebon, Problèmes économiques nés de la guerre. 2 vol. Paris, 1918. — Adolf Günther, Das besetzte französische Gebiet. Seine Bedeutung für Frankreich und die Weltwirtschaft, für deutsche und europäische Wirtschaftspolitik. München, 1918. — G. W. Edwards, Alsace—Lorraine. London, 1919. — Rapport général sur l'industrie française, sa situation, son avenir. Publ. par le Ministère du commerce. Direction des études techniques. 3 vol. Paris, 1919. — L. Guillet et J. Durand, L'industrie française. L'oeuvre d'hier, l'effort de demain. Paris, 1920. — I. R. Cahill, Report on economic conditions in France. (Ed. Department of overseas trade.) Jahrgänge 1920/1928. London. — Georges Bonnet, en collab. avec Roger Auboin, Les finances de la France. Paris, 1921. — A. Despeaux, La déchéance de l'industrie française. L'Information, 6 août 1921. — Gaston Jèze, Cours de science des finances et de législation financière française. 6e éd. Paris, 1922. — Edmond Théry, Les conséquences économiques de la guerre par la France. Paris, 1922. — W. Mac Donald, Reconstruction in France. London, 1922. — Adolphe Delemer, Le bilan de l'étatisme. Paris, 1922. — Effects of the war upon French economic life. A collection of 5 monographs. Ed. by Ch. Gide. Oxford, 1923. — I. M. Clapham, The economic development of France and Germany 1815—1914. Second edition. Cambridge, 1923. — v. Ungern-Sternberg, Frankreichs wirtschaftliche Lage. Berlin, 1923. — G. Olphe-Galliard, Histoire économique et financière de la guerre (1914—1918). Ouvrage couronné par l'Académie des sciences morales et politiques. Paris, 1923. — Henry Hauser, La nouvelle orientation économique. Paris, 1924. — Arthur Fontaine, L'industrie française pendant la guerre. Histoire économique et sociale de la guerre mondiale. Série française. Publications de la Dotation Carnegie pour la paix internationale. Paris, 1925. — Henry Germain-Martin, De la prétendue faillite des lois économiques depuis 1914. Paris, 1925. — G. Martin, Les finances publiques de la France et la fortune privée 1914—1925. Paris, 1925. — Lucien Romier, Les conditions économiques de l'expansion française. Saint-Etienne, 1925. — G. Harold Moulton and Cleona Lewis, The French Debt Problem. New York, 1925. — René Masse, La production des richesses. Paris, 1925. — Wilhelm Schall, Frankreichs Volks- und Staatswirtschaft seit dem Krieg. Berlin, 1926. — C. Chauveau, Les assurances sociales. Paris, 1926. — Marcel Paon, L'immigration en France. Paris, 1926. — G. Michel, La dépréciation monétaire. Paris, 1926. — George Peel, The financial crisis of France. London, 1926. — J. Duboin, La stabilisation du Franc. Paris, 1927. — Gaston Raphaël, Die französische Währung seit Kriegsende. Weltwirtschaftliches Archiv, Band XXVI, II, 1927, S. 152 ff. — Henry Hauser, Die wirtschaftliche Lage des heutigen Frankreich. Der Deutsche Volkswirt, 1. Jhg., 1926, Nr. 7, S. 213 ff. — Rudolf Meerwarth, Die französische Wirtschaft im November 1927. Deutsch-französische Rundschau, Band I, Heft 1 (Januarheft 1928), S. 70 ff. — Gaëtan Pirou, La France économique en 1926. Revue d'économie politique, 1927, pag. 193 suiv. — G. Martin, Histoire économique et financière. Histoire de la Nation Française. No. 10, ed. par G. Hanotaux. Paris, 1927. — G. d'Avenel, Histoire de la fortune française. Paris, 1927. — F. Neumark, Übersicht über Wirtschaftslage und Außenhandel Frankreichs. Bearb. im Auftrage der Industrie- und Handelskammer, Frankfurt a. M., 1927. (Maschinenschrift.) — v. Ungern-Sternberg, Grundzüge der französischen Volkswirtschaft 1913 bis 1927. 2. Auflage, Frankenstein i. Schlesien. — G. Welter, La France d'aujourd'hui. Agriculture—Industrie—Commerce. Paris, 1928. — Paul Collinet et Paul Stahl, Le ravitaillement de la France occupée. Histoire économique et sociale de la guerre mondiale. Série française. Publications de la Dotation Carnegie pour la paix internationale. Paris, 1928. — R. Poincaré, La restauration financière de la France. Paris, 1928. — P. Frayssinet, La politique monétaire de la France.

Paris, 1928. — André Siegfried, Die soziale und politische Struktur Frankreichs. Der Deutsche Volkswirt, 2. Jhg., 1928, Nr. 45, S. 1538 ff. — Pierre Lyautey, La France économique dans le monde. Revue de Paris, 15 février 1929, pag. 908 suiv. — Albert Aftalion, Monnaie et industrie. Les grands problèmes de l'heure présente. Paris, 1929. — William Ogburn and William Jaffé, The economic development of post-war France. A survey of production. New York, 1929. — A. Lorbert, La France au travail. (Le Nord-Ouest. Seine-Inférieure. Eure. Calvados. Orne. Manche. Ille-et-Vilaine. Côtes-du-Nord. Finistère. Morbihan.) Paris, 1929. — La France et l'Europe. Inventaire de la production européenne continentale et coloniale. Publ. par Lucien Coquet. Paris, 1929. Fasc. no. 1 de l'Atlas Economique de l'Europe. Cartes, notices, graphiques, statistiques. — Rudolf Meerwarth, Die französische Volkswirtschaft. Handbuch der Frankreichkunde, II. Teil, S. 15 ff. Frankfurt a. M., 1930. — G. H. Bousquet, Autarkie und weltwirtschaftliche Expansion als treibende Kräfte der französischen Wirtschaftspolitik der Gegenwart. Kieler Vorträge, Heft 31. Jena, 1930. — Henri Sée, Französische Wirtschaftsgeschichte. 1. Band (Handbuch der Wirtschaftsgeschichte). Jena, 1930. — Henry Laufenburger, Cours d'économie alsacienne. Tome I. Les bases materielles, morales et juridiques. Paris, 1930. —

4. Literatur zur französischen Handelspolitik und Außenhandelsbeziehungen.

Bernhard Franke, Der Ausbau des heutigen Schutzzollsystems in Frankreich. 1903. — Wellimir Bajkič, Die französische Handelspolitik 1892—1902. Stuttgart, 1904. — Nogaro et Moye, Les régimes douaniers. Paris, 1910. — Charles Augier et Angel Mavrand, La politique douanière de la France. Paris, 1911. — Landry, Notre commerce d'exportation avant, pendant et après la guerre. Paris, 1916. — Charles Gide, La politique commerciale après la guerre. Paris, 1917. — anonym, Essai sur la politique douanière de la France. Paris, 1919. — Albert Aftalion, La politique française en matière d'importation. Revue d'économie politique. Paris, 1919. — Danos, L'idée de l'autarchie économique et les statistiques du commerce extérieur. Paris, 1920. — Decamps, Les changes étrangers. Paris, 1920. — Albert Hervet, Les changes et le commerce extérieur de la France. Bourges, 1921. — Fritz Spieß, Französischer Zollschutz vor und nach dem Kriege. Jena, rechts- u. staatsw. Diss., 1923 (Maschinenschrift). — Paul Giesecke, Die Gestaltung der französisch-amerikanischen Handelsbeziehungen während des Krieges. Kiel, rechts- u. staatsw. Diss., 1924 (Maschinenschrift). — C.-J. Gignoux, L'après-guerre et la politique commerciale. Paris, 1924. — C. Gignoux et F. Legueu, La politique commerciale de la

France. In: Neue Grundlagen der Handelspolitik. Schriften des Vereins für Sozialpolitik. 171. Band, Neue Folge, S. 123 ff. Leipzig und München, 1925. — Fritz Eichhorn, Die handelspolitischen Beziehungen Frankreichs zum Ausland. Wirtschaftliche Nachrichten für Rhein und Ruhr. Nr. 50 v. 16. XII. 1925, S. 1839 ff. — L. Chatin-Ollier, La politique douanière et la stabilité dans les relations commerciales. Paris, 1925. — Notre diplomatie économique. Conférences, organisées par la Société des anciens élèves de l'Ecole libre des sciences politiques. Paris, 1925. — Lacour-Gayet, La réforme douanière. Paris, 1926. — Elbel, La politique douanière et les échanges internationaux. Marseille, 1926. — Dore Gerlach, Tendenzen des französischen Außenhandels im Verkehr mit den außereuropäischen Erdteilen in der Zeit von 1870—1914 an Hand der Statistik. Köln, wirtschafts- u. sozialw. Diss., 1926. — C.-J. Gignoux, La politique douanière et les traités de commerce. Revue d'économie politique, 1927, pag. 529 suiv. — Jean Naudin, Les accords commerciaux de la France après la guerre. Paris, 1928. — Pilavachi, La politique douanière. Paris, 1928. — v. Brakkel, Der Systemwechsel der französischen Handelspolitik. Industrie- und Handels-Zeitung. Nr. 82 v. 5. IV. 1928. — v. Brackel, Die Neuordnung der französischen Handelspolitik. Die Wirtschaft und das Recht, Nr. 10 vom Oktober 1928. S. 845 ff. — R. Martin, Nächste Aufgaben der französischen Handelspolitik. Saar-Wirtschaftszeitung, Nr. 42 v. 20. X. 1928, S. 755 f. — R. Martin, Aufbau und Richtung des französischen Außenhandels 1913 und 1927. Saar-Wirtschaftszeitung, Nr. 48 v. 30. XI. 1928, S. 860 ff. — Max Högel, Die auswärtige Handelspolitik Frankreichs nach dem Kriege. Münchener volkswirtschaftliche Studien, Neue Folge, Heft 9. Jena, 1929. — René Théry, La balance commerciale de la France en 1929. Economiste européen. No. 1993 (16. V. 1930), pag. 307 suiv., no. 1994 (23. V. 1930), pag. 323 suiv.

5. Literatur zu einzelnen Wirtschaftszweigen.

Landwirtschaft. A. Hermes, Der Teilbau in Frankreich. Jena, 1907. — M. Augé-Laribé, L'agriculture pendant la guerre. Histoire économique et sociale de la guerre mondiale. Série française. Publications de la Dotation Carnegie pour la paix internationale. Paris, 1926. — Arnold Bergsträßer, Landwirtschaft und Agrarkrise in Frankreich. München, 1928. — Compte rendu des travaux effectués par les offices agricoles, régionaux et départementaux en 1928 en application de la loi du 6 janvier 1919. République Française. Ministère de l'agriculture. Direction de l'agriculture. Paris, 1929. — René Théry, Problèmes d'économie rurale. Economiste européen. Paris. No. 1961 (4. X. 1929), pag. 211 suiv. —

Kohlenbergbau. Maximilian Klasen, Die Kohlenversorgung Frankreichs vom Beginn des 20. Jahrhunderts bis zum Kohlenabkommen von Spaa. Göttingen, rechts- und staatsw. Diss., 1922

(Maschinenschrift). — van Lowick, Der Wiederaufbau der Kohlenbergwerke im französischen Reparationsgebiet. Halle, 1925. — Cartellieri, Die Entwicklung der Hüttenkokereien in Lothringen und Ostfrankreich. Die Rolle von Saarkohle und Ruhrkoks. Saar-Wirtschaftszeitung, Nr. 15 v. 13. IV. 1929, S. 241 ff.

Eisenschaffende Industrie. Allgemein und Altfrankreich. Auguste Pawlowski, Le développement minier et métallurgique dans l'Est Français, le Luxemburg, l'Alsace-Lorraine et la Belgique. Paris, 1913. — L. Cavallier, Après-guerre. La métallurgie française. Des améliorations, évolutions et réformes qui seraient nécessaires dans ses méthodes, ses moyens, son esprit. Paris, 1917. — Robert Pinot, La métallurgie et l'après-guerre. Bulletin de la Société de l'industrie minérale, Paris, 1917. No. 5. — Robert Pinot, La métallurgie et l'après-guerre. Saint-Etienne, 1917. — Louis Férasson, La question du fer, le problème franco-allemand du fer. Paris, 1918. — Robert Pinot, Le Comité des Forges de France au service de la nation. Paris, 1919. — Engerand, Le fer sur une frontière. Paris, 1919. — L. Guillet, La métallurgie française et la grande guerre. Revue de métallurgie, 8e. année, janvier 1921. — J. Levainville, L'industrie du fer en France. Ouvrage couronné par la Société de géographie de Paris. Paris, 1922. — M. Brelet, La crise de la métallurgie. La politique économique et sociale du Comité des Forges. Thèse, Paris, 1923. — A. Ker, Le Comité des Forges et l'occupation de la Ruhr. Paris, 1923. — Hans Schmitt, Die Stellung Frankreichs in der europäischen Eisenversorgung der Nachkriegszeit. Köln, wirtschafts- u. sozialw. Diss., 1924 (Maschinenschrift). — van Lowick, Die französische Schwerindustrie und Frankreichs Sicherheit. Berlin, 1924. — Wolfram Wehinger, Die Kohlen und Eisenwirtschaft Frankreichs in und nach dem Kriege. Heidelberg, phil. Diss., 1926. — Rudolf Meerwarth, Die französische eisenerzeugende Industrie. Deutsch-französische Rundschau, Band II, Heft 4 (Aprilheft 1929), S. 283 ff. — Cartellieri, Der Stand des Erzbergbaues in Französisch-Lothringen. Saar-Wirtschaftszeitung, Nr. 8 v. 22. II. 1930, S. 111 ff. — B. Dietrich, Zur Verbandsbildung der französischen Schwerindustrie. Saar-Wirtschaftszeitung, Nr. 18 v. 3. V. 1930, S. 271 ff. (Vgl. Ruhr- und Rhein-Wirtschaftszeitung, Nr. 15 v. 11. IV. 1930). *Elsaß-Lothringen.* M. Langrogne et M. Bergerat, Notice sur le bassin ferrifère de la Lorraine désannexée. Annales des Mines, XIe. série. 1. Paris, 1920. — Adolf Viëtor, Die zukünftige Bedeutung des französisch-lothringischen Eisenerzbezirks für Deutschlands Eisenindustrie. Würzburg, rechts- u. staatsw. Diss., 1920. — Henry Laufenburger, L'industrie sidérurgique de la Lorraine désannexée et la France. Strasbourg, 1924. — Friedrich Bethcke, Der Übergang der deutschen Hütten- und Eisenindustrie Lothringens in französischen Besitz 1918—1921. Berlin, phil. Diss., 1924 (Maschinenschrift). — G. Greer, The Ruhr-Lorraine industrial problem.

London, 1925. — P a u l B e r k e n k o p f, Die Entwicklung und die Lage der lothringisch-luxemburgischen Großeisenindustrie seit dem Weltkriege. Jena, 1925. — C a r t e l l i e r i, Die lothringische Eisenindustrie im Jahre 1928. Saar-Wirtschaftszeitung, Nr. 9 v. 2. III. 1929, S. 139. — A x e l S ö m m e, La Lorraine métallurgique. Paris, 1930.

Eisenverarbeitende Industrie. L'a v e n i r de l'industrie automobile française. Clermont-Ferrand, 1927. — Vgl. oben unter 3. (Fontaine, Welter usw.).

Textilindustrie. A l b e r t A f t a l i o n, L'industrie textile en France pendant la guerre. Histoire économique et sociale de la guerre mondiale. Série française. Publications de la Dotation Carnegie pour la paix internationale. Paris, 1925. — H e n r y L a u f e n b u r g e r, L'industrie cotonnière du Haut-Rhin et la France. Revue politique et parlementaire, décembre 1925. — A u g u s t e P a w l o w s k i, L'industrie textile française. Paris, 1925. — N a t a l i s R o n d o t, L'industrie de la soie en France. Lyon, 1894. — R e n é G o n n a r d, L'industrie lyonnaise de la soie et la concurrence mondiale. Revue économique internationale, août 1905. — Ch. L a l l e m a n d, La situation de l'industrie rubanière. Saint-Etienne, 1913. — P i e r r e C l e r g e t, Les industries de la soie en France. Paris, 1925. — A l e x a n d e r G u t f e l d, Die Seidenindustrie in Frankreich. Deutsch-französische Rundschau, Band III, Heft 8 (Augustheft 1930), S. 644 ff. — R e i ß n e r, Die französische Kunstseidenindustrie. Deutsch-französische Rundschau, Band III, Heft 1 (Januarheft 1930), S. 44 ff. — E r n s t H e m p e l, Die französische Leinenindustrie unter besonderer Berücksichtigung der Kriegs- und Nachkriegszeit. Leipzig, phil. Diss., 1927.

Chemische Industrie. M. E. F l e u r e n t, Les industries chimiques et la production générale en France. Paris, 1920. — A. M a t a y r i n, L'industrie des produits chimiques et ses travailleurs. Paris, 1923. — P. B r u n o, Industrie des cyanures. Paris, 1925. — M a r c e l G u i c h a r d, Les industries de fixation de l'azote. Paris. 1925. — L u c i e n M a u g é, Les industries de l'azote. Paris, 1929. — F. M o d a u, Société anonyme Coty. Economiste européen. Paris. No. 1960 (27. X. 1929), pag. 199 suiv.

Kalibergbau. K a r l M a a ß, Frankreich in der Kaliindustrie. Berlin, phil. Diss., 1924 (Maschinenschrift). — W i l h e l m H o e c h s t e t t e r, Kontingentswirtschaft in der Kaliindustrie. Halle, 1927. — C a r t e l l i e r i, Die Entwicklung der elsässischen Kaliindustrie. Saar-Wirtschaftszeitung, Nr. 12 v. 23. III. 1929, S. 194 ff. — W. C a r t e l l i e r i, Die ehemaligen deutschen Kaligewerkschaften im Elsaß. Ihre Entwicklung in der Vorkriegszeit und ihr jetziger Stand unter französischer Verwaltung. Saar-Wirtschaftszeitung, Nr. 52 v. 28. XII. 1929, S. 861 f.

Schiffahrt. C. d e l a R o n c i è r e, Histoire de la marine française. 2 vol. Paris, 1900. — R. Antrayges, Pour développer notre marine marchande. Paris, 1927. — Henry Changardel, La marine marchande française et la guerre. Histoire économique et sociale de la guerre mondiale. Série française. Publications de la Dotation Carnegie pour la paix internationale. Paris, 1927.

6. Amtliche Veröffentlichungen.

Gesetzblätter. Journal officiel de la République Française, Edition complète: I. Lois et décrets. II. Débats parlementaires. — Bulletin Douanier. — *Sonstige Veröffentlichungen amtlichen Charakters.* Documents parlementaires. Von diesen bes.: Projet de loi portant revision du tarif général des douanes. Doc. parl. No. 3352. Chambre des Députés. Treizième législature. Session de 1926. — Rapport fait au nom de la Commission des douanes et des conventions commerciales, chargée d'examiner les projets de la loi portant revision du tarif général des douanes. Doc. parl. No. 4220. Chambre d. D. Treizième législature. Session de 1927. — Annexe au procés-verbal de la 2 séance du 10 février 1928. Rapport fait au nom de la Commission des douanes et des conventions commerciales, chargée d'examiner les projets de loi concernant certains droits de douane. Doc. parl. No. 5519. Chambre d. D. Treizième législature. Session de 1928. Tome I, II.

7. Statistisches Material.

Annuaire statistique de la France. (Ed.: Statistique générale de la France, Ministère du travail.) — Bulletin de la Statistique générale de la France et du Service d'observation des prix. (Ed.: Statistique générale de la France, Ministère du travail.) — Statistique de l'industrie minérale. (Ed.: Direction des mines, Ministère des travaux publiques.) — Résultats statistiques du recensement général de la population. (Ed.: Statistique générale de la France, Ministère du travail.) — Statistique mensuelle du commerce extérieur de la France. (Ed.: Direction générale des douanes.) Tableau général du commerce et de la navigation. (Ed.: Direction générale des douanes, Ministère des finances.)

8. Zeitschriften und sonstige periodische Veröffentlichungen.

Revue d'économie politique. — Réforme économique. — Economiste européen. — Revue industrielle. — Journée industrielle. — L'Usine. — L'industrie chimique. — La Céramique. — La métallurgie et la construction mécanique. — La grande revue commerciale française. — Les Echos. Supplément quotidien de la grande revue commerciale française. — Le Temps. — Chimie et industrie. — La revue franco-allemande. — Revue d'Allemagne. — Annuaire du Comité des Forges.

II.

Französische Kolonien, Niederlassungen, Protektorate und Mandatsgebiete.

1. Literatur zur französischen Kolonialpolitik.

Allgemeine Literatur. Emile Levasseur, La France et ses colonies. (Géographie et statistique.) Nouvelle édition. 3 vol. Paris, 1890—1893. — E. Petit, Organisation des colonies françaises et des pays de protectorats. Paris, 1894 suiv. — J. C. P. Rongier, Précis de législation et d'économie coloniale. Paris, 1895. — P. Joanne, Dictionnaire géographique et administratif de la France et de ses colonies. Paris, 1895 suiv. — E. Lemaire, Les chemins de fer aux colonies françaises. Poitiers, 1900. — F. Zay, Histoire monétaire des colonies françaises. 2 éd., Paris, 1905. — H. Jumelle, Les ressources agricoles et forestières des colonies françaises. Paris, 1907. — Maxime Petit, Les colonies françaises. Paris. — Robert Ermels, Frankreichs koloniale Handelspolitik. (Münsterer Dissertation.) Berlin, 1910. — Franz Baltzer, Die Kolonialbahnen mit besonderer Berücksichtigung Afrikas. Berlin und Leipzig, 1916. — P. Pradier et M. Besson, La guerre économique dans nos colonies. Paris, 1916. — H. Busson, J. Fèvre et H. Hauser, La France d'aujourd'hui et ses colonies. Paris, 1920 — M. Fallex et A. Mairey, La France et ses colonies. Treizième éd., Paris, 1920. — Arthur Girault, Principes de colonisation et de législation coloniale. 3 vol. Paris, 1921—1923. — Henri Mariol, La chronologie coloniale. Paris, 1922. — H. Schnee, Die deutschen Kolonien unter fremder Mandatsherrschaft. Leipzig, 1922. — A. Megglé, Le domaine colonial de la France. Ses ressources et ses besoins. Paris, 1922. — A. Sarraut, La mise en valeur des colonies françaises. Paris, 1923. — S. Ferdinand-Lop, Les ressources du domaine colonial de la France. Paris, 1923—1924. — V. Beauregard, L'empire colonial de la France. Paris, 1924. — Arthur Girault, Les colonies. La France économique, 1925, pag. 496 suiv. — Henri Mariol, Abrégé de législation coloniale. Paris, 1925. — A. Mérignhac, Traité de législation et d'économie coloniale. Paris, 1925, Annuaire du Ministère des colonies. — O. Homberg, La France des cinq parties du monde. Paris, 1927. — Albert Duchene, La politique coloniale de la France. Paris, 1928. — G. Hardy, Histoire de la colonisation française. Paris, 1928. — S. H. Roberts, A history of french colonial policy (1870—1925). 2 vols., London, 1928. — Le domaine colonial français suivi d'un aperçu sur les colonies étrangères. Histoire. Industrie. Agriculture. Moeurs. Vie. Coutumes. Beaux-arts. Paris, 1929. — Hanns Reißner, Die französischen Kolonialmandate. Deutsch-französische Rundschau, Band III, Heft 8 (Augustheft 1930), S. 626 ff. — *Zollrechtliche Literatur.* Giabicani, Le régime douanier des colonies françaises. Bastia, 1926. — Régime douanier des colonies françaises. Législation et tarifs. Troisième éd., Marseille, 1930. — *Amtliche Veröffentlichungen.* Bulletin du Ministère des colonies. — Annuaire colonial. Paris. — Annuaire de la marine. Paris. — Annuaire du Ministère des colonies. — Budget voté des dépenses du Ministère des colonies. Paris. — Compte définitif des dépenses du Ministère des colonies. Paris. — Renseignements généraux sur le commerce des colonies françaises et la navigation. (Agence générale des colonies, Ministère des colonies.) — Department of overseas trade reports. London. — *Statistisches Material.* Vgl. u. a. Annuaire statistique de la France, Bulletin de la statistique générale de la France, Statistique mensuelle du commerce extérieur de la France. — *Zeitschriften.* Dépêche coloniale. Paris.

2. Literatur über Einzelgebiete.

a) Afrika.

A. Lebon, La politique de la France en Afrique, 1896—1898. Paris, 1901. — V. Piquet, La colonisation française dans l'Afrique du Nord. Paris, 1912. — A. Schander, Die Eisenbahnpolitik Frankreichs in Nordafrika. Jena, 1913. — Les valeurs de l'Afrique du Nord. Paris. — P. Pradier et M. Besson, L'Afrique du Nord et la guerre. Paris, 1918. — A. Bernard, L'Afrique du Nord pendant la guerre. Histoire économique et sociale de la guerre mondiale. Série française. Publications de la Dotation Carnegie pour la paix internationale. Paris, 1926. — W. M. Sloane, Greater France in Africa. New York, 1924. — M. J. Saurin, Vingt-cinq ans de colonisation nord-africaine. Paris, 1924. — L. Proust, Visions d'Afrique. Paris, 1924. — Les richesses africains. Extrait de l'Information. Paris, juin 1928. — Edouard Payen, Les plantes à parfums dans l'Afrique du Nord. Renseignements colonials. Supplément à „L'Afrique française". Septembre 1929, pag. 497 suiv. — Sir R. L. Playfair, Bibliography of Algeria. Published by the Royal Geographical Society. London, 1888. — Guide Joanne, Algérie et Tunisie. Paris, 1909. — O. Reclus, Algérie et Tunisie. Paris, 1909. — R. Devereux, Aspects of Algeria: historical, political, colonial. London, 1912. — S. Laboubée, Notes sur l'industrie en Algérie. Alger, 1917. — Felix Falck, Guide économique de l'Algérie. Paris, 1922. — V. Demontès, Renseignements sur l'Algérie économique. 2 vol., Paris, 1922. — Th. Steeg, Exposé de la situation générale de l'Algérie en 1922. Alger, 1923. — G. Casserly, Algeria to-day. London, 1923. — Algeria, a commercial handbook. Trade promotion series 8. Washington, 1925. — Octave Defont, L'Algérie du centenaire. Paris, 1928. — C. Schefer, L'Algérie et l'évolution de la colonisation française. Paris, 1928. — Raymond Recouly, France et Algérie: un glorieux centenaire. Revue de France, no. 19 (1. X. 1929), pag. 541 suiv.

— L'Algérie. Une oeuvre française. Conférences, organisées par la Société des anciens élèves de l'Ecole libre des sciences politiques. Paris, 1929. — L. Gept, La Tunisie économique. Paris, 1910. — Guilbot, La Tunisie, Paris, 1912. — L'agriculture indigène en Tunisie. Tunis, 1912. — Reuter, Les ressources minerales de la Tunisie. Nancy, 1913. — Bernard, Le Maroc. 6e. éd., Paris, 1921. — Perrot et Gentil, Sur les productions du Maroc. Paris, 1921. — Pr. Ricard, Le Maroc. 3e. éd., Paris, 1925. — Morocco, Algeria, Tunisia, Tripolitania and Cyrenaica. Survey of economic and commercial conditions 1926—1927. Department of overseas trade. London, 1928. — Survey of economic conditions in Morocco 1928—1929. Department of overseas trade. London, 1930. — P. Leroy-Beaulieu, Le Sahara, le Soudan et les chemins de fer trans-sahariens. Paris, 1904. — J. G. Courcelle-Seneuil, Le Sahara, le Soudan et les chemins de fer trans-sahariens. Paris, 1904. — H. Chevaux, La mise en valeur de l'Afrique occidentale française. Paris, 1907. — L. Sonolet, L'Afrique occidentale française. Paris, 1911. — E. Joucla, Bibliographie de l'Afrique occidentale française. Paris, 1912. — E. Pelleray, L'Afrique occidentale française. Paris, 1924. — Camille Guy, L'Afrique occidentale française. Paris 1929. — Les ports de la côte occidentale d'Afrique. Par la Chambre de commerce de Bordeaux. Bordeaux, 1929. — J. Machat, La Guinée française. Les rivières du Sud et le Fouta-Diallon. Paris, 1905. — F. Rouget, L'expansion coloniale au Congo français. Paris, 1906. — G. Bruel, Bibliographie de l'Afrique équatoriale française. Paris, 1914. — M. Rondet-Saint, L'Afrique équatoriale française. Paris, 1916. — R. Thillard, Agriculture et élevage au Cameroun. Paris, 1921. — Paul Richard Böhme, Die französische Somaliküste und die äthiopische Eisenbahn unter besonderer Berücksichtigung des Afar. Eine kolonialgeographische und kolonialpolitische Untersuchung. Leipzig, phil. Diss., 1924 (Maschinenschrift). — E. Rouard de Card, Les mandats français sur le Togoland et le Cameroun. Paris, 1924. — M. Abadie, La colonie du Niger. Paris, 1927. — Christian Laigret, Où en est le Togo sous le mandat français? Renseignements colonials. Supplément à „L'Afrique française". Avril 1930, pag. 226 suiv. — Du Buisson, Ile de la Réunion. St. Denis (Réunion), 1889. — A. You, Madagascar. Histoire, organisation, colonisation. Paris, 1905. — A. Grandidier, Bibliographie de Madagascar. Paris, 1907. — E. Prudhomme, Ressources agricoles de Madagascar. Paris, 1909. — A. Grandidier, Histoire physique, naturelle et politique de Madagascar. Paris, 1917. — H. A. Ridgewell, Madagascar. London, 1921. — L. Cros, Madagascar pour tous. 1922. — H. Paulin, Madagascar. Paris 1925. — G. Julien, Madagascar et ses dépendances. Paris, 1926. — E. Jaeglé, Essai de bibliographie. Madagascar et dépendances. Antananarivo, 1927. — *Amtliche Veröffentlichungen.* Journal officiel de l'Algérie. — Bulletin officiel du protectorat de la République Française au Maroc. — Journal officiel Tunisien. — Journal officiel de l'Afrique occidentale française. — Journal officiel de l'Afrique équatoriale française. — Journal officiel du territoire de Togo placé sous le mandat de la France. — Journal officiel des territoires du Cameroun. — Journal officiel de la Côte française des Somalis. — Journal officiel de Madagascar et dépendances. — Journal et Bulletin officiel de l'Ile de la Réunion. — Annuaire du gouverneur général de l'Afrique occidentale française. Paris. — Annuaire du gouverneur général de l'Afrique équatoriale française. Paris. — Bulletin trimestriel du Departement de l'agriculture, Tunis. — Guide officiel de la colonisation au Cameroun. Yaoundé, 1924. — Guide-annuaire de Madagascar et dépendances. Antananarivo. — Bulletin économique de Madagascar. (Ed. Gouvernement général.) Antananarivo. — *Statistisches Material.* Documents statistiques sur le commerce de l'Algérie. (Ed. Gouvernement général de l'Algérie. Direction des douanes.) Alger. — Bulletin comparatif trimestriel du mouvement commercial et maritime de l'Algérie. (Ed. Direction des douanes de l'Algérie.) Alger. — Statistique générale annuelle de la Tunisie. Tunis. — Documents statistiques sur le commerce de la Tunisie. (Ed. Direction générale des finances, Direction des douanes.) Tunis. — Statistique du mouvement commercial et maritime du Maroc. (Ed. Bureau de la statistique de Casablanca.) Rabat. — Bulletin comparatif trimestriel du mouvement commercial et maritime de la zone française du Maroc. (Ed. Direction générale de l'agriculture, du commerce et de la colonisation.) — *Zeitschriften.* L'Afrique française. Bulletin mensuel du Comité de l'Afrique française et du Comité du Maroc. Paris.

b) Asien.

Ruppin, Syrien. Berlin, 1917. — Fischer, Wirtschaftsgeographie von Syrien. Leipzig, 1919. — Gertrude Bell, Syria London, 1919. — Wilhelm Rechlin, Syriens Stellung in der Weltwirtschaft. Greifswald, 1920. — Handbook to Syria. Prepared by geographical section of the naval intelligence division of the Admiralty. London, 1921. — R. Gontaut-Biron, Comment la France s'est installée en Syrie (1918—1919). Paris, 1922. — Grobba, Die Getreidewirtschaft Syriens und Palästinas. Hannover, 1923. — C. Burckhard, Le mandat français en Syrie et au Liban. Paris, 1925. — E. Nicohosoff, Guide encyclopédique commercial et administratif de l'Alexandrie et du Levant, Egypt, Soudan, Palestine, Syrie. 1926—1927. Alexandrie, 1927. — Economic conditions in Syria. Report by R. Eldon Ellison. Department of overseas trade. London, 1930. — J. Chailley-Bert, La colonisation de l'Indochine. Paris, 1892. English translation, London, 1894. — J. Dupuis, Le Tong-kin et l'intervention française. Paris, 1897. — E. Bonhoure, L'Indochine. Paris, 1900. — E. Aymonier, Le Cambodge. 3 vol. Paris, 1900—1904. — F. Bernard, L'Indochine. Paris, 1901. — P. Boell, L'Inde et le problème indien. Paris, 1901. — P. Doumer, La situation de l'Indochine 1897—1901. Paris, 1902. — J. Aialbert, Les destinées de l'Indochine. Paris, 1909. — Magnabat, L'Indochine française. Paris, 1910. — B. M. Peyrouton, Les monopoles en Indochine. Paris, 1913. — H. Brenier, Essai d'atlas statistique de l'Indochine. Hanoï, 1914. — P. Doumer, L'Indochine française. Paris, 1915. — L'Indochine. Décembre 1922. „La vie technique, industrielle, agricole et coloniale." Numéro spécial. Paris. — Commercial situation in Indo-China. Department of overseas trade. London, 1923. — P. Desfeuilles, L'Indochine. Paris, 1927. — Yves Henry et Maurice de Visme, Documents de démographie et riziculture en Indochine. Hanoï-Haiphong, 1928. — M. Deyme, Rapport sur la navigation et le mouvement commercial de l'Indochine pendant l'année 1928. Bulletin économique de l'Indochine. Hanoï, no. 203, pag. 641 suiv., 1929. — Charles Robequain, L'Indochine française. Horizons de France, pag. 141 suiv., Paris, 1930. — *Amtliche Veröffentlichungen.* Bulletin officiel des actes administratifs du Haut Commissariat en Syrie et au Liban. — Journal officiel des Etablissements français dans l'Inde. — Journal officiel de l'Indochine française. — Rapport sur la situation de la Syrie et au Liban (juillet 1922 — juillet 1923). Paris, 1923. — Rapport à la Société des Nations sur la situation de la Syrie et du Liban. Paris, 1928. — Bulletin économique de l'Indochine. (Ed. par le Gouvernement général de l'Indochine.) Hanoï. — *Statistisches Material.* Annuaire statistique de l'Indochine. (Ed. par le Service de la statistique générale). Hanoï. — Indochine française. Rapport général sur le statistique des douanes. Hanoï. — Annuaire économique de l'Indochine. Hanoï. — *Zeitschriften.* Bulletin mensuel du Comité de L'Asie français. Paris. — Vgl. ferner Bulletin économique de l'Indochine. (s. o.) — Ostasiatische Rundschau. Hamburg.

c) Amerika.

G. Brousseau, Les richesses de la Guyane française. Paris, 1901. — E. Maurel, Histoire de la Guyane française. Paris, 1902 M. Dumoret, Au pays du sucre. (La Martinique.) Paris, 1902. — P. Corbin, Les colonies françaises d'Amérique. Paris. — Saint-Pierre and Miquelon. Foreign office handbooks. London, 1920. — *Amtliche Veröffentlichungen.* Journal officiel de la Guyane française. — Journal officiel des Iles Saint-Pierre et Miquelon. — Journal officiel de la Guadeloupe. — Annuaire de la Guyane française. Cayenne. — Annuaire de la Guadeloupe et dépendances. Basse-Terre. — Annuaire de la Martinique. Fort-de-France. — Annuaire des Iles de Saint-Pierre et Miquelon. Saint-Pierre.

d) Ozeanien.

C. Lemire, La colonisation en Nouvelle-Calédonie. Nouméa.

1893. — C. Lemire, L'Océanie française. Paris, 1904. — G. Bourge, Les Nouvelles Hébrides, 1606—1906. Paris 1906. — Caillot, Histoire de la Polynésie orientale. 2 vol. Paris, 1912. — France and England in the New Hebrides. The anglo-french condominium. Melbourne, 1914. — H. Courtet, Nos établissements en Océanie. Paris, 1920. — D. Vallet, La colonisation française en Nouvelle-Calédonie. Paris, 1920. — J. Guyon, La situation de la Nouvelle-Calédonie. Quatre années de gouvernement. Océanie française, no. 109 (juillet-août 1929), pag. 81 suiv. — Louis Rollin, Les Iles Marquises. Océanie française, no. 109 (juillet-août 1929), pag. 74 suiv. — *Amtliche Veröffentlichungen.* Journal officiel des Etablissements français de l'Océanie. — Condominium des Nouvelles Hébrides. Journal officiel. New Hebrides condominium gazette published by authority. — *Zeitschriften.* Océanie française. Paris. Bulletin mensuel du Comité de l'Océanie française.

III.

Saargebiet.

1. Allgemeine Literatur (vorwiegend politischen Charakters).

Vidal de la Blache et L. Gallois, Le bassin de la Sarre. Etude historique et économique. Paris, 1919. — anonym, Sarre et Westphalie. Paris, 1919. — Das Saargebiet in Wort und Bild. Saarbrücken, 1920. — André Tardieu, Le bassin de la Sarre. L'Illustration, 12 juillet 1920. — André Tardieu, La paix. Paris, 1921. — Jean Priou, L'organisation politique et économique du territoire de la Sarre. Thèse. Paris, 1921. — Das Saargebiet unter der Herrschaft des Waffenstillstandsabkommens und des Vertrages von Versailles. Amtliches Weißbuch. Berlin, 1921. — A. Meister, Frankreich und das Saargebiet im Spiegel der Geschichte. München-Pasing, 1922. — Josef Halperin, Im Saargebiet. Sonderabdruck aus den Nummern 38, 63, 81, 90, 102, 118, 126 der Neuen Züricher Zeitung v. 11., 15., 21., 24., 25., 26., 29. Januar 1922. — La Sarre. Par un franco-sarrois. Nancy, 1923. — Bernhard Rausch, Die Saarpolitik Frankreichs. Berlin, 1923. — Jean Priou, Le territoire de la Sarre. Etudes politiques et économiques. Paris, 1923. — G. E. Gherardi, I problemi del giorno. La questione della Saar. Estratto da Ingegneria, Rivista tecnica. Mensile 1°. Maggio 1923, No. 5. Milano. — E. W. Fischer, Die Verhandlungen über die Saarfrage auf der Pariser Friedenskonferenz. Berlin, 1924. — Alb. Ruppersberg, Aus der geschichtlichen Vergangenheit des Saarlandes. Rheinische Monatsblätter 1924, Nr. 5. Koblenz. — P. Purra, Saargebiet und Friedensvertrag. Heft 22 der Heftfolge „Beruf, Politik, Leben". — Die mißbräuchliche Ausbeutung des Saargebiets durch Frankreich. Denkschrift der Zentrums-, Sozialdemokratischen und Deutsch-Saarländischen Fraktion vom 9. August 1924. — Jean Revire, La Sarre, note sur le problème de la Sarre. Lyon, 1926. — Hans Siegfried Weber, Der Kampf um die Saar. Berlin, 1928. — Frankreich und das Saargebiet. Denkschrift der französischen Liga für Menschenrechte und ihr Echo. Saarbrücken, 1929. — Das Saargebiet. Seine Struktur, seine Probleme. Herausgegeben unter Mitwirkung von Saarpolitikern und Vertretern der Wissenschaft von Prof. Dr. Kloevekorn-Saarbrücken. Saarbrücken, 1929. — James Donnadieu, La liquidation de la victoire. 1. La Sarre. Paris, 1930. — R. Hennig, Frankreich und die 150 000 Saarfranzosen. Deutschen-Spiegel v. 9. V. 1930, S. 733 ff.

2. Literatur für Rechtsfragen.

Völker- und staatsrechtliche Literatur. Giersberg, Die staatsrechtlichen Grundlagen des Saargebiets. Saar-Wirtschaftszeitung, Nr. 22 v. 29. V. 1920, S. 356 ff., Nr. 23 v. 5. VI. 1920, S, 381 ff. — Denkschrift des Saarbrücker Anwaltsvereins vom 6. April 1920 über die staatsrechtlichen Grundlagen der im Saargebiet einzuführenden Verwaltungsordnung. Jurist. Wochenschrift, 1920, S. 627 f. — Giersberg, Die Rechtsentwicklung im Saargebiet. Juristische Wochenschrift, 1921, S. 1407. — Fritz Staab, Die staats- und völkerrechtliche Stellung des Saargebietes nach dem Friedensvertrage von Versailles. Heidelberg, jur. Diss., 1921. — Ferdinand Kremer, Die rechtliche Stellung des Saarbeckens nach Maßgabe des Versailler Friedensvertrages. Würzburg, rechts- u. staatswiss. Diss., 1921 (Maschinenschrift). — Gaston Cadoux, Une expérience de gouvernement de la Société des Nations. Le territoire de la Sarre. Extrait de la Revue économique internationale, février 1922, Bruxelles. — Rudolf Oberg, Die staats- und völkerrechtliche Stellung des Saarbeckens nach dem Friedensvertrage und der folgenden Entwicklung. Münster, rechts- u. staatsw. Diss., 1922 (Maschinenschrift). — Peter Küffner, Die völkerrechtliche Stellung der Saarregierung. Würzburg, rechts- u. staatsw. Diss., 1922 (Maschinenschrift). — Joachim Baron von Roenne, Das Saarbecken-Abkommen. Göttingen, rechts- u. staatsw. Diss., 1922. — Fritz Guillaume, Die rechtliche Stellung des Saargebietes und seine Organisation. Köln, rechtsw. Diss., 1922 (Maschinenschrift). — S. Osborne, The Saar-Question, a disease spot in Europe. London, 1923. — Hubert Ney, Rechtsfragen des Saargebietes auf Grund des Vertrages von Versailles. Heidelberg, jur. Diss., 1923 (Maschinenschrift). — Fritz Mayer, Französische Politik im Saargebiet. Eine völkerrechtliche Studie. Würzburg, rechts- u. staatsw. Diss., 1923 (Maschinenschrift). — Rudolf Wirsing, Der Völkerbund als Treuhänder im Saargebiet. Würzburg, rechts- u. staatsw. Diss., 1923 (Maschinenschrift). — Paul Dahns, Die völkerrechtliche Stellung des Saargebietes. Hamburg, rechts- u. staatsw. Diss., 1923 (Maschinenschrift). — Bergemann, Die Gesetzgebung im Saargebiet. Staatsbürger-Bibliothek, Heft 123/124. München-Gladbach, 1924. —

Wehberg, Die staats- und völkerrechtliche Stellung des Saargebietes. München-Gladbach, 1924. — Alexandre Allot, Le bassin de la Sarre. Organisation politique et administrative, finances, douanes. Deuxième édition. Nancy-Paris-Strasbourg, 1924. — W. R. Bisschop, The Saar controversy. The Grotius Society Publications, Nr. 2. London, 1924. — Reinhard Frank, Die staats- und völkerrechtliche Stellung des Saargebietes. Archiv für öffentliches Recht, Band 43, S. 1 ff. — Walter Räker, Die rechtliche Lage des Saargebietes vor und nach dem Versailler Friedensvertrage. Rostock, jur. Diss., 1924 (Maschinenschrift). — Sir R. Donald, A danger spot in Europe and its government by the Leage of Nations. London, 1925. — Görgen, Die Geschichte des Saarstatuts von Versailles. Saarländische Zeit- und Streitfragen, 1. Heft. Saarbrücken. — Coursier, Le statut international du territoire de la Sarre. Paris, 1925. — Robert Redslob, Le statut international de la Sarre. Extrait de la Revue de droit international de sciences diplomatiques, politiques et sociales. Genève, 1925. — Felix Ad. Britten, Die Treuhänderschaft des Völkerbundes gegenüber dem Saargebiet. Ihre Organisation und ihre Funktionen auf legislatorischem Gebiet. Münster, rechts- u. staatsw. Diss., 1925 (Maschinenschrift). — Friedrich Hans Freiherr von und zu der Tann-Rathsamhausen, Die staats- und völkerrechtliche Stellung des Saargebiets unter besonderer Berücksichtigung der Praxis der Regierungskommission. Frankfurt a. M., rechtsw. Diss., 1925 (Maschinenschrift). — Reinhard Frank, Das Saargebiet. In Strupp's Wörterbuch des Völkerrechts und der Diplomatie. Band 3, S. 131 ff. Berlin und Leipzig, 1926. — O. Andres, Grundlagen des Rechts im Saargebiet. Völkerrechtsfragen, 13. Heft. Berlin, 1926. — Frank M. Russel, The international government of the Saar. Berkeley, Californ., 1926. — O. Andres, Die Saarfrage. Schriften zur politischen Bildung, herausgegeben von der Gesellschaft „Deutscher Staat". V. Reihe, Grenzlande, Heft 7. Langensalza. — Wilson Harris, The League of Nations and the Saar District. Les origines et l'oeuvre de la Société des Nations. Kopenhagen, herausgegeben von Rask-Orstedfonden, unter Leitung von P. Munch. Bd. II, S. 290 ff. — Lüttger, Das Saargebiet, die Grundlagen seiner Rechtsstellung. Zeitschrift für Völkerrecht, 1927, XIV. Band, Heft 2. Guenter Braun von Stumm, Das Saargebiet des Friedensvertrages von Versailles. (Erlangener Diss.) München, 1928. — Eduard Rauch, Souveränität und Staatsgewalt und ihre Auswirkungen im Saargebiet. Erlangen, jur. Diss., 1928 (Maschinenschrift). — Bumiller, Die völkerrechtliche Stellung der fremden Truppen im Saargebiet. Berlin und Leipzig, 1928. — Das Saargebiet. In: Handwörterbuch der Preußischen Verwaltung. Band II. Berlin, 1928. — E. Biesel, Die völkerrechtliche Stellung des Saargebietes. Frankfurter Abhandlungen zum modernen Völkerrecht, Heft 15. Leipzig, 1929. — Curt Groten, Die Kontrolle des Völkerbundes über die Tätigkeit der Regierungskommission des Saargebietes. Saarbrücken, 1929. — von Lautz, Das Rechtsproblem der Rückgliederung des Saargebietes, Saarbrücken, 1929. — Hellmut Katsch, Regierung und Volksvertretung im Saargebiet. Leipziger rechtswissenschaftliche Studien, Heft 57. Leipzig, 1930. —

Zollrechtliche Literatur. Vgl. auch die oben aufgeführten Schriften von Allot, Coursier. — Fritz Eichhorn, Die zollrechtliche Stellung des Saargebietes auf Grund des Versailler Vertrages. Berlin, 1928. —

Steuerrechtliche Literatur. Scholz, Das saarländische Umsatzsteuerrecht hinsichtlich Einfuhr und Ausfuhr, ein Rechtsgutachten. Herausgegeben von der Handelskammer zu Saarbrücken. — Scholz, Einfuhr und Ausfuhr nach saarländischem Umsatzsteuerrecht. Deutsche Steuer-Zeitung, Nr. 7 v. Juli 1926, Spalte 588 ff. —

3. Allgemeine Literatur zur Saarwirtschaft.

Vgl. auch unter Saargebiet, 1. Allgemeine Literatur. — *Wirtschaftsgeschichte und Wirtschaftsgeographie.* W. Lehmann, Abriß der Wirtschaftsgeschichte des Saargebietes. 1. Teil. Saarbrücken, 1925. — Gustav Jung, Die geographische Verteilung der Industrie im Saargebiet. Frankfurt a. M., wirtschafts- u. sozialw. Diss., 1926 (Maschinenschrift). — Carl Lossen, Industrie-Geographie des Saargebietes. Würzburg, phil. Diss., 1927. — *Allgemeine wirtschaftswissenschaftliche Literatur.* Alex. v. Brandt, Zur sozialen Entwicklung im Saargebiet. Leipzig, 1904. — J. Kollmann, Die Großindustrie des Saargebietes. Stuttgart, 1911. — Paul Nolte, Das Wirtschaftsgebiet an der Saar. München-Gladbach, 1912. — Anton Haßlacher, Das Industriegebiet an der Saar und seine hauptsächlichsten Industriezweige. Saarbrücken, 1912. — Führer durch das industrielle Saargebiet. Herausgegeben von der Handelskammer Saarbrücken. (Deutsch und französisch.) Saarbrücken, 1919. — Werner Lehmann, Die wirtschaftliche Entwicklung des Saargebiets. Rostock, phil. Diss., 1923. — H. Wildt, Die Sozialversicherung im Saargebiet. Jena, rechts- u. staatsw. Diss., 1924. — Angel Marvaud, Le territoire de la Sarre, son évolution économique et sociale. Paris, 1925. — *Spezialliteratur zur wirtschaftlichen Lage des Saargebietes unter dem Völkerbundsregime (französische Wirtschaftspolitik, handelspolitische Lage, Währungsfragen, Überfremdung usw., vgl. auch den folgenden Abschnitt 4).* Hermann Savelkouls, Der Franc im Saargebiet. Münchener volkswirtschaftliche Studien, 145. Stück. Berlin u. Stuttgart, 1921. Zweite, erweiterte Auflage, Berlin u. Stuttgart, 1922. — Josef Engel, Der Handel des Saargebiets mit Deutschland seit Inkrafttreten des Versailler Vertrages bis zum Inkrafttreten der wirtschaftlichen Sanktionen. Freiburg i. B., rechts- u. staatsw. Diss., 1922 (Maschinenschrift). — Karl Müller-

Zimmermann, Die Wirkungen des Friedensvertrages für die Bevölkerung des Saargebietes in soziologischer und wirtschaftlicher Hinsicht. Berlin, phil. Diss., 1922 (Maschinenschrift). — Reinhold Müller, Die Überfremdung des Saarwirtschaftslebens seit dem Frieden von Versailles bis Oktober 1921. Würzburg, rechts- u. staatsw. Diss., 1922 (Maschinenschrift). — Oskar Hammelsbeck, Der Zollanschluß des deutschen Saargebietes an Frankreich. Heidelberg, phil. Diss., 1923 (Maschinenschrift). — Alb. Lütke, Die Währungsverordnung. Saarbrücken, 1923. — Karl Friedrich Schneider, Die Entwicklung des Bankwesens im Saargebiet seit dem Ende des Krieges unter besonderer Berücksichtigung der durch die doppelte Währung geschaffenen Verhältnisse. Würzburg, rechts- u. staatsw. Diss., 1923 (Maschinenschrift). — Helmut Mertens, Frankreichs Bestrebungen zur wirtschaftlichen Unterjochung des Saargebietes und die Folgen auf das saarländische Wirtschaftsleben. Breslau, rechts- u. staatsw. Diss., 1923 (Maschinenschrift). — Rudolf Pagenstecher, Die Lebensmittelbelieferung des Saargebietes durch das Deutsche Reich während der im Vertrage von Versailles vorgesehenen fünfjährigen Periode der Zollfreiheit für deutsche Erzeugnisse. Würzburg, rechts- u. staatsw. Diss., 1924 (Maschinenschrift). — Josef Karl Koenig, Die Einwirkung der französischen wirtschaftlichen und politischen Maßnahmen auf die Psyche der Saarbergarbeiter. Köln, phil. Diss., 1924 (Maschinenschrift). — H. Christmann, Die französische Währungspolitik im Saargebiet und in Rheinland-Westfalen. Heidelberg, phil. Diss., 1924 (Maschinenschrift). — Eugen Barth, Die französische Währungs- und Zollpolitik im Saargebiet und ihre Auswirkungen auf die saarländischen Wirtschaftsverhältnisse. Erlangen, phil. Diss., 1924 (Maschinenschrift). — Adolf Lüpke, Die Währungsumstellung in den Wirtschaftsbetrieben des Saargebietes. Köln, wirtsch.- u. sozialw. Diss., 1924. — Hedwig Behrens, Industrie und Handel des Saargebietes von der Einführung des französischen Franken am 1. Juni 1923 bis zur Zollabschnürung von Deutschland am 10. Januar 1925. Freiburg i. B., rechts- u. staatsw. Diss., 1925 (Maschinenschrift). — Die unhaltbare zollpolitische Lage des Saargebiets. Denkschrift der Zentrums- und Deutsch-Saarländischen Fraktion vom 16. Februar 1925. — Die beabsichtigte Währungsverschlechterung im Saargebiet. Denkschrift der Zentrums- und Deutsch-Saarländischen Fraktion vom 20. Februar 1925. — Hermann Messmer, Bilanzierungstechnik bei der Umstellung von der Mark- in die Francs-Währung im Saargebiet. Frankfurt a. M., wirtschafts- u. sozialw. Diss., 1925 (Maschinenschrift). — Albert Krämer, Die Banken des Saargebietes unter besonderer Berücksichtigung der Neugründungen. Bonn, phil. Diss., 1925 (Maschinenschrift). — O. Metzger, Der Kampf um den saarländischen Markt von 1918 bis zum 10. Januar 1925. Gießen, phil. Diss., 1926. — Hans Eichenberg, Die Saarindustrie, ihr Aufblühen unter deutschen Herrschern und ihr Niedergang unter den französischen Machthabern. Frankfurt a. M., wirtsch.- u. sozialw. Diss., 1926 (Maschinenschrift). — Walter Korst, Die französische Wirtschaftspolitik im Allgemeinen an der Saar. Würzburg, rechts- u. staatsw. Diss., 1926 (Maschinenschrift). — Robert Herly, L'introduction du Franc dans la Sarre. Une expérience monétaire. Paris, 1926. — R. Martin, Die Saarwirtschaft im Jahre 1928. Saar-Wirtschaftszeitung, Nr. 1 v. 5. I. 1929. S. 3 ff. — M(artin), Der deutsch-saarländische Warenaustausch im Jahre 1928. Saar-Wirtschaftszeitung, Nr. 10 v. 9. III. 1929, S. 156 ff. — R. Martin, Förderung der Exporttätigkeit des Saargebietes. Saar-Wirtschaftszeitung, Nr. 27 v. 6. VII. 1929, S. 461 ff. — anon., Der Erzbezug des Saargebietes. Saar-Wirtschaftszeitung, Nr. 42 v. 19. X. 1929, S. 701 ff. — Gerhard Wiegand, Französische Währungs- und Zollpolitik im Saargebiet. Sozialwissenschaftliche Forschungen, Abt. IV, Heft 7. Berlin und Leipzig, 1929. — R. Martin, Die Saarwirtschaft im Jahre 1929. Saar-Wirtschaftszeitung, Nr. 1 v. 4. I. 1930, S. 3 ff. — A. Lütke, Die Saarwirtschaft an der Jahreswende. Saar-Wirtschaftszeitung, Nr. 2 v. 11. I. 1930, S. 15 ff. — M(artin), Der deutsch-saarländische Warenaustausch im Jahre 1929. Saar-Wirtschaftszeitung, Nr. 11 v. 15. III. 1930, S. 159 ff. — Karl Germann, Vorgänge in der Saarwirtschaft. Deutsche Arbeit, Heft 5 vom Mai 1930, S. 252 ff.

4. Literatur zu einzelnen Wirtschaftszweigen.

Kohlenbergbau. August Goergen, Der private Kohlenbergbau an der Saar. Eine Studie aus der Bergwirtschaft an der Saar bis zum Frieden von Versailles 1919. Heidelberg, phil. Diss., 1921 (Maschinenschrift). — Wilhelm Schroeder, Die Entwicklung des Absatzes der Ruhr-, Saar- und Wurm-Indekohle in den Jahren 1893 bis 1918. Köln, wirtschafts- u. sozialw. Diss., 1922. — Hirschauer, Les mines de la Sarre sous l'administration française. Revue des deux mondes, 1 août 1922. — Ernst Gronerad, Die Siedelungspolitik des Bergfiskus im Saargebiete, ihre Entstehung und Entwicklung, ihre wirtschaftlichen und sozialen Auswirkungen auf die Arbeiterverhältnisse. Köln, wirtschafts- und sozialw. Diss., 1923. — Leon Morgenroth, Die Entwicklung des Steinkohlenbergbaues im Saargebiet. Würzburg, rechts- u. staatsw. Diss., 1924 (Maschinenschrift). — Paul Georg Quirin, Der Einfluß der Lohnpolitik auf die Produktionsergiebigkeit im staatlichen Saarbergbau. Bonn, phil. Diss., 1924 (Maschinenschrift). — Helmut Neu, Die Entwicklung der Absatzwege des Saarkohlenbergbaues mit besonderer Berücksichtigung der Gestaltung seit Beginn der Eisenbahnaera. Frankfurt a. M., wirtsch., u. sozialw. Diss., 1926 (Maschinenschrift). — Walther Cartellieri, Der Steinkohlenbergbau an der Saar. Seine Entwicklung, gegenwärtige Lage und zukünftige Gestaltung. Saar-Wirtschaftszeitung, Nr. 48 v. 30. XI. 1928, S. 865 ff

— Rudolf Obé, Die Arbeiterverhältnisse im französisch-fiskalischen Saarbergbau. Frankfurt a. M., wirtsch. u. sozialw. Diss., 1929 (Druck 1930). — C. Wallacher, Die Frachtlage für Saar- und Ruhrkohle im süddeutschen Kohlenabsatzgebiet. Saar-Wirtschaftszeitung, Nr. 7 v. 15. II. 1930, S. 95 ff.

Eisenschaffende Industrie. J. Tribot-Laspière, Le bassin de la Sarre. Etude minière et métallurgique. Le génie civil, LXXI, 21 juillet 1917. — Wilhelm Born, Die wirtschaftliche Entwicklung der Saar-Großeisenindustrie seit der Mitte des 19. Jahrhunderts. Tübingen, staatsw. Diss., 1919. — Wilhelm Paege, Die geschichtliche Entwicklung der Eisenindustrie im Saargebiet, insbesonders seit Anfang des 19. Jahrhunderts. Köln, wirtschafts- u. sozialw. Diss., 1921 (Maschinenschrift). — E. Weigert, Die Großeisenindustrie des Saargebiets. Schmollers Jahrbuch, 46. Jhg. 1922. — Wilhelm Krause-Wichmann, Die Saareisenindustrie und ihre Koksgrundlage. Gießen, phil. Diss., 1924 (Maschinenschrift). — Robert Herly, Les conditions de production de la métallurgie sarroise depuis 1815. Paris, 1926. — Fritz Schleifenbaum, Die wirtschaftliche Überfremdung der eisenschaffenden Industrie des Saargebietes. Berlin, 1928. — Walther Cartellieri, Die Eisenindustrie an der Saar. Sonderabdruck aus: Das Saargebiet. Seine Struktur, seine Probleme. Her. Kloevekorn. Saarbrücken, 1929. — Betrachtungen über den Umfang des „technischen Ausbaus" der saarländischen Hüttenwerke während der letzten zehn Jahre. Ruhr- und Rhein-Wirtschaftszeitung. Jhg. 10 (1929), Nr. 52, S. 1685 ff. — Otto Borck, Die Großeisenindustrie des Saargebietes unter besonderer Berücksichtigung der Lohn- und Arbeitsverhältnisse in der Nachkriegszeit. Frankfurt a. M., wirtschafts- u. sozialw. Diss., 1929 (Druck 1930). — Cartellieri, Die Roheisenbasis der Saareisenindustrie in Lothringen in der Vorkriegszeit. Saar-Wirtschaftszeitung, Nr. 3 v. 18. I. 1930, S. 31 ff. — A. Spannagel, Die technische Entwicklung der Eisenindustrie im Bereiche der Eisenhütte Südwest in den letzten 25 Jahren. Vortrag, gehalten bei der Hauptversammlung der Eisenhütte Südwest am 19. Januar 1930. Saar-Wirtschaftszeitung, Nr. 4 v. 25. I. 1930, S. 48 ff., Nr. 5 v. 1. II. 1930, S. 63 ff. —

Glasindustrie. Max Vopelius, Die Tafelglasindustrie im Saarthal. Halle, 1895. — Walther Lauer, Die Glasindustrie im Saargebiet. (Diss., Göttingen) Braunschweig, 1922. — Walther Lauer, Die Glasindustrie im Saargebiet. In der Festnummer der Saarbrücker Landeszeitung v. 28. VI. 1926. Abdruck in der Saar-Wirtschaftszeitung, Nr. 34 v. 28. VIII. 1926, S. 587 ff. —

Tabakindustrie. Reinhard Schönhofen, Die Tabakindustrie im Saargebiet nach dem Kriege. Jena, phil. Diss., 1922 (Maschinenschrift).

Lackwarenindustrie. Alwin Göhler, Die Dosen- und Papierlackwarenindustrie im Saargebiet. Frankfurt a. M., wirtsch.- u. sozialw. Diss., 1926. —

Branntweinindustrie. Georg Gerth, Die Branntwein-Industrie des Saargebietes seit Geltung des Versailler Friedensvertrages. Würzburg, rechts- u. staatsw. Diss., 1923 (Maschinenschrift). —

Verkehrswesen. Eduard Braun, Die Entwicklung des Güterverkehrs auf den Saarbahnen unter der Regierung des Völkerbundes. Frankfurt a. M., wirtsch.- u. sozialw. Diss., 1925 (Maschinenschrift). — Der Saar-Pfalz-Kanal. Denkschrift über die Verkehrswünsche des Saargebietes. Saarbrücken, Februar 1927. — Oskar Eifler, Das Verkehrswesen im Saargebiet. Erlangen, phil. Diss., 1927. — Karl Mindnich, Das Projekt der Mosel-Saarkanalisierung in seiner wirtschaftlichen Bedeutung für das südwestdeutsche Wirtschaftsgebiet. Frankfurt a. M., wirtschafts- u. sozialw. Diss., 1927. — W. Cartellieri, Französische Projekte über den Ausbau des Saarkohlenkanals. Saar-Wirtschaftszeitung, Nr. 51 v. 22. XII. 1928, S 919 ff. —

5. Amtliche Veröffentlichungen.

Gesetzblätter. Amtsblatt der Regierungskommission des Saargebietes. — *Sonstige Veröffentlichungen amtlichen Charakters.* Entscheidungen des Obersten Gerichtshofes und des Oberverwaltungsgerichtes des Saargebietes in Saarlouis. Saarbrücken. — Rapports adressés par la Commission de Gouvernement au Secrétaire Général de la Société des Nations. — Auszug aus den französischen Zollgesetzen, übersetzt im Auftrage der Regierungskommission des Saargebietes. Saarbrücken. — Der Handel im Saargebiet. Saarbrücken, 1921. (Amtliche Bestimmungen über Ein- und Ausfuhr.) — Jahresberichte der Bergbehörde und Gewerberäte des Saargebietes. Amtliche Ausgabe. Saarbrücken. —

6. Statistisches Material.

W. Cartellieri, Wirtschaftsstatistik im Saargebiet. Saar-Wirtschaftszeitung, Nr. 26 v. 29. VI. 1929, S. 445 f. — Statistik der Saareisenindustrie 1913—1928. Text von C(artellieri). Saar-Wirtschaftszeitung, Nr. 7 v. 16. II. 1929, S. 103 ff. — Berichte des Statistischen Amts des Saargebietes. — Lohn und Kaufkraft. Statistisches Material. Herausgegeben von der Geschäftsführung des Arbeitgeberverbandes der Saarindustrie, e. V. Saarbrücken, 1921. — Saarwirtschaftsstatistik. Herausgegeben vom Saarwirtschafts-Archiv, Saarbrücken. Heft I, 1927; Heft II, 1929; Heft III, 1930.

7. Zeitschriften.

Saar-Wirtschaftszeitung. Her. von der Handelskammer Saarbrücken. — Der Saarhandel. Her. vom Schutzverband für Handel u. Gewerbe im Saargebiet. E. V., Saarbrücken. — Bulletin mensuel de la Chambre de Commerce Franco-Sarroise à Sarrebruck. — Annuaire de la Chambre de Commerce Franco-Sarroise. Sarrebruck.

8. Verschiedenes.

Nachschlagebuch der Behörden und Beamten des Saargebietes. Bearb. v. Rudolf Noll. Saarlouis, 1927. — Wegweiser durch das Saargebiet. Ein Handbüchlein der Verwaltung und Behörden, der sozialen Organisationen und Einrichtungen, der Gemeinden und deren Einwohnerzahl. Saarbrücken, 1928. — Annuaire des Sociétés par Action du Bas-Rhin, du Haut-Rhin, de la Moselle, du Luxembourg, du Territoire de la Sarre. 10e édition. Par la Société Générale Alsacienne de Banque. Strasbourg, 1930. — Handbuch der Zeitungen des Saargebietes und der angrenzenden Bezirke: Rheinpfalz, Regierungsbezirk Trier, Elsaß-Lothringen, Luxemburg 1928/29. Aufgestellt von der Annoncen-Expedition Carl Ernst, Saarbrücken. Saarbrücken, 1928. —

IV.

Deutschland und Frankreich.

Ihre Beziehungen und deren Probleme.

1. Allgemeine Literatur.

Hermann Platz, Deutschland und Frankreich. Versuche einer geistesgeschichtlichen Grundlegung der Probleme. Frankfurt a. M., 1930. — Johannes Haller, Tausend Jahre deutsch-französischer Beziehungen. Stuttgart, 1930. —

2. Literatur zu den handelspolitischen Beziehungen der Vorkriegszeit.

J. Valfrey, Histoire du traité de Francfort. Paris, 1874. — J. Favre, Le gouvernement de la défense nationale. Paris, 1875. Paul Muller, L'article 11 du traité de Francfort. Extrait du Journal des économistes du 15 décembre 1888. — A. Oncken, L'article onze du traité de paix de Francfort. Revue d'économie politique. février 1892. — M. Schwob, Le danger allemand. Paris, 1899. — A. Mages, Les conséquences de l'article 11 du Traité de Francfort. Thèse. Paris, 1911. — Louis Bruneau, L'Allemagne en France. Paris, 1914. — M. Ajam, Das deutsch-französische Wirtschaftsproblem. Deutsch von Fr. Schubert. 1914. — Sartorius von Waltershausen, Der Paragraph elf des Frankfurter Friedens. Jena, 1915. —

3. Literatur zum Wirtschaftskrieg.

Serrigny, La guerre et le mouvement économique. Paris,

1906. — Serrigny, Les conséquences économiques et sociales de la prochaine guerre. Paris, 1909. — Yves Guyot, Les causes et les conséquences de la guerre. Paris, 1915. — Willi Prion, Die Pariser Wirtschaftskonferenz. Berlin, 1917. — Friedrich Kahl, Die Pariser Wirtschaftskonferenz vom 14.—17. Juni 1916. Paris, 1917. — Ed. Herriot, Agir. Paris, 1917. — Bernard Lavergne, L'Union commerciale des Alliés après la guerre. Paris, 1917. — D. Serruys, La structure économique de la coalition. Revue de Paris, 15 juillet 1918. — O. Jöhlinger, Der Wirtschaftskrieg. Berlin, 1920. — Serrigny, Réflexions sur l'art de guerre. Paris, 1925.

4. Literatur zum Reparationsproblem (soweit es für die deutsch-französischen Beziehungen in Betracht kommt).

Vgl. Hans Sveistrup, Die Schuldenlast des Weltkrieges. Quellen- und Literatur-Nachweis zu den Interalliierten Kriegsschulden, den Reparationen und dem Dawes-Plan 1918—1928. Berlin, 1929. — Otto Meesmann, Die Tragweite der 26proz. Reparationsabgabe. Deutsche Bergwerkszeitung, Nr. 244 v. 16. X. 1924. — Ruppel, Die Sachlieferungen nach dem Plan der Sachverständigen und dem Londoner Abkommen. Juristische Wochenschrift, Heft 19 v. 15. X. 1924, S. 1491 ff. — Die Sachverständigengesetze vom 9. April 1924. Amtliche deutsche Ausgabe. Im Auftrag des Auswärtigen Amtes. Berlin, 1924. — Friedrich Raab, Handbuch der Londoner Vereinbarungen. Berlin, 1925. — Carl Bergmann, Der Weg der Reparationen. Frankfurt a. M., 1926. — Max Sering, Deutschland unter dem Dawesplan. Berlin und Leipzig, 1928. — Joseph Huperz, Die Sachlieferungen nach Frankreich. Berlin, 1930. Entwürfe zu den Gesetzen über die Haager Konferenz und die Sonder- und Liquidationsabkommen. Amtliche Ausgabe. Berlin, 1930. —

5. Literatur zum Ruhreinbruch und sonstigen Westfragen.

Vgl. Hans Sveistrup, Die Schuldenlast des Weltkrieges. Berlin, 1929. (S. o.) — Jean Comte de Pange, Les libertées rhénanes. Paris, 1922. — David Lloyd George, Frankreichs Ziele an der Ruhr. Neue Züricher Zeitung, Nr. 292 v. 4. III. 1923. — Reboul, Pourquoi nous sommes dans la Ruhr. Nancy-Paris-Strasbourg, 1923. — Hans Kirchner, Der französisch-belgische Einmarsch in das Ruhrgebiet. Würzburg, rechts- u. staatsw. Diss., 1924 (Maschinenschrift). — Philipp Zeitler, Die Ruhrbesetzung in völkerrechtlicher Beurteilung. Würzburg, rechts- u. staatsw. Diss., 1925 (Maschinenschrift). — Friedrich Küll, Das französische Zollsystem während der Ruhrbesetzung und seine Auswirkung auf die Schloß- und Beschläge-Industrie in Velbert. Frankfurt a. M., wirtschafts- und sozialwiss. Diss., 1926. — Hermann Eitner, Waren Frankreich und Belgien auf Grund des Vertrages von Versailles zur

Besetzung des Ruhrgebietes berechtigt? (Breslauer Diss.) Landeshut i. Schlesien, 1927. — Georg Reismüller u. Josef Hoffmann, Zehn Jahre Rheinlandbesetzung. Ein beschreibendes Verzeichnis des Schrifttums über die Westfragen mit Einschluß des Saargebietes und Eupen-Malmedys. Breslau, 1929. — Hugo E. Kunheim, Die Wirkungen der Ruhrbesetzung auf Wirtschaft und Politik Großbritanniens. Breslau, 1929. — Hans Spethmann, Der Ruhrkampf 1923 bis 1925 in seinen Leitlinien. Berlin, 1929. (Band 3 von: Spethmann, Zwölf Jahre Ruhrbergbau.) — Probleme des Westens. Eine Aufsatzfolge im Auftrage des Verbandes Deutscher Geschichtslehrer herausgegeben von Prof. Dr. Metz. Rheinische Schicksalsfragen, Schrift 27/28. Berlin, 1929. — Paul Wentzke, Ruhrkampf. Einbruch und Abwehr im rheinisch-westfälischen Industriegebiet. Band 1. Berlin, 1930. —

6. Literatur zu den deutsch-französischen Wirtschaftsverhandlungen (ohne Saarverhandlungen).

Walter Frowein, Wie denkt Frankreich über das neue Handelsabkommen mit uns? Deutsche Arbeitgeber-Zeitung, Nr. 42 v. 19. X. 1924. — Otto Leibrock, Zum deutsch-französischen Handelsvertrag. Deutsche Wirtschafts-Zeitung, Nr. 40 v. 7. X. 1924, S. 734 ff. — Ein deutsch-französischer Handelsvertrag? Französische Stimmen. Saar-Wirtschaftszeitung, Nr. 42 v. 23. X. 1924, S. 587 ff. — Bertsch, Zum Wiederbeginn der deutsch-französischen Handelsvertragsverhandlungen. Deutsche Wirtschafts-Zeitung, Nr. 37 v. 15. IX. 1925, S. 879 ff. — Max Schlenker, Die deutsch-französischen Handelsvertragsverhandlungen. Deutsche Wirtschafts-Zeitung, Nr. 3 v. 21. I. 1926. S. 41 ff. — Entwurf eines Gesetzes über das vorläufige Handelsabkommen zwischen Deutschland und Frankreich. Reichstagsdrucksachen. III. Wahlperiode. 1924/26. Nr. 2615. — Entwurf eines Gesetzes über das Handelsabkommen zwischen Deutschland und Frankreich. Reichstagsdrucksachen. III. Wahlperiode. 1924/27. Nr. 3651. — Annexe au procès-verbal de la I séance du 10 novembre 1927. Projet de loi portant approbation de l'accord commercial entre la France et l'Allemagne signé le 17 août 1927. Chambre des Députés. Treizième législature. Session extraordinaire de 1927. No. 5022. — Claussen, Die Bedeutung der Listen zum französischen Tarif. Deutsche Wirtschafts-Zeitung, Nr. 36 v. 8. IX. 1927, S. 843 ff. — C.-J. Gignoux, L'accord commercial franco-allemand. Revue d'économie politique, 1927, pag. 1292 suiv. — The franco-german commercial treaty. The Economist, September 24, 1927. — The new franco-german commercial treaty. I. Its genesis. The Economist, October 1, 1927. II. Its significance as a forerunner. The Economist. November 12, 1927. — Edmund Strücker, Die deutsch-französischen Handelsvertragsverhandlungen von staatlicher und privater Seite von 1918 bis Juni 1927. Köln, wirtschafts- u. sozialw. Diss., 1927 (Druck 1928).

— W e y m a n n, Die Ergänzungsprotokolle zum deutsch-französischen Handelsabkommen. Zeitschrift für Zölle und Verbrauchssteuern. 8. Jhg., Nr. 17 v. 5. IX. 1928.

7. Literatur zu den Saarverhandlungen.

D e n k s c h r i f t der Handelskammer zu Saarbrücken betreffend die handelsvertragliche Regelung der saarländisch-deutschen Wirtschaftsbeziehungen nach dem 10. Januar 1925. — E n t w u r f e i n e s G e s e t z e s über die Vereinbarung zwischen Deutschland und Frankreich vom 11. Juli 1925 über den Warenaustausch zwischen Deutschland und dem Saarbeckengebiet. Reichstagsdrucksachen. III. Wahlperiode, 1924/25. Nr. 1212. — D i e S a a r i n d u s t r i e u n d d a s S a a r a b k o m m e n. Wirtschaft und Statistik, Nr. 18 v. 28. IX. 1925, S. 590 ff. — K r a u s e - W i c h m a n n, Auf dem Wege zur Lösung der Saarfrage. Wirtschaftsdienst, Nr. 47 v. 26 XI. 1926, S. 1624/25. — M (a r t i n), Das Saarabkommen vom 23. Februar 1928. Saar-Wirtschaftszeitung, Nr. 9 v. 3. III. 1928, S. 167 ff. — R e i n s h a g e n, Das deutsch-französische Saarabkommen. Die Wirtschaft und das Recht, Heft 5/6 vom Mai/Juni 1928, S. 369 ff. — W e y m a n n, Zum Saarabkommen. Zeitschrift für Zölle und Verbrauchssteuern. 8. Jhg., Nr. 7 v. 5. IV. 1928. — F r a n z ö s i s c h e S t i m m e n z u d e n W i r t s c h a f t s p r o b l e m e n d e r R ü c k g l i e d e r u n g d e s S a a r g e b i e t e s. Saar-Wirtschaftszeitung, Nr. 35 v. 31. VIII. 1929, S. 589 ff; Nr. 36 v. 7. IX. 1929, S. 609 ff; Nr. 39 v. 28. IX. 1929, S. 656 ff; Nr. 40 v. 5. X. 1929, S. 671 ff; Nr. 41 v. 12. X. 1929, S. 685 ff; Nr. 42 v. 19. X. 1929, S. 703 ff; Nr. 43 v. 26. X. 1929, S. 718 ff; Nr. 44 v. 2. XI. 1929, S. 737 ff; Nr. 45 v. 9. XI. 1929, S. 752 ff. — D i e w i r t s c h a f t l i c h e n P r o b l e m e b e i d e r R ü c k g l i e d e r u n g d e s S a a r g e b i e t e s. Mitteilungen des Wirtschaftlichen Vereins, Bericht über einen Vortrag von Lütke. Saar-Wirtschaftzeitung, Nr. 40 v. 5. X. 1929, S. 676 ff. — H a n s S i e g f r i e d W e b e r, Wirtschaftliche und soziale Probleme der Saarrückgliederung. Saar-Verhandlungen und Saar-Kohlenabsatz. Zentralblatt der christlichen Gewerkschaften Deutschlands. Heft 9 v. 1. V. 1930, S. 129 ff. — K a r l M e h r m a n n, Die Gefahrenpunkte der Pariser Saarverhandlungen. Ring v. 18. V. 1930, S. 363 ff.

8. Literatur zum Eisenpakt.

H e n r y L a u f e n b u r g e r, Les ententes métallurgiques; la Moselle et le Rhin. In: La navigation fluviale française. 1926. — E. B u c h m a n n, Die kontinentale Rohstahlverständigung. Wirtschaftsdienst, 1926, Nr. 42. — E. B u c h m a n n, Das internationale Eisenkontingentsabkommen. Wirtschaftsdienst, 1926, Nr. 45. — J. W. R e i c h e r t, Die festländische Rohstahlgemeinschaft. Weltwirtschaftliches Archiv, 1926. Band XXV, II. — R e i c h e r t, Die europäische Rohstahlgemeinschaft. Stahl und Eisen, Nr. 40 v. 7. X. 1926. — L u d w i g G e b h a r d, Wirkungen des Eisenpakts. Magazin der Wirtschaft v. 7. X. 1926, S. 1277 ff. — Max Schlenker, Die Internationale Rohstahlgemeinschaft. Der Verständigungsgedanke. Die Lösung. Die Auswirkung. Wirtschaftliche Nachrichten für Rhein und Ruhr, 1926, Nr. 42, S. 1303 ff. — Max Schlenker, Die Eisenindustrie in der Welt unter besonderer Berücksichtigung des internationalen Eisenpaktes. Kieler Vorträge, Heft 18. Jena, 1927. — M. B. Chiati, Les ententes industrielles internationales. Paris, 1928. — G. S. K. Blaauw, Het internationale ruwstaalkartel. Haag. Handelsberichten v. 19. IX. 1929, S. 1379 ff.

9. Spezielle Literatur zu den gegenwärtigen deutsch-französischen Wirtschaftsbeziehungen.

Henri Lichtenberger, L'Allemagne d'aujourd'hui dans ses relations avec la France, Paris, 1923. — Kuczynski, Deutschland und Frankreich. Ihre Wirtschaft und ihre Politik. I. Band, Berlin, 1924. Neue Folge, Berlin, 1925. (Sammelwerk.) — Fritz Rosenstiel, Eine Untersuchung über die gegenwärtigen Wirtschaftsbeziehungen zwischen Deutschland und Frankreich im Hinblick auf die Handelsvertragsverhandlungen und unter besonderer Berücksichtigung der Verhältnisse der Montan-Industrien in den beiden Ländern. Frankfurt a. M., wirtschafts- u. sozialw. Diss., 1925. — Edgar Stern-Rubarth, Der Stand der deutsch-französischen Kartelle. Deutsch-französische Rundschau, Band I, Heft 3 (Märzheft 1928), S. 223 ff. — E. Respondek, Wirtschaftliche Zusammenarbeit zwischen Deutschland und Frankreich. Berlin, 1929. — Edmund Troester, Wirtschaftliche Zusammenarbeit Deutschlands und Frankreichs auch im Messewesen. Deutsch-französische Rundschau. Band II, Heft 11 (Novemberheft 1929), S. 962 ff.

Anhang: Literatur zur Wirtschaftspolitik des Völkerbundes und zu den Bestrebungen für eine europäische Zollunion.

Mémorandum sur le commerce international et sur les balances des paiements 1912—1926. Publications de la Société des Nations. II. Questions économiques et financières. Genève, 1927. — Actes de la Conférence économique internationale, tenue à Genève du 4 au 23 mai 1927. Publications de la Société des Nations. II. Questions économiques et financières. Genève, 1927. — René Hoffherr, La Conférence économique internationale de Genève. Revue d'économie politique, 1927, pag. 884 suiv. — E. Respondek, Verlauf und Ergebnis der Internationalen Wirtschaftskonferenz des Völkerbundes zu Genf. Wiedergabe der Plenar- und Kommissionssitzungen, Vorwort von C. Lammers. Berlin, 1927. — Louise Sommer, Die Vorgeschichte der Weltwirtschaftskonferenz (Genf 1927). Weltwirtschaftliches Archiv, Band XXVIII, II.1928. S. 340 ff. Vgl. Chronik und Archivalien, S. 180* ff. — Projet de cadre pour une nomenclature douanière et projet de répartition des marchandises dans les divers chapitres du cadre avec notes explicatives. Publications de la Société des Nations. II. Questions économiques et financières. Genève, 1929. — Conférence internationale pour la trêve douanière. Avant-projet de convention. Etabli par le Comité Economique pour servir de base aux discussions de ladite conférence. Publications de la Société des Nations. II. Questions économiques et financières. Genève, 1929. — Louise Sommer, Vom Zollwaffenstillstand zur Handelskonvention. Bericht über die Genfer Zollkonferenz vom 17. Februar bis 24. März 1930. Weltwirtschaftliches Archiv, 32. Band, Heft 1, Juli 1930, S. 274 ff.

Comte de Leusse, Der Friede mittels des deutsch-französischen Zollvereins. 1888. — Bosc, Zollallianzen und Zollunionen in ihrer Bedeutung für die Handelspolitik der Vergangenheit und Zukunft. Berlin, 1907. — Emmerich Barczas. Bibliographie der mitteleuropäischen Zollunionsfragen. Budapest, 1917. — Coudenhove-Kalergi, Paneuropa. Wien-Leipzig, 1923. — Elemer Hantos, Die Handelspolitik in Mitteleuropa. Jena, 1925. — Hanns Helman, Europäische Zollunion. Berlin, 1926. — Gothein, Ist eine europäische Zollunion durchführbar? Sonderdruck 22 der Deutschen Liga für den Völkerbund. — Francis Delaisi, L'Union économique européenne est-elle possible? Rapport présenté au 1er Congrès Paneuropéen. Paris, 1926. — Beuckiser, Das Problem der staatlichen Organisation der Weltwirtschaft. Karlsruhe, 1927. — Dix, Schluß mit Europa. Berlin, 1928. — Hohlfeld, Zur Frage einer europäischen Zollunion. Leipzig, 1928. — Eckert, Die Neuformung Europas. Leipzig, 1928. — Grabs, Internationales Zollkartellrecht. Berlin, 1928. — Philips Price, Die europäischen Wirtschaftsprobleme vor und nach dem Weltkriege. Berlin, 1929. — Jean Marchal, Union douanière et organisation européenne. Préface de Lucien Brocard. Paris, 1929. — Hans Genzmer, Die Bestrebungen zur Schaffung eines international-einheitlichen Zolltarifschemas. Münsterer Wirtschafts- und Sozialwissenschaftliche Abhandlungen, Heft 5. 1929. — Kollektiver Zollabbau und Europäisches Wirtschaftsbündnis. Anträge der österreichischen Gruppe der Internationalen Handelskammer zu den Beschlüssen der 10. Völkerbundsversammlung. Berlin, 1929. — Georges Dahriman, Pour les Etats Confédérés d'Europe. Paris, 1929. — Yves Le Trocquer, Union Douanière Européenne. Publications de la Conciliation Internationale. Paris, 1929. — Wilhelm Grotkopp, Die Zölle nieder! Wege zur europäischen Wirtschaftseinheit. Berlin, 1930. — Georges Blondel, Les Etats-Unis d'Europe. Revue Economique Internationale, 1930, 22e année, vol. I. No. 2, pag. 371 suiv. — Andreas Fleißig, Paneuropa, die soziale und wirtschaftliche Zukunft Europas. München, 1930. — Zeitschrift: Europa-Wirtschaft. Monatshefte für den wirtschaftlichen Aufbau Europas, Berlin. —

V.

Allgemeine Literatur zur Grundlegung vorliegender Arbeit.

Andree-Heidrich-Sieger, Geographie des Welthandels. 4. Auflage, 3 Bände. Wien, 1926 ff. — Apostolos Andreou, Der Wein in der Handelspolitik mit besonderer Berücksichtigung Englands, Frankreichs, Portugals, Spaniens, Italiens, Deutschlands und Österreich-Ungarns. München, staatsw. Diss., 1925 (Maschinenschrift). — H. v. Beckerath, Die handelspolitische Lage der deutschen Textilindustrie. In: Neue Grundlagen der Handelspolitik. Schriften des Vereins für Sozialpolitik. 171. Band, Teil I, S. 283 ff. München und Leipzig, 1925. — Josef Wilhelm Fr. v. Bissing, Versailler Vertrag und deutsche Eisenindustrie. Berlin, phil. Diss., 1924 (Maschinenschrift). — Karl Bücher, Grundlagen der Wirtschafts- und Handelspolitik. Schriften des Reichsverbandes der Deutschen Industrie, Heft 25. Berlin, 1925. — Francis Delaisi, Les contradictions du monde moderne. Paris, 1925. — Hugo Döring, Die Einwirkung der Trennung Lothringen-Luxemburgs auf die Konzentrationsbewegung in der niederrheinisch-westfälischen Montan- und Eisenindustrie. Freiburg i. B., rechts- u. staatsw. Diss., 1924 (Maschinenschrift). — J. Donaldson, International economic relations. A treatise on world economics and politics. New York, London, Toronto. 1928. — J. Bergfried Esslen, Die Valutazölle der Gegenwart. Kieler Vorträge, Heft 3. Jena, 1922. — J. Bergfried Esslen, Die Politik des auswärtigen Handels. Stuttgart, 1925. — Franz Eulenburg, Die deutsche Industrie auf dem Weltmarkte. Strukturwandlungen der deutschen Volkswirtschaft, her. v. Harms, Band I, S. 367 ff. Berlin, 1928. — Franz Eulenburg, Probleme der deutschen Handelspolitik. Kieler Vorträge, Heft 11. Jena, 1925. — Franz Eulenburg, Außenhandel und Außenhandelspolitik. Die internationalen Wirtschaftsbeziehungen. Grundriß der Sozialökonomik, VIII. Abt. Tübingen, 1929. — Europäische Kohlen- und Eisenprobleme. Aufsätze aus der Kölnischen Zeitung. Herausgeg. v. d. Kölnischen Zeitung, Köln, 1928. — Festschrift zum 25 Bestehen des Reichsverbandes der deutschen Automobilindustrie, e. V. 1901—1926. Berlin, 1926. — Fritz Gebhardt, Deutschlands auswärtiger Handel in Maschinen. Frankfurt a. M., wirtschafts- u. sozialw. Diss., 1922 (Maschinenschrift). — Wilhelm Gerloff, Die Finanz- und Zollpolitik des Deutschen Reiches. Jena. 1913. — Gerstmeyer, Deutschlands weltwirtschaftliche Lage nach dem Friedensschluß. Berlin, 1919. — Karl Giesen, Gegenwartsprobleme der deutschen Außenhandelspolitik und ihre Lösung in den neuen vom Deutschen Reich abgeschlossenen Handelsverträgen und Wirtschaftsabkommen. Frankfurt a M., wirtschafts- u. sozialw. Diss., 1928. — J. Gruntzel, System der Handelspolitik. Wien, 1928, — Werner Hagemann, Textilwirtschaft. Jedermanns Bücherei.

Breslau, 1928. — Bernhard Harms, Die Zukunft der deutschen Handelspolitik. Band 1. Jena, 1925. — Bernhard Harms, Gegenwartsaufgaben der deutschen Handelspolitik. Jena, 1925. — Bernhard Harms, Strukturwandlungen der deutschen Volkswirtschaft. Weltwirtschaftliches Archiv, 1926. S. 259 ff. — Bernhard Harms, Strukturwandlungen der Weltwirtschaft. In: Vom Wirtschaftskrieg zur Weltwirtschaftskonferenz. Gestaltungstendenzen im Spiegel gesammelter Vorträge. S. 243 ff. Jena, 1927. — Bernhard Harms, Strukturwandlungen der deutschen Volkswirtschaft. Berlin, 1928. (Sammelwerk.) — Bernhard Harms, Das neue Deutschland im neuen Europa. Strukturwandlungen der deutschen Volkswirtschaft, Band 1, S. 3 ff. Berlin, 1928. — Bernhard Harms, Recht und Staat im neuen Deutschland. 2 Bände. Berlin, 1929. (Sammelwerk.) — Franz Haushalter, Deutschlands Handelsverträge und sein Anteil am Welthandel, ein Leitfaden. Leipzig, 1930. — Albert Hensel, Steuerrecht. Berlin, 1924. — P. Hermberg, Der Kampf um den Weltmarkt. Handelsstatistisches Material. Jena, 1920. — J. Hirsch, Ist die deutsche Handelsbilanz passiv? Magazin der Wirtschaft, 1925, Nr. 2, S. 41 ff. — Gerhard Holland, Die Argumente der politischen Parteien im Kampf um die Regelung der neuen deutschen Außenhandelspolitik. Münster, rechts- u. staatsw. Diss., 1929. — J. Jastrow, Die handelspolitische Zukunft Deutschlands. Berlin, 1916. — Réginald Kann, La politique industrielle du Reich. L'Illustration, 16 octobre 1921. — J. M. Keynes, Die wirtschaftlichen Folgen des Friedensvertrages. München, 1920. — Arthur Klotzbach, Der Roheisenverband. Düsseldorf, 1926. — J. Kretzen, Die Krise in der Solinger Stahlwarenindustrie und ihre Lage auf dem Weltmarkt. Solingen, 1926. — Walter Koestel, Die Stellung Frankreichs in der Erzversorgung der deutschen Eisenindustrie. Frankfurt a. M., wirtschafts- u. sozialw. Diss., 1924 (Maschinenschrift). — Henry Laufenburger, La vie économique en Allemagne. Paris, 1929. — O. Lehnich, Kartelle und Staat. Berlin, 1928. — F. Lemmer, Die deutsche Handelsbilanz von 1924. Der Arbeitgeber, 1925, Nr. 10, S. 237 ff. — H. Lichtenberger et Paul Petit, L'impérialisme économique allemand. Paris, 1918. — Max Lippstreu, Der deutsche Außenhandel und seine Bilanz seit dem Fortfall der sogenannten einseitigen Meistbegünstigung. Greifswald, rechts- u. staatsw. Diss., 1928. — v. Liszt-Fleischmann, Das Völkerrecht. Berlin, 1925. — Rudolf Meerwarth, Wege und Ziele der modernen Außenhandelsstatistik. Allgem. statistisches Archiv, Band IX. — Rudolf Meerwarth, Über die deutsche Zahlungsbilanz. In: Probleme der deutschen Zahlungsbilanz. Schriften des Vereines für Sozialpolitik. 167. Band, S. 1 ff., Leipzig und München. 1924. — K. E. Nickel, Die deutsche Volkswirtschaft 1924/25. Cöthen-Anhalt, 1925. — M. Pernot, L'Allemagne aujourd'hui. Paris, 1927. — L. D. Pesl, Das Dumping. München, 1921. — Theodor Plaut,

Deutsche Handelspolitik. Leipzig und Berlin, 1924. 2. Auflage 1929. — Hans Posse, Handelspolitik nach dem Friedensschluß. Die Wirtschaft und das Recht, Nr. 7 vom Juli 1919, S. 127 ff. — Hans Posse, Die Grundlagen der künftigen deutschen Handelspolitik. Schriften des Reichsverbandes der Deutschen Industrie, Heft 23. Berlin, 1924. — Hans Posse, Artikel „Handelsverträge" im Handwörterbuch der Staatswissenschaften. Ergänzungsband. Jena, 1928. — Hans Posse, Immer wieder: Exportförderung. Deutsche Wirtschafts-Zeitung, Nr. 7 v. 14. II. 1929. S. 145 ff., Nr. 8 v. 21. II. 1929, S. 169 ff. — Hans Posse, Grundlinien der auswärtigen Wirtschaftspolitik Deutschlands seit Friedensschluß. In: Recht und Staat im neuen Deutschland. Her. von Harms. 2. Band, Teil V, Nr. 25, S. 306 ff. Berlin, 1929. — Hans Posse, Von deutscher Handelspolitik. Kölner Industriehefte, Heft 10, 1929. — Hans Posse, Der gegenwärtige Stand der deutschen Handelspolitik. Schriftenreihe der Weltwirtschaftlichen Gesellschaft zu Münster i. W., Heft 23, 1930. — Hans Posse, Die Technik der Handelsverträge. Magazin der Wirtschaft, 6. Jhg., 1930, Nr. 41, S. 1893 ff. — Gaston Raphaël, L'industrie allemande, sa récente évolution. Paris, 1928. — Gaston Raphaël, L'évolution de l'industrie allemande depuis 1918. Revue Belge, Bruxelles, 15 mai 1930, pag. 308 suiv. — Reichert, Die neuen Grundlagen der Handelspolitik. Weltwirtschaft, 1925, Nr. 4, S. 61 ff. — Reichert, Die Außenhandelsbilanz der deutschen Eisenwirtschaft in den Jahren 1913, 1924, 1925 und 1926. Stahl und Eisen, Nr. 46 v. 18. XI. 1926. — Fritz Reuter, Exportmöglichkeiten der deutschen Maschinenindustrie. Berlin, 1924. — Wilhelm Röpke, Die internationale Handelspolitik nach dem Kriege. Jena, 1923. — Wilhelm Röpke, Die neue Wirtschaftsstruktur Deutschlands als Grundlage seiner künftigen Handelspolitik. Schriften des Vereins für Sozialpolitik. 171. Band, Teil I, S. 3 ff. Leipzig und München, 1925. — Eduard Rosenbaum, Die Bedrohung der deutschen Wirtschaftshoheit durch den Frieden von Versailles. Berlin, 1920. — Eduard Rosenbaum, Die Bedeutung des Handels für das Ganze der Volkswirtschaft. Handbuch der Politik, 3. Aufl., 5. Band, S. 381 ff. Berlin, 1922. — E. Scheu, Deutschlands wirtschaftsgeographische Harmonie. Breslau, 1924. — Schmölders, Der Absatzkampf der Weinbauländer. Wirtschaftsdienst, Nr. 11 v. 13. III. 1925. — v. Schoenebeck, Zoll und Inlandspreis. Band I: Untersuchungen über die Wirkungen der Textilzölle. Berlin, 1926. Band II: Untersuchungen über die Wirkungen der Zölle auf pflanzliche Öle und Fette. Berlin, 1927. Band III: Untersuchungen über die Wirkungen der Zölle auf dem Gebiete des Müllereigewerbes. Berlin, 1928. — Siegert und Bertsch, Handels- und zollpolitische Fragen der Gegenwart. Berlin, 1927. — Hans Spethmann, Zwölf Jahre Ruhrbergbau. Aus seiner Geschichte vom Kriegsanfang bis zum Franzosenabmarsch, 1914—1925. Band I, Berlin, 1928, Band II, Berlin, 1928, Band III, Berlin, 1929. — Taussig, Theorie der internationalen Wirtschaftsbeziehungen. Deutsch v. M. Palyi. Leipzig, 1929. — W. Thiemann, Der Übersee-Maschinenhandel. Berlin, 1924. — Ernst Trendelenburg, Weltwirtschaftskrise und Außenhandel. Berlin, 1921. — Ernst Trendelenburg, Fragen der Weltwirtschaftspolitik. Strukturwandlungen der deutschen Volkswirtschaft, her. v. Harms. Band I, S. 398 ff. Berlin, 1928. — W. Tuckermann, Die Änderungen der Weltwirtschaft seit 1913. Leipzig, 1925. — Paul Ufermann, Der deutsche Stahltrust. Berlin, 1927. — Ed. Vermeil, L'Allemagne contemporaine. Paris, 1925. — Achille Viallate, L'impérialisme économique et les relations internationales pendant le dernier demisiècle 1870—1920. Paris, 1923. — Henry Voelker, Die Stellung der Eisenindustrie. In: Neue Grundlagen der Handelspolitik. Schriften des Vereines für Sozialpolitik. 171. Band, Teil I, S. 281 ff. München und Leipzig, 1925. — Kurt Wiedenfeld, Deutschlands handelspolit. Aufgaben. Sonderdruck aus der Leipziger Meßamtl. Wirtschafts- und Exportzeitung, 1924. — Kurt Wiedenfeld, Das Dawes-Gutachten und die Londoner Beschlüsse. Leipzig, 1924. — Kurt Wiedenfeld, Gewerbepolitik. Berlin, 1927. — Kurt Wiedenfeld, Kartelle und Konzerne. Berlin und Leipzig, 1927. — Kurt Wiedenfeld, Die internationalen Wirtschaftskonferenzen und ihre Bedeutung. Sonderdruck aus: Sächsische Industrie, Nr. 15 v. 14. IV. 1928. Kurt Wiedenfeld, Die Weltwirtschaft 1914 und 1928. Weltwirtschaft, Nr. 3 vom März 1929. S. 62 ff. — Kurt Wiedenfeld, Transportwesen. Grundriß der Sozialökonomik, V. Abteilung, 3. Teil. Tübingen, 1930. — Otto Wiskott, Eisen schaffende und Eisen verarbeitende Industrie. Eine Untersuchung über die Verschiedenartigkeit ihrer Struktur und über ihr gegenseitiges Verhältnis. Bonner Staatswissenschaftliche Untersuchungen, Heft 16. Bonn und Leipzig, 1929. — Georg Wolff, Die Neugestaltung der deutschen Eisenverbände. Der Deutsche Volkswirt. 4. Jhg. 1929/30, Nr. 14, S. 437 ff. — Wladimir Woytinsky, Tatsachen und Zahlen Europas. Wien—Leipzig—Paris, 1930. — *Literatur zur Meistbegünstigungsfrage.* Klaus Bonhoeffer, Die Meistbegünstigung im modernen Völkerrecht. Berlin, 1930. — Bonnet, La clause de la nation la plus favorisée. Thèse. Paris, 1900. — Fritz Eichhorn, Einschränkung der Meistbegünstigungsklausel durch Zollvorschriften über Ursprung, Herkunft und direkten Transport. Saar-Wirtschaftszeitung, Nr. 51 v. 21. XII. 1929, S. 845 ff. — Friedrich Graf, Die Nationalisierung von Waren in Beziehung auf die Meistbegünstigung in den Handelsverträgen. Ein Beitrag zur internationalen Handelspolitik nach dem Kriege. Frankfurt a. M., wirtschafts- u. sozialw. Diss., 1927. — Heinrich Luedicke, Die Entwicklung des Meistbegünstigungsprinzipes. Versuch einer theoretischen Behandlung der Meistbegünstigungsfrage. Berlin, phil. Diss., 1925 (Maschinenschrift). — F. Lusensky, Unbeschränkte gegen beschränkte Meistbegünstigung. Finanz- und Volkswirtschaftliche Zeitfragen, her. von G. v. Schanz u. J. Wolf. Nr. 52. Stuttgart, 1918. — Heinrich Meine, Die Beschränkungen in den Meistbegünstigungsklauseln. Berlin, 1927. — Wilhelm Offermann, Die Meistbegünstigung, ihr Wesen und ihre Entwicklung in der Handelspolitik der letzten 50 Jahre. München, staatsw. Diss., 1928. — Naum Reichesberg, Die Meistbegünstigung in den künftigen Handelsverträgen. Bern, 1918. — Karl Schmidt, Die Meistbegünstigung und ihre Bedeutung für die deutsche Handelspolitik nach dem Kriege. Köln, wirtsch.- u. sozialw. Diss., 1923 (Maschinenschrift).

Amtliche Veröffentlichungen.

Reichsgesetzblatt, Teil I u. II. — Deutscher Reichs- und Preußischer Staatsanzeiger. — Reichsministerialblatt. — Reichszollblatt. — Reichstagsdrucksachen. — Stenogr. Berichte des Reichstages. — Deutsches Handels-Archiv.

Statistisches Material:

a) Veröffentlichungen des Statistischen Reichsamtes.

Statistisches Jahrbuch für das Deutsche Reich. — Statistik des Deutschen Reichs. (Bes. die Bände 310, 317/319, 329/330, 339, 351, 366, 383.) — Monatliche Nachweise über den auswärtigen Handel Deutschlands. — Einzelschriften zur Statistik des Deutschen Reichs: Nr. 2. Die Staatsausgaben von Großbritannien, Frankreich, Belgien und Italien in der Vor- und Nachkriegszeit. 1927. Nr. 5. Die Wirtschaft des Auslandes 1900 bis 1927. 1928. Nr. 8. Die Wirtschaft des Auslandes 1928. 1929. — Wirtschaft und Statistik. Halbmonatsschrift. Daraus Sonderhefte 4 und 6: Industrielle Produktionsstatistik. 1928, 1929.

b) Private Veröffentlichungen.

Statistisches Jahrbuch für die Eisen- und Stahlindustrie 1929. Düsseldorf, 1930.

Zeitschriften und sonstige periodische Veröffentlichungen.

Der Deutsche Volkswirt. — Der Deutsche Oekonomist. — Magazin der Wirtschaft. — Wirtschaftsdienst. — Weltwirtschaftliches Archiv. — Vierteljahrshefte zur Konjunkturforschung. — Wochenberichte zur Konjunkturforschung. — Deutsche Wirtschafts-Zeitung. — Industrie- und Handels-Zeitung. — Deutsch-französische Rundschau. — Wirtschaftliche Nachrichten aus dem Ruhrbezirk. Seit Oktober 1925: Wirtschaftliche Nachrichten für Rhein und Ruhr. Gegenwärtig: Ruhr- und Rhein-Wirtschaftszeitung. — Stahl und Eisen. — Technik und Wirtschaft. — Kartellrundschau. — Deutsche Bergwerkszeitung. — Deutsche Arbeitgeber-Zeitung. — Die Wirtschaft und das Recht. — Juristische Wochenschrift. — The Statesman's Year-book. London. — The Economist. London.

Druck von Ferdinand Berger in Horn.

Kolibri 360 GmbH
Ferdinand-Jühlke-Straße 7
99095 Erfurt, Deutschland
produktsicherheit@kolibri360.de